AF546171

Skye Alexander

Das Buch der SCHATTEN

Skye Alexander

Das Buch der SCHATTEN

Der Leitfaden für dein persönliches Hexen-Handbuch

Aus dem Englischen von
Matthias Schulz

Anaconda

Titel der amerikanischen Originalausgabe:
Modern Witchcraft Grimoire.
Your complete Guide to create your own Book of Shadows

Penguin Random House Verlagsgruppe FSC® N001967

Die Deutsche Nationalbibliothek verzeichnet diese Publikation in der Deutschen Nationalbibliografie; detaillierte bibliografische Daten sind im Internet unter http://dnb.d-nb.de abrufbar.

Umschlaggestaltung: Druckfrei. Dagmar Herrmann, Bad Honnef,
Umschlagabbildungen: Adobe Stock / Екатерина Зирина
Satz und Layout: InterMedia – Lemke e. K., Heiligenhaus
Druck und Bindung: GGP Media GmbH, Pößneck
Printed in Germany
ISBN 978-3-7306-1245-3
www.anacondaverlag.de

Den Hexen der nächsten Generation – ihr seid die Fackelträgerinnen, die unsere Zukunft erhellen

Danksagung

Ein großes Dankeschön an meine scharfsinnigen und unterstützenden Lektoren Rebecca Tarr Thomas und Peter Archer, an Stephanie Hannus für das wunderbare Buchdesign und an den Rest der Leute bei Adams Media – keine Autorin könnte mit einem besseren Team arbeiten.

INHALT

Einleitung

ZEICHNE DEINE MAGISCHE REISE AUF

Möglicherweise bist du es gewohnt, ein Tagebuch zu führen oder in einem Journal die Entwicklungen festzuhalten, die sich in der Geschichte deines Lebens abspielen, und deine Hoffnungen und Träume ebenso zu enthüllen wie die Ereignisse, die den Kern deiner Existenz ausmachen. In *Buch der Schatten* lernst du, ein weiteres Buch zu unterhalten. Es ähnelt dem Journal in gewisser Weise, ist aber viel, viel mehr. Es ist dein Buch der Schatten, dein Grimoire (das spricht sich *gri-mo-AR*).

Du bist eine Hexe oder wandelst auf einem anderen magischen Pfad? Dann ist dein Grimoire ein wichtiges Werkzeug – eine intime Schilderung deiner spirituellen Reise, der Schritte, die du auf dem Weg zur Selbstfindung gegangen bist, und der Dinge, die du unterwegs gelernt hast. Gleichzeitig dient es dir als Ressource, als Nachschlagewerk für Zaubersprüche und andere magische Überlieferungen, die dich beim Streben nach Glück und Erfüllung unterstützen.

Auf den Seiten deines Buchs der Schatten legst du die Geheimnisse deiner Seele ebenso offen wie dein Handeln in der materiellen Welt – insbesondere deine magischen und spirituellen Handlungen. Hier schreibst du Informationen über dein Handeln als Hexe nieder, über die Sprüche und Rituale, die du abhältst, und was du über die Mysterien herausgefunden hast, die jenseits der gewöhnlichen, profanen Welt liegen. Erkenntnisse, Visionen, Träume, Meditationen und Gedanken – all das sind Dinge, die ihren Platz in deinem Buch der Schatten finden können. Deine Erfahrungen sind zugleich persönlich und universell, denn als Hexe weißt du, dass alles im Kosmos miteinander verbunden ist, dass Weisheit zeitlos ist und dass Wahrheit von Dauer ist.

Vielleicht möchtest du darüber diskutieren, wie du die Anwesenheit des göttlich Weiblichen in deinem Leben wahrnimmst und deutest. Wie zeigt sie sich dir, wie leitet sie dich auf deinem spirituellen Pfad an? Dein Buch der Schatten ist der Ort, an dem du das magische Wissen zusammenträgst, das du erlangt hast, und die Entdeckungen, die du gemacht hast. Als Praktizierende entwickelst du dich fort, du wächst und veränderst dich. Ständig vertiefst du deine Beziehung zu dir selbst, zur Göttin, zur Natur, dem Universum und allem um dich herum. An jedem neuen Tag öffnen sich Türen, in jedem Augenblick wirft die spirituelle Welt außergewöhnliche Nachrichten in deinen übersinnlichen Briefkasten. Halte alles fest, damit du auch ja nichts davon vergisst!

Das Buch der Schatten ist ein Leitfaden, der dich dabei unterstützen soll, dir diese wundervolle Ressource aufzubauen und gewinnbringend zu nutzen. In Teil Eins erkläre ich die Tradition hinter dem Grimoire und warum es ratsam ist, dass du dir dein Buch der Schatten selbst zusammenstellst. Ich präsentiere mehrere Wege, wie du dein Buch gestalten kannst, wie du es aufbauen kannst und was es enthalten könnte. Bist du künstlerisch veranlagt? Vielleicht findest du Gefallen daran, dein Grimoire mit Zeichnungen, Fotos und anderen inspirierenden Bildern anzureichern. Bist du dichterisch veranlagt? Komponiere eigene Formeln, mit denen du die magischen Kräfte im Kosmos heraufbeschwörst, und schreibe deine Gedichte in dein Grimoire. Liegt dir eher das Dramatische? Choreografiere persönliche Rituale und zeichne auf, was du getan hast, mit wem du es getan hast und welche Ergebnisse es gebracht hat. Du kannst, wenn du dein Buch der Schatten entwirfst, ganz bei null anfangen, wenn du möchtest. Das ist deine Gelegenheit, kreativ zu sein und dich selbst auszudrücken, ohne Angst vor Kritik oder Zensur.

In Teil Zwei mache ich Vorschläge, wie du mit deinem Buch der Schatten arbeiten kannst. Zelebriere und verzeichne die heiligen Feiertage. Katalogisiere deine Sprüche. Diskutiere deine Interaktionen mit Gottheiten, Geistern und anderen Geistwesen. Lasse den Funken in dir erstrahlen, lasse die Musik in dir klingen. Alle Einzelheiten deines Strebens hier auf Erden und darüber hinaus können Einzug halten auf den Seiten deines Buchs.

Ich teile hier auch Dinge, die ich der Aufnahme in mein eigenes Buch für wert befunden habe – Sprüche und Rituale, die ich mag, Gesänge und Affirmationen, Zeichen und Symbole, Erhellendes und Inspirierendes. Sie sind nur als Anregungen gedacht und sollen dir bei diesem wunderbar kreativen und ausgesprochen erfüllenden Unterfangen Starthilfe leisten. Nimm dir, was du magst, und ignoriere den Rest. Dein Grimoire kann alles enthalten, was du für dich als Hexe und als Mensch für wichtig hältst. Es ist ein Dokument deines Erwachens und deiner Entwicklung, dessen, was du erhalten hast und zurückgibst. Es ist ganz und gar deins – keine zwei Hexen werden identische Bücher der Schatten erschaffen.

Vor allem zu einem möchte ich dich ermutigen – öffne dich deiner eigenen Wahrheit. Tauche tief ein in dein Herz der Herzen. Setze deine Vorstellungskraft ein. Genieße das Wissen, Teil einer althergebrachten, altehrwürdigen und unglaublich aufregenden Tradition zu sein, die dich mit Hexen der Vergangenheit, der Gegenwart und der Zukunft verbindet. Bitte die Göttin, dich bei diesem Prozess zu begleiten. Was auch immer du tust, es wird großartig sein. Blessed be!

> *»Du bringt mehr als genug, um alles zu tun, zu sein, zu erschaffen und zu haben, was du möchtest! Um wirklich ALLES zu bekommen, was du erstrebst, musst du deinen Glauben neu ausrichten und anfangen, dich in einem neuen, starken Licht zu sehen. Es geht darum, deine Denkweise grundlegend neu auszurichten … Schritt eins besteht darin, dass du dich mit deiner inneren Göttin verbindest.«*
>
> – *Lisa Marie Rosati*

TEIL 1

So entwirfst du dein Grimoire

Kapitel 1

WARUM ÜBERHAUPT EIN GRIMOIRE?

Ein Grimoire ist das private Journal einer Hexe (oder eines Hexers), in dem sie ihre magischen Erfahrungen festhält. Hier kannst du dir einen Überblick über deine Sprüche, deine Rituale und die anderen Dinge bewahren, die mit deiner Entwicklung in der magischen Arbeit zusammenhängen – vergleichbar mit dem Rezeptbuch eines Kochs. Manche Menschen sagen Grimoire, andere reden vom Buch der Schatten. Alte Grimoires dienen als Sammlung von Zaubersprüchen und Ritualen. Ein Buch der Schatten wiederum kann heutzutage auch die Gedanken und Erkenntnisse der Autorin zu einem bestimmten Spruch enthalten, es können aber auch Träume, Gefühle, Gedichte, Überlieferungen und andere Nebenbemerkungen erfasst werden.

Dein Buch der Schatten dokumentiert dein Wachstum und die Veränderungen, die du und andere in deinem Leben bewirken. Vor allem ist es ein Werkzeug, das du für die Suche nach dem Weg der Göttin und für deinen weiteren Weg auf diesem Pfad verwenden kannst.

DER WEG DER GÖTTIN

Die alten Ägypter nannten sie Isis, bei den Sumerern hieß sie Inanna und in Babylon Ištar. Lange bevor Christentum, Islam und andere patriarchale Religionen aufkamen, verehrten die Menschen voller Bewunderung die Macht und den Glanz der Göttin. Über einen Zeitraum von etwa 30 000 Jahren hinweg zogen sie ihre Kraft aus ihrer Spiritualität und ihrer Stärke. Du hast beschlossen, einen besonderen Weg auf dieser Welt einzuschlagen, einen in der Tradition verwurzelten Pfad, der die Göttin genauso respektiert wie den Gott. Du strebst danach, sie kennenzulernen, ihre großen Mysterien zu erfahren und zu spüren, wie ihre Hand dich durch die physische Welt leitet. Rufe sie und sie wird dich willkommen heißen.

Das Wiedererwachen der Göttin

In den vergangenen Jahren war zu beobachten, wie das Interesse am göttlich Weiblichen stark wiedererwacht ist. In unserer modernen Welt haben Wissenschaft und Logik und materielles Denken das Sagen, aber diese Welt gerät immer stärker aus dem Gleichgewicht. Viele von uns dürstet es nach tieferer Weisheit, wir spüren einen Hunger in unserer Seele und stellen fest, dass in unserem Leben etwas Grundlegendes fehlt. Wir suchen nach einer stärkeren Verbindung zur Natur und dem Spirituellen, wir wünschen uns, unseren wahren Platz im Universum wiederzufinden. Beim Streben nach mehr Erfüllung in unserem Leben wenden sich viele von uns nach innen und entdecken dabei, dass die Göttin auf uns wartet.

Wicca und Neopaganismus, Glaubenssysteme, die die Göttin ehren, bewegen etwas in uns, weil es um Themen geht, die uns ganz besonders am Herzen liegen: Respekt für die Umwelt, Gleichgerechtigkeit der Geschlechter, die Abkehr von religiösen Vorbehalten und engstirnigem Denken. Sie ermutigen uns zudem, unsere eigenen und einzigartigen Kräfte zu respektieren und zu entwickeln, unser Leben selbst in die Hand zu nehmen und zu sein, wofür auch immer wir uns entscheiden.

Wicca auf dem Vormarsch

Mehr und mehr Männer und Frauen schlagen den Wicca-Pfad ein. 2008 gaben in den Vereinigten Staaten bei einer Umfrage (American Religious Identification Survey 2008) 682 000 Personen an, sie seien Wicca oder Neuheiden. Die tatsächliche Zahl dürfte deutlich höher liegen. Selbst das amerikanische Militär erkennt Wicca mittlerweile als vollwertige Religion an.

Auf dem von dir gewählten Pfad möchtest du möglicherweise eine Chronik deiner spirituellen Reise anlegen, ähnlich einem Reise-Tagebuch. Wiccans greifen zu diesem Zweck zu ihrem Grimoire. Wenn du deine Geschichte aufzeichnest, bewahrst du die intimen Einzelheiten der Handlungen und Erfahrungen, die du auf dem Wicca-Weg machst und deiner individuellen Beziehung mit dem Göttlichen. Außerdem ermöglichst du es anderen Suchenden auf diese Weise, teilzuhaben an deiner Suche nach Weisheit und von dem Wissen zu profitieren, das du im Verlauf deiner Suche ansammelst.

FRÜHE GRIMOIRES

Ursprünglich war mit Grimoire ein Buch voller Zaubersprüche, Formeln, Beschwörungen und anderen Methoden zum Heraufbeschwören von Geistwesen gemeint. Grimoires gab es bereits im alten Babylon und in frühen Zivilisationen im Nahen Osten. Im Mittelalter und während der Renaissance fanden sie ihren Weg nach Europa und breiteten sich dort aus. Seit Erfindung der Schrift verfassen Menschen Bücher der Schatten und diese Arbeiten stehen im Zusammenhang mit drei der weltweit führenden Religionen – dem Judaismus, dem Christentum und dem Islam. Sie beeinflussten in Europa und Teilen Asiens die Entwicklung der frühen Wirtschaft und der Künste, insofern sind Grimoires ein wichtiger Teil unserer Kulturgeschichte.

Das Wort »Grimoire« ist mit »Grammatik« verwandt, also den Regeln und Beziehungen von Sprache. Die Wurzeln stammen aus dem Mittelenglischen *(gramere)* und dem Altfranzösischen *(gramaire)* und sind Abwandlungen des lateinischen *grammatica*. Das wiederum können wir auf die weibliche Form des griechischen *grammatikos* zurückführen, was so viel wie »von den Buchstaben« bedeutet. Es scheint passend, dass diese weibliche Ableitung aus der Sprache einer der frühesten antiken pantheistischen Zivilisationen beschreibt, was viele Hexen als heiligen Text erachten, der sich mit Praktiken zu Ehren der Muttergöttin befasst.

Berühmte antike Grimoires

Magier und Mystiker haben seit uralten Zeiten Bücher der Schatten zusammengetragen. Wir wissen nur wenig über den Inhalt und die Anzahl dieser frühen Texte, denn vor allem die Kirche hat sie als ketzerisch eingestuft und alle Grimoires zerstört, die sie in die Hände bekam. Einige alte Bücher der Schatten entgingen jedoch der Zerstörung und erlauben uns heute Einblicke in das magische Denken und die magische Arbeit unserer Vorfahren.

Eines der frühesten und einflussreichsten Grimoires ist *Claviculus Salomonis* (*Der Schlüssel Salomos*), das angeblich der große König Salomon höchstpersönlich verfasst hat und das vor rund 2000 Jahren im Nahen Osten aufgetaucht sein soll. Im 15. Jahrhundert fanden Abschriften ihren Weg in die Hände europäischer Gelehrter und anderer, die hinter die Geheimnisse des weisen Königs kommen wollten. Das *Claviculus* enthielt Formeln zum Beschwören von Dämonen sowie der Geister von Toten, Informationen über den Umgang mit magischem Werkzeug und vieles weitere. Ein weiteres uraltes Buch der Zaubersprüche ist *Sefer Ha-Razim*, das angeblich über viele Generationen weitergereicht wurde, von Noah bis König Salomon. Es soll Methoden zur Weissagung, zum Heilen und zum Heraufbeschwören des Glücks enthalten haben.

Geister heraufbeschwören wie König Salomon

In längst vergangenen Zeiten hielten die Menschen sehr große Stücke auf Geister in jeglicher Form. Einige dieser Geister hatten es nach Ansicht unserer Vorfahren darauf abgesehen, Chaos in unser Leben zu bringen, während man andere heraufbeschwören konnte, um sich gegen die bösen Machenschaften dieser Geister zur Wehr zu setzen. Aus diesem Grund enthielten frühzeitliche Grimoires Beschwörungsformeln, Rituale und andere Methoden, sich die Unterstützung spiritueller Verbündeter zu sichern. Nachfolgend ein kleiner Ausschnitt aus dem *Schlüssel Salomons*, der die Macht von Geisterwesen heraufbeschwören soll. Den vollständigen Text in englischer Übersetzung findest du auf http://hermetic.com. So kannst du dir einen Eindruck davon verschaffen, woran Magier der Frühzeit glaubten.

»Oh, ihr Geister, euch beschwöre ich durch die Macht, die Weisheit und die Kraft des Geist Gottes, durch das unzerstörbare göttliche Wissen, durch die unendliche Gnade Gottes, durch die Stärke Gottes, durch die Größe Gottes, durch die Einheit Gottes und durch den heiligen Namen Gotts EHEIEH, der die Wurzel, der Stamm, die Quelle und der Ursprung aller weiteren göttlichen Namen ist, aus denen sie all ihr

Leben und ihre Kraft beziehen, die Adam anrief und so das Wissen um all die von Gott erschaffenen Dinge erlangte.«

– The Greater Key of Solomon, Book 1, ins Englische übersetzt von S. Liddell MacGregor Mathers

Bei einigen frühen Grimoires spielte astrologische Magie eine gewichtige Rolle, beispielsweise in *Picatrix*, einem Mitte des 13. Jahrhunderts ins Lateinische übersetzten Werk, als dessen ursprünglicher Autor der arabische Mathematiker Ahmad al-Magriti vermutet wird. Für das *Liber Juratus* (auch bekannt als *Schwurbuch des Honorius*) zeichnet angeblich der legendäre Magier Honorius von Theben verantwortlich, auch dieses Werk wurde im Mittelalter populär. Es enthielt Anleitungen, wie man Visionen von Gott erhält, Dämonen befehligt und das Fegefeuer vermeidet. Außerdem ist dort auch wissenschaftliches Wissen der damaligen Zeit gesammelt. *Das Buch der wahren Praktik von der alten Magie* ist eine aus dem 15. Jahrhundert stammende Sammlung kabbalistischer Magie und enthält Informationen über Liebeszauber und Wohlstandsformeln sowie über Geheimnisse der Unsichtbarkeit und des Fliegens – starker Tobak, egal in welchem Zeitalter!

Grimoires während der Aufklärung

Im 18. Jahrhundert erlebte der Mystizismus eine Blüte, es war die spirituelle Antwort auf das Zeitalter der Aufklärung mit seinem Schwerpunkt auf Logik und Vernunft. Neuartige Drucktechniken sorgten dafür, dass Bücher billiger wurden, und so konnten esoterische Texte ein breiteres Publikum als je zuvor erreichen. Eines dieser Bücher war *Das sechste und siebente Buch Mosis*, eine Sammlung magischer Bücher und Sprüche zum Heraufbeschwören von Geistern. Zunächst in Deutschland erfolgreich, fand das Werk im 19. Jahrhundert seinen Weg in die Vereinigten Staaten. Zur selben Zeit sorgte in Frankreich das Grimoire *Petit Albert* für Aufmerksamkeit, weil es angeblich Zaubersprüche zum Unsichtbarmachen enthielt, ebenso das *Grand Grimoire ou Dragon Rouge* (obwohl dieses Werk sich auf ältere Wurzeln berief), das Anweisungen zum Beschwören von Dämonen enthielt. In Skandinavien und auf der iberischen Halbinsel wurden Sammlungen mit Zaubersprüchen populär, die angeblich der Heilige Cyprian verfasst hatte und die bei der Suche nach verborgenen Schätzen von Nutzen sein sollten. Jahrhundertelang hatten Metaphysiker in Europa und der Neuen Welt ihre Ansichten und Gepflogenheiten für sich behalten, nun brachen sich ihr Hunger nach Wissen und ihr Mitteilungsbedürfnis Bahn.

Skeptiker werden nun vielleicht einwenden, dass es eine Blütezeit des Aberglaubens und des fantasievollen Denkens war oder dass Scharlatane versuchten, mit mystischem Hokuspokus Leichtgläubige hinters Licht zu führen. Doch die damals erstellten Grimoires – und das viel ältere Material, auf das sich die Autoren beriefen – sprechen dafür, dass magisch Praktizierende über die Jahrhunderte hinweg im Kontakt mit okkulten Kräften standen. Intuitiv wird uns bewusst, dass Shakespeare recht hat, wenn er Hamlet sagen lässt: *»Es gibt mehr Dinge zwischen Himmel und Erde, als sich Eure Schulweisheit träumen lässt.«*

Lelands Grimoire

Eines der ersten englischsprachigen Grimoires veröffentlichte gegen Ende des 19. Jahrhunderts der amerikanische Volkskundler Charles Godfrey Leland. Er erklärte, eine rätselhafte italienische Hexe namens Maddalena habe ihm eine »Vangel« genannte Sammlung magischer Überlieferungen überreicht, die von einer geheimen Gruppe Anhänger der Göttin stammte. Das Dokument – Leland zufolge hat es Maddalena selbst niedergeschrieben – bildet den Mittelpunkt seines Buchs *Aradia – Die Lehren der Hexen.*

Bis heute wird über die Authentizität des Materials diskutiert. Handelt es sich tatsächlich um eine Geheimgeschichte italienischer Hexerei? Hat Maddalena Leland einen Bericht über die mystischen Gepflogenheiten ihrer eigenen Familie übergeben und so getan, als seien ihre Traditionen obskurer und älter? Oder hat sich Leland das Ganze bloß ausgedacht, Informationen aus unterschiedlichen folkloristischen Quellen zusammengetragen und dann erklärt, er sei auf das Grimoire eines frühen italienischen Covens gestoßen? Trotz aller Zweifel an den Ursprüngen des Texts hat Lelands Buch Neopaganismus und Wicca der Neuzeit beeinflusst und fasziniert Hexen bis zum heutigen Tage.

Manch ein historisches Grimoire befindet sich heute in einem Museum oder einer Privatsammlung und regelmäßig tauchen online und bei Auktionen kostspielige (und möglicherweise dubiose) Bücher auf. Viele moderne Hexen finden die in derartigen Werken enthaltenen Informationen möglicherweise verwirrend oder fragwürdig. Dennoch ist es interessant, sich mit der reichen Tradition von Grimoires zu befassen, die durch die Jahrhunderte weitergegeben wurden, und voller Wertschätzung an die Bemühungen unserer Vorfahren zu denken, esoterisches Wissen für künftige Generationen zu bewahren – wohlwissend, dass sie sich damit möglicherweise anfällig für Verfolgung machten.

DAS GRIMOIRE VON GERALD GARDNER UND DOREEN VALIENTE

Das einflussreichste Buch der Schatten für zeitgenössische Hexen stammt von Gerald Gardner und Doreen Valiente, die häufig als Vater und Mutter der modernen Hexerei bezeichnet werden. Valiente, eine produktive Autorin und Poetin, zeigte im Alter von sieben Jahren erstmals Interesse an Hexerei und Magie. 1952 – kurz zuvor war das Hexerei-Gesetz von 1735 aufgehoben worden, Hexerei war in England also nicht länger strafbar – lernte sie Gerald Gardner kennen. Gardner, ein englischer Hexer und bekannter Okkultist, der auf der Isle of Man ein Museum für Magie und Hexerei betrieb, führte Valiente in der Mittsommernacht von 1953 in die Hexerei ein. Ihre Verbindung war die Geburtsstunde der neuzeitlichen Religion, die wir als Wicca kennen.

Über ein Jahrzehnt, bevor er Valiente kennenlernte, hatte Gardner Fragmente eines alten Texts entdeckt, den seiner Auffassung nach eine Gruppe europäischer Hexen verfasst hatte. Er baute diese Erkenntnisse in sein Buch der Schatten ein – allerdings nannte er es damals noch nicht »Buch der Schatten« –, das zudem Rituale und Praktiken enthielt, von denen er während seines jahrelangen Studiums esoterischer Traditionen aus Ost und West erfahren hatte. In seinem Buch bezieht sich Gardner auf Aleister Crowley (den vielleicht berüchtigsten Magier der Neuzeit), auf keltische Folklore, die Praktiken der

Hermetic Order of the Golden Dawn, tantrisches Yoga, henochische Weisheiten und andere Quellen für mystisches und okkultes Wissen. Valiente überarbeitete das Material (und warf insbesondere vieles von Crowley raus) und fügte eigene Informationen und eigene Gedichte hinzu. Das Ergebnis war eine Zusammenstellung geerbter Rituale aus der Vergangenheit vermischt mit eigenen, modernen Elementen. Sie wurde zum zentralen moralischen Leitfaden und spirituellen Text für die Gardenische Wicca-Tradition (es gibt mehrere weitere Wicca-Traditionen).

Heute arbeiten viele Hexen mit ähnlichen Methoden, wenn sie ihr eigenes Grimoire erstellen – sie berufen sich auf traditionelle Praktiken und fügen neue hinzu. Einige Wiccans entschließen sich dazu, händisch Material aus einem Buch der Schatten zu kopieren, das diejenige Hohepriesterin oder derjenige Hohepriester erstellt hat, der sie in die Kunst eingeführt hat. Dann ergänzen sie ihr magisches Journal um ihre eigenen Erkenntnisse und Erfahrungen. Wieder andere fangen bei null an und entwickeln ihr ganz eigenes, persönliches Buch der Schatten.

Und auf diese Weise entwickelt sich die Kunst weiter.

Woher stammt der Begriff »Buch der Schatten«?

Doreen Valiente erzählt, dass Gardner in einem Buchgeschäft im englischen Brighton über eine Ausgabe des Magazins *The Occult Observer* aus dem Jahr 1949 gestolpert sei. Das Heft habe einen Artikel des indischen Handlesers Mir Bashir enthalten. Darin ging es um ein angeblich Jahrtausende altes, in Sanskrit verfasstes Manuskript, auf das Bashir 1941 gestoßen war. In dem Dokument wird eine uralte Hindu-Methode vorgestellt, den Schatten eines Menschen zu messen, um auf diese Weise die Zukunft dieser Person vorhersagen zu können. Baschir überschrieb seinen Artikel mit »Das Buch der Schatten« und Gardner übernahm diesen Begriff. Der Legende nach stand der Artikel auf der einen Seite, auf der gegenüberliegenden Seite war eine Anzeige für Gardners *High Magic's Aid*, einen Fantasy-Roman über Hexerei im viktorianischen England. Vielleicht sah Gardner dies als glückliches Omen an, in jedem Fall blieb der Begriff »Buch der Schatten« hängen und Hexen benutzen ihn bis heute.

TEILEN ODER GEHEIM HALTEN?

Ich hatte es bereits gesagt: Einige Hexen ziehen es vor, ihr Grimoire zur absoluten Privatsache zu machen und ausschließlich für den Eigengebrauch zu nutzen. Die spirituelle Reise ist nun einmal eine sehr persönliche Angelegenheit und möglicherweise hast du das Gefühl, dich nicht vollkommen ehrlich ausdrücken zu können, wenn du im Hinterkopf den Gedanken hast, dass eine andere Person die intimen Einzelheiten deiner Erfahrungen lesen wird. Andere Hexen teilen ihre Bücher mit ihren magischen Partnern oder Mitgliedern ihres Covens. Wieder andere Hexen entschließen sich, Teile ihrer magischen Arbeit öffentlich zu machen – so wie ich es in *Das große Hexen-Handbuch* und meinen anderen Büchern getan habe –, darauf hoffend, anderen Menschen auf ihrem Weg eine Hilfe sein zu können.

Eine Geschichte der Geheimhaltung

Früher gaben erfahrene Praktizierende okkultes Wissen mündlich an Neulinge weiter. Höchstwahrscheinlich trafen sich kleine Gruppen von Hexen und anderen magisch Wirkenden heimlich und vermutlich wussten sie nur wenig darüber, wo und wie andere Gruppen arbeiteten. Nur wenige hielten ihre Aktivitäten schriftlich fest – nicht nur, weil zur damaligen Zeit kaum jemand lesen und schreiben konnte, sondern auch aus Eigenschutz. Über einen langen Zeitraum hinweg wurden in vielen Teilen der Welt Menschen, die man der Hexerei verdächtigte, ins Gefängnis geworfen, gefoltert und getötet. Bis heute sehen sich Hexen, die ihre Ansichten öffentlich machen, Spott, Vorurteilen und Schlimmerem ausgesetzt.

Die Beweise vernichten

Sieh dir diesen Auszug aus dem Buch der Schatten von Gerard Gardner und Doreen Valiente an:

> *»Wenn du ein Buch führst, führe es in deiner eigenen Handschrift. Lass Brüder und Schwestern kopieren, was sie möchten, aber gib das Buch niemals aus der Hand und bewahre auch niemals die Schriften anderer bei dir auf, denn wenn man herausfindet, dass es in ihrer Handschrift ist, können sie ergriffen werden. Jeder sollte seine eigenen Schriften schützen und sie vernichten, wenn Gefahr*

droht. Lerne, so viel du nur kannst, auswendig und wenn die Gefahr vorübergezogen ist, schreibe dein Buch neu, sodass es sicher ist. Aus diesem Grund solltest du, wenn jemand gestorben ist und sein Buch nicht vernichten konnte, sein Buch vernichten, denn sollte es entdeckt werden, ist es ein klarer Beweis gegen diese Person. Und unseren Unterdrücker wissen sehr wohl: ›Eine Hexe kann nicht allein sein.‹ Also laufen ihre Sippe und ihre Freunde Gefahr, der Folter unterzogen zu werden. Also vernichte stets alles, was nicht nötig ist. Findet man dein Buch bei dir, ist es nur gegen dich ein klarer Beweis. Dir droht das Gericht. Halte alle Gedanken an die Magie fern von deinem Geist. Sage, du hättest schlecht geträumt. Ein Teufel habe es dich ohne dein Wissen schreiben lassen. Denke im Stillen: ›Ich weiß nichts. Ich erinnere mich an nichts. Ich habe alles vergessen.‹« (Mehr aus The Gardnerian Book of Shadows von Gerald Gardner unter www.sacred-texts.com.)

Als Hexen und Praktizierende anderer magischer Künste damit rechnen mussten, dass man sie gefangen nimmt und es sie teuer zu stehen kommt, war es eine Selbstverständlichkeit, dass sie ihre Grimoires geheim hielten. Vom 14. bis zum 18. Jahrhundert wurden in Europa Hexen und Hexer verbrannt und zehntausende Menschen büßten ihr Leben ein, größtenteils Frauen und Mädchen.

Leider hat dies dazu geführt, dass wir es mit großen Defiziten zu tun haben, was belastbare Informationen angeht. Es ist sehr schwer, sich einen Überblick über Riten und Rituale zu verschaffen, wenn es nur wenige schriftliche Dokumente gibt und die Menschen aus Angst und Argwohn abtauchten. Selbst heute noch sorgen sich einige von uns, was die Reaktion ihrer Angehörigen, ihres Umfelds, ihrer religiösen oder politischen Gemeinden angeht. Ob du dein Buch der Schatten für dich behältst oder es teilen möchtest, hängt somit von deiner persönlichen Einschätzung der Umstände ab.

MODERNE GRIMOIRES

Der Begriff »Grimoire« ist generisch und kann auch für den Titel eines tatsächlichen Buchs stehen, wenn die Autorin beschließt, den eigentlichen Titel für sich zu behalten. Heutzutage sind Grimoires meistens handschriftliche Werke für den Privatgebrauch, ein effektives und wunderbares Buch der Schatten lässt sich aber auch hervorragend digital herstellen. Ein Grimoire kann Informationen und Anleitungen enthalten, die sich auf eine bestimmte Tradition beziehen, es kann aber auch streng persönliche Angaben und Erinnerungen enthalten, die ausschließlich von der Autorin genutzt werden sollen. Manchmal werden Teile eines Grimoires weitergegeben, wenn Eingeweihte Passagen aus dem Buch ihrer Meister kopieren.

Einige Wiccans entscheiden sich dafür, mehr als nur ein Buch der Schatten zu unterhalten. Eines dieser Bücher ist dann beispielsweise für Rituale gedacht, die ein bestimmter Coven oder Kreis, dem die Hexe angehört, befolgt und praktiziert. Diese Rituale haben möglicherweise alte Wurzeln und bewahren traditionelle Praktiken und Weisheiten. Die Informationen im »zentralen« Grimoire eines Coven dürften sich von denen Grimoires anderer Coven unterscheiden. Mitglieder einer ausgewählten Gruppe können Material aus diesem Buch für ihre eigenen Zwecke in ihr eigenes Grimoire übertragen. Daneben hält eine Hexe in einem weiteren Buch Informationen fest, die von eher persönlicher Natur sind – innere Gedanken und Erfahrungen, die sich auf dem von ihr eingeschlagenen Weg angesammelt haben.

Einige Coven teilen Informationen aber auch mit anderen »Geistesverwandten« und machen sie mit bestimmten Praktiken und Ansichten vertraut. In der modernen Hexerei ist die Geheimhaltung, von der einst das Leben einer Hexe abhing und die sie dazu zwang, ihre Gedanken zu verbergen, nicht mehr so stark vonnöten. Dennoch entscheiden sich viele Personen dafür, ihre privaten Praktiken und Ideen für sich zu behalten und den Zugang zu ihrem Grimoire zu beschränken.

Was sollte in deinem Buch stehen?

Jedes Grimoire ist im Grunde ein Buch der Schatten, aber nicht jedes Buch der Schatten erfüllt die strengen Kriterien, die ein Grimoire ausmachen. Wie bereits erwähnt, enthält das, was wir heute als Buch der Schatten bezeichnen, Elemente des Grimoires (etwa die Anweisungen für Zaubersprüche und Rituale), aber es ist nicht notwendigerweise ein ausschließlich als Anleitung gedachtes Werk. Vielmehr handelt es sich um eine intime Aufzeichnung deiner spirituellen Reise.

Puristen vertreten den Standpunkt, ein Grimoire müsse ausschließlich instruierend sein, voller Informationen, Anmerkungen und für die praktische Umsetzung geeigneten Dingen. Für sie ist ein Buch der Schatten eher ein Tagebuch, während im Grimoire kein Platz sei für Persönliches. Für unsere Zwecke ist es eine glückliche Fügung, dass es keine offiziellen Kriterien für ein Buch der Schatten gibt, insofern gibt es auch kein Richtig und kein Falsch, wenn du dich daran machst, dein eigenes Grimoire anzulegen, es zu segnen und einzusetzen. Wie du sehen wirst, verwende ich die Begriffe »Grimoire« und »Buch der Schatten« synonym, denn aus meiner Sicht kann man die Gedanken und Gefühle einer Hexe nicht von ihrer Arbeit trennen – Stich baut auf Stich auf, bis ein vollständiges Stück Stoff entsteht.

Was du in dein Buch tust, wie du es erstellst und wie du es nutzt, wird so einzigartig sein, wie du es bist. Ziel ist es, ein greifbares Dokument für die spirituelle Reise eines Menschen zu haben, der den Pfad der Göttin und die Kunst der Weisen befolgt – was auch immer du darunter verstehst.

Online-Grimoires

Wir können uns glücklich schätzen, dass wir heutzutage über eine fantastische Ressource verfügen, die es uns erlaubt, unser Wissen zu teilen und gleichzeitig anonym zu bleiben – die Rede ist vom Internet. Schon eine rasche Google-Suche wird dich zu zahlreichen Webseiten und Blogs zum Thema Wicca führen sowie zu Seiten, die historische Informationen über Hexerei, Neopaganismus und diverse andere Schulen der Magie enthalten. Es gibt sogar einige Seiten, auf denen frühe esoterische Texte in neuzeitliche Sprache übersetzt werden und man so einen Einblick in das Denken und die Arbeitsweise unserer Vorfahren erlangt.

In den vergangenen Jahren hat die Hexerei enorm an Beliebtheit gewonnen, was auch daran liegt, dass Hexen ihre Weisheit mittlerweile breit und sicher in Form von E-Grimoires verbreiten können. Das schützt uns nicht nur vor Diskriminierung, wir erlangen dadurch auch Zugriff auf eine größere Vielfalt an Quellen als je zuvor.

Mit mehr magischer Übung wirst du vielleicht überlegen, deinen eigenen Blog ins Leben zu rufen, um mit anderen zu teilen, was du auf deiner spirituellen Reise in der Kunst der Weisen gelernt hast. Dabei wirst du möglicherweise zahlreiche Mitreisende aus aller Welt kennenlernen, deren Wissen und Erfahrungen deinen eigenen Pfad bereichern. Im Gegenzug wird deine Weisheit wiederum ihren Weg bereichern.

Es kann eine ermächtigende Methode der Selbstentdeckung sein, die Geschichte des eigenen spirituellen Erwachens und der folgenden Reise niederzuschreiben. Vielleicht findest du großen Gefallen daran, deine spirituellen und mentalen Fortschritte festzuhalten. Dabei stärkst du die Verbindungen zwischen göttlicher Macht und persönlicher Macht und du öffnest dich für mehr Intimität mit der Göttin. Wie du sehen wirst, kann bereits das Schreiben im Grimoire ein eigenes Ritual darstellen – du erschaffst ein geheiligtes Werkzeug, das die Chronik vom Erwachen der Magie in dir enthält. Beim Schreiben verzeichnest du deinen Weg – wie ein Seemann alter Zeit, der mithilfe der Sterne seinen Kurs durch unbekannte Gewässer aufzeichnet – und wenn du zurückblickst, wirst du erkennen wie du als Mensch und als Hexe gewachsen bist. Du wirst neue Betrachtungsweisen althergebrachter Traditionen und uralter Riten gewinnen und sie an deine heutigen Bedürfnisse anpassen und an die Bedürfnisse der Welt, in der du lebst. Du wirst die Jahreszeiten wiederentdecken, du wirst das Verstreichen der Zeit ehren, du wirst Leben, Tod und Wiedergeburt zelebrieren – und jeder Bericht wird von eigener Hand verfasst sein.

> *»Was heute nicht geschieht, ist morgen nicht getan, / Und keinen Tag soll man verpassen, / Das Mögliche soll der Entschluss / Beherzt sogleich beim Schopfe fassen.«*
>
> – Johann Wolfgang von Goethe

Wenn du es möchtest, kann dein Grimoire mehr als ein persönliches Dokument sein. Lass dich von denen inspirieren, die diesen

Weg vor dir gegangen sind, und erstelle einen Leitfaden für Novizen, die den Wicca-Pfad gerade erst für sich entdeckt haben. Dein Buch der Schatten kann als Erinnerung dafür dienen, woher wir kommen und welchen Weg wir noch vor uns haben. Wenn du deine Geschichte aufschreibst, übernimmt du Verantwortung für die Vorstellung, dass der klarste Pfad zur Göttin der Weg der direkten Erfahrung ist.

Kapitel 2

ENTWIRF DEIN GRIMOIRE

Früher waren Grimoires handgeschriebene Dokumente, meistens auf Pergament (also Tierhaut) oder Papier. Abhängig davon, welche Materialien einer Autorin zur Verfügung standen und wie gut sie damit arbeiten konnte, bestand der Einband des Buchs vielleicht aus kunstvoll bearbeitetem Leder, aus geschnitztem Holz, aus Tapisserie, Samt oder aus verziertem Metall. Eine Hexe oder ein Hexer mit Vermögen dekorierte den Buchdeckel mit Edelsteinen, kunstvollen Silberscharnieren, Goldarbeiten oder anderen kostbaren Verzierungen. Eine arme Hexe wiederum würde für ihr Grimoire deutlich bescheidenere Materialien wählen und Zaubersprüche möglicherweise in Stücke von Baumrinde ritzen.

Wenn du dich daran machst, dein eigenes Grimoire herzustellen, behalte im Hinterkopf, welchem Zweck es dienen soll. Elegant oder schlicht, ausgeklügelt oder simpel gehalten – dein Buch der Schatten ist ein Werkzeug, ein sehr spezielles und persönliches Werkzeug, das du erschaffst, um als magische Arbeiterin weiter wachsen zu können. Du kannst dich bei den reichen Traditionen der Vergangenheit bedienen und dich von ihnen beim Entwickeln deines persönlichen Grimoires leiten lassen, aber vergiss nicht: Es gibt keine Regeln, es gibt kein Richtig und kein Falsch. Jedes Grimoire ist so einzigartig, wie die Hexe, der es gehört. Das Wichtigste ist, dass es deinen Absichten dient.

BEVOR DU BEGINNST

Dein Grimoire wird dir in den nächsten Jahren als enger Vertrauter dienen, als intimer Bericht deiner persönlichen und spirituellen Entwicklung, als wertvolle Referenz und, falls du es wünschst, als Inspiration für andere. Dieses wertvolle Werkzeug wird dich auf deiner gesamten magischen Reise auf Erden begleiten. Bevor du also loslegst, nimm dir etwas Zeit und mache dir Gedanken darüber, welches Design und welches Format für deine Zwecke am besten geeignet sind.

Stelle dir ein paar Fragen:

- Musst du dein Buch mit dir herumtragen? Falls ja, spielt die Größe eine Rolle. Wirst du dein Grimoire stets mitführen oder nur zu besonderen Gelegenheiten?
- Wie oft beabsichtigst du, etwas in dein Buch der Schatten einzutragen? Täglich? Bei Neu- oder Vollmond? Nach einem Spruch? Am Sabbat?
- Was soll alles hinein in dein Grimoire? Nur Zaubersprüche und Rituale? Persönliche Gedanken, Erkenntnisse und Bemerkungen? Kunst? Erfahrungen, die nichts mit Magie zu tun haben?
- Welche Absichten hast du für dein Grimoire? Welchen Platz siehst du für dein Grimoire im Rahmen deiner magischen Arbeit? Oder in anderen Bereichen deines Lebens?
- Wirst du nur innerhalb deiner eigenen vier Wände in dein Buch der Schatten schreiben? In Verbindung mit einem Magie-Partner oder Mitgliedern eines Covens?
- Hast du vor, den Inhalt deines Grimoires komplett vor dem Rest der Welt verschlossen zu haben? Oder willst du ihn mit bestimmten vertrauenswürdigen Personen teilen?
- Wenn du in dein Grimoire schreibst, wird das Teil eines magischen Rituals sein, das du allein oder in Gesellschaft anderer abhältst?
- Wo wird sich dein Buch befinden? Wird es offen auf deinem Altar liegen? An einem geheimen Ort bei dir zuhause oder bei der Arbeit? In einem Tresorfach? In deinem Rucksack?
- Kommt es für dich in Frage, das Buch selbst herzustellen?
- Was soll mit deinem Grimoire geschehen, wenn du die physische Welt verlassen hast? Wirst du es einer anderen Person anvertrauen oder soll es vernichtet werden?

Über diese und andere Dinge nachzudenken, kann dir dabei helfen, dein eigenes Buch der Schatten zu entwickeln und zu unterhalten. Viele Hexen haben ähnliche Gründe dafür, warum sie ein Grimoire führen, aber deine Praxis und deine individuellen Absichten können sich von denen anderer Menschen unterscheiden. Dieses Buch soll dich durch den Prozess geleiten und dir unterwegs mit Ratschlägen, Informationen und Anregungen zur Seite stehen.

DER BUCHDECKEL DEINES GRIMOIRES IST EIN SPIEGELBILD DEINER SELBST

Lässt sich ein Buch der Schatten anhand seines Buchdeckels beurteilen? Das hängt von dir ab. Der Einband deines Grimoires ist wie seine Haut. Wann immer du es in die Hand nimmst und noch bevor du anfängst, etwas hineinzuschreiben, regt es dein Magiedenken an und das Bild, das du von dir selbst als Hexe hast. Wenn du mit den Fingern über den Buchdeckel streichst, erinnert er dich daran, dass du dich auf einer spirituellen Reise befindest, dass du Teil eines uralten Strebens nach Weisheit bist, dass du dich als menschliches Wesen weiterentwickelst und als Magierin. Was du in Händen hältst, ist extrem persönlich und gleichzeitig transzendental, denn es greift zurück in die Vergangenheit und lädt zu Beiträgen aus dem Reich der Geister ein. Dein Grimoire ist ein Abbild deines tiefsten und tiefgründigsten Selbst. Was möchtest du, dass es über dich aussagt?

Wie soll der Buchdeckel aussehen?

Wicca und Hexentum gibt es in zahllosen »Geschmacksrichtungen« – Gardenisch, Alexandrian, Dianisch, Saxon, keltisch und so weiter. Einige Hexen fühlen sich keiner speziellen Gruppe zugehörig. Wenn du eine bestimmte Tradition oder ein bestimmtes kulturelles Erbe befolgst, wäre es zu überlegen, ob sich das nicht im Buchdeckel deines Grimoires niederschlagen sollte. Ich zum Beispiel habe irische und schottische Wurzeln, deshalb hat mein Buch einen Ledereinband mit keltischer Symbolik und es wird mit einem keltischen Knoten aus Zinn verschlossen.

Viele Hexen entscheiden sich dafür, auf dem Deckel ihres Grimoires magische Symbole anzubringen – Pentagramme, Spiralen, Symbole für die Elemente oder aus der Alchemie und dergleichen. Interessierst du dich für Astrologie? Dann sind vielleicht Bilder rund um Sonne oder Mond interessant für dich, dein »Tier« bei den Sonnenzeichen oder auch Sterne. Wenn eher Tarot deine Sache ist, dann könntest du den Deckel mit dem Bild einer Tarotkarte verzieren, die dich anspricht, vielleicht die Hohepriesterin oder der Magier. Grüne Hexen greifen möglicherweise zu Symbolen aus der Botanik für ihr Buch. Sprechen dich Bilder und Symbole an, die für die Göttin – oder eine Lieblings-Gottheit – stehen? Du kannst auch dein Krafttier mit einer Abbildung ehren. Manche Menschen greifen für ihr Grimoire zu mythischen Wesen (Drachen, Phönixe, Greife oder Einhörner), andere nehmen Engel. Der kabbalistische Lebensbaum, der Weltenbaum der Druiden, das Horusauge der Ägypter … die Liste lässt sich praktisch beliebig fortsetzen.

Ob der Buchdeckel schlicht gehalten oder kunstvoll verziert ist, hängt ganz allein von dir und deinen Vorlieben ab. Im Internet findest du zahllose faszinierende Ideen, die deine Fantasie anregen. Auch ein Besuch in New-Age-Läden, in Geschäften, die leere Journale und Materialien für Sammelalben vertreiben, oder in Kunstgeschäften, die Skizzenbücher verkaufen, kann dich auf neue Einfälle bringen. Alles geht, wenn es dir gefällt, dich als Person und Hexe widerspiegelt und deine magische Erfahrung erweitert. Was auch immer sich gut anfühlt für dich, ist auch gut.

Wie sicherst du dein Grimoire?

Einige frühzeitliche Grimoires – und auch einige moderne – wurden unter Verschluss gehalten, damit der Inhalt geheim blieb. Wer mit Zaubersprüchen arbeitete, wollte nicht, dass die Informationen aus dem Buch in die falschen Hände fallen, außerdem sollte im Falle einer Verfolgung das Material nicht zur Belastung werden. Hast du das Bedürfnis den Inhalt deines Grimoires vor den Augen anderer zu schützen? Dann solltest du unbedingt über ein Schloss auf dem Buchdeckel nachdenken.

Wenn es dir egal ist, ob jemand anderes dein Buch der Schatten in die Hände bekommt, kannst du es mit einem Lederstreifen verschließen, einer seidenen Kordel, einer Perlenkette oder mit was auch immer sonst dich anspricht. Einige Hexen verstauen ihre Grimoires gerne in

Beuteln mit Zug oder wickeln sie in Seide ein, um sie vor Staub und unerwünschten Energiefeldern zu schützen.

INNERE SCHÖNHEIT

Der Deckel deines Buchs der Schatten ist der Einstieg für das, was im Buch kommt, aber der Inhalt ist noch wichtiger. Hier wirst du die Einzelheiten deiner Reise festhalten, deine persönliche Entwicklung erfassen und Geheimnisse aufschreiben, die dir wichtig sind. Die Seiten, auf denen du deine Gedanken und Erfahrungen festhältst, sind quasi wie der Rahmen für ein Foto oder ein Gemälde. Was meinst du, welcher Rahmen ist am besten geeignet für deine Inhalte?

Haptische Genüsse

Befasse dich mit fertigen Journalen, mit Skizzenbüchern und Materialien für Skizzenbücher. Einige im Handel erhältliche Bücher enthalten fantastisches, reich gemasertes Papier, sind mit Bildern geprägt, die dich ansprechen, oder mit Blumen oder anderen Dingen verziert. Andere bieten eindrucksvolle Muster und Designs. Nimm dir ruhig auch Zeit, dir Bücher von Künstlern anzusehen, die mit handgeschöpftem Papier arbeiten. (Etwas weiter hinten leite ich dich bei der Herstellung deines eigenen Papiers an.)

Wenn diese Journale dich sinnlich ansprechen, kann das deine kreativen Kräfte ankurbeln und eine Inspiration sein, deinen Weg auf dem Pfad der Magie festzuhalten. Tatsächlich ist es eine gute Idee, all deine Sinne in deine Arbeit mit Sprüchen einzubinden, denn je stärker du die Erfahrung anreichern kannst, desto mehr Macht bringst du in deine Sprüche ein. Suche dir ein Buch aus, das du gerne anfasst, das du gerne berührst und das dich einlädt, deine Erinnerungen auf seinen Seiten niederzuschreiben. Es sollte dir Freude bereiten, in deinem Grimoire zu schreiben.

Überlege dir, ob du nicht nur deine Sprüche, Rituale und anderen Aktivitäten niederschreiben willst, sondern auch Bilder und Gegenstände hinzufügen möchtest, die zur Schönheit, der Anfassqualität und der allgemeinen Reichhaltigkeit deines Grimoires beitragen – Votive oder andere Zauber, Federn, kleine Edelsteine, Spitze, Fotografien besonderer Orte, Bilder aus Magazinen. Hast du einen Kerzenzauber vollzogen, könntest du ein wenig geschmolzenes Wachs auf eine Seite deines Grimoires tropfen lassen und ein Symbol eingravieren, das dich an die Erfahrung erinnert. Hast du bei einem Spruch mit einem ätherischen Öl gearbeitet, gib doch ein wenig davon auf eine Seite, damit du dich später besser an deine Absichten hinter diesem Spruch und an seine Wirksamkeit erinnerst.

Halte es einfach

Wenn du es lieber schlicht halten möchtest, ist das natürlich auch in Ordnung. Vielleicht erfüllt eine Loseblattsammlung deine Ansprüche; dieses Format hat den Vorteil, dass man leicht Seiten ergänzen oder neu anordnen kann. Du kannst dein Grimoire auch auf dem Computer oder iPad tippen. Es fehlt dann zwar der sensorische Reiz, den viele Hexen ansprechend finden, aber dafür ist es bequem – vor allem dann, wenn du viel unterwegs bist.

Wie organisierst du dein Buch der Schatten?

Wie du das Material in deinem Buch der Schatten organisierst, hängt davon ab, wie du das Buch nutzen möchtest. Die Fragen, die du dir im Vorfeld gestellt hast, werden möglicherweise den Fluss deines Grimoires bestimmen. Den *einen* richtigen Weg gibt es nicht. Ein Inhaltsverzeichnis am Buchanfang wird dir helfen, deine Sprüche rasch wiederzufinden. Du kannst Lieblingssprüche oder häufig verwendete Sprüche mit Lesezeichen markieren. Unterteilst du dein Buch in Kategorien? Dann können Registerkarten dir helfen, rasch zum Anfang der unterschiedlichen Abschnitte zu gelangen. In Kapitel 3 werde ich dir einige Möglichkeiten zum Organisieren eines Grimoires vorstellen.

MACHE ES SELBST

Bist du handwerklich begabt? Dann findest du möglicherweise Gefallen daran, dein Buch von Grund auf selbst herzustellen. Damit würdest du dich auf die Spuren früherer Magier und Magierinnen begeben, die ihre Grimoires ebenfalls selbst hergestellt haben. Am Ende des Prozesses besitzt du ein absolut einzigartiges Buch, das vom ersten Augenblick an von deiner persönlichen Energie durchsetzt wird. Ein sehr lohnenswertes, wenn auch zeitaufwändiges Projekt (und ziemlich schmutzig, wenn du dein Papier auch selbst herstellst), aber du kannst deiner Kreativität und deiner Fantasie freien Lauf lassen. Was du an Zeit und Mühe in das Projekt steckst, kann zutiefst befriedigend sein.

Übrigens: Ein Buch aus recycelten Dingen herzustellen, ist nicht so schwer, wie man meinen könnte, und wäre vielleicht etwas für eine umweltbewusste Hexe. Überfordert dich die Vorstellung, das ganze Buch selbst herzustellen? Wie wäre es dann, einige wenige Seiten für besondere Beschwörungen und Sprüche selbst zu produzieren und sie deinem Buch hinzuzufügen? Und auch wenn du dein Grimoire im Laden gekauft hast, spricht nichts dagegen, Kräuter und Blumen dazu zu geben oder darin zu zeichnen, um die Seiten nach deinem Geschmack zu gestalten und sie zu personalisieren.

Ein Buch oder viele?

Hast du ein Format gewählt, das es dir erlaubt, deine Einträge zu verändern oder zu verschieben, kann dein Grimoire so groß sein, wie du es möchtest. Hast du dich für ein Buch mit festem Einband entschieden, bei dem du keine Seiten ergänzen kannst, wird dieses Buch irgendwann voll sein. Dann wirst du in einem anderen Buch weiter schreiben müssen, es entsteht also eine Reihe. Anstatt ein einziges Grimoire in Abschnitte zu unterteilen, könntest du unterschiedliche Bücher für unterschiedliche Arten von Sprüchen nutzen. Ob ein Buch oder mehrere, hängt ganz allein von dir ab.

Stelle dein eigenes Papier her

Papier wurde erstmals in China und im alten Ägypten hergestellt. Vielleicht dient dir das als Inspiration, wenn die Göttin Guanyin oder die Göttin Isis stark in dir widerhallt. Um Papier aus recycelten Dingen selbst herzustellen, benötigst du keine besondere Ausrüstung. Es reichen einfache Haushaltsprodukte, von denen du die meisten vermutlich ohnehin bereits hast.

Die Grundlage für Papier ist Pulpe. Pulpe kannst du aus nahezu allen Arten von Papier gewinnen, aber meide möglichst Papier mit

Hochglanz-Oberfläche (wie etwa Seiten aus einem Magazin), denn das wurde chemisch behandelt.

WAS DU BENÖTIGST:

- Papier, etwa Packpapier, Computerpapier, Papier zum Schreiben oder für die Schreibmaschine, Papiertüten (das Verhältnis von Papier zu Wasser sollte etwa 1 zu 4 betragen. Je mehr Pulpe man hinzugibt, desto dicker ist das Papier nachher.)
- einen Plastikeimer
- warmes Wasser
- ein Stück Netz (wie Fliegengitter), das in einen Rahmen passt. Je feiner das Netz, desto glatter das Papier. Es gibt spezielle Rahmen für die Papierherstellung.
- zwei hölzerne Rahmen, die etwas größer sind als die geplanten Seiten. Du kannst Bildrahmen nehmen, aber die Ecken müssen fest und gesichert sein. Es geht auch ein Büttenrand.
- Klammern
- Mixer (am besten legst du dir extra für diesen Zweck ein billiges Gebrauchtmodell zu. Verwende nicht den Mixer, mit dem du dir sonst deine Smoothies machst!)
- Lebensmittelfarbe oder für Baumwollstoffe geeignete Farbstoffe (optional)
- einen großen Löffel oder eine Kelle
- Spülschüssel aus Plastik, eine große Schüssel oder ein anderes wasserdichtes Behältnis, das groß genug für die Rahmen ist
- flüssige Wäschestärke
- ein Streichmesser, Buttermesser oder Athame
- saugfähigen Stoff, beispielsweise Geschirrhandtücher (eines für jede Seite Papier, die du herstellen möchtest)
- getrocknete/frische Blumen, Blätter oder Stücke von Spitze (optional)
- Plastikfolie oder wasserdichter Stoff
- ein schweres Buch, Schneidebrett oder einen Ziegelstein

1. Zerreiße das Papier in briefmarkengroße Stücke. Gib sie in einen mit Wasser gefüllten Eimer, rühre das Papier um und achte darauf, dass alle Stücke mit Wasser bedeckt sind. Während du das Papier zerreißt, richte positive Energie darauf und mache deine Absichten deutlich, indem du laut sagst: »Göttin, segne dieses künstlerische Vorhaben. Lasse durch meine Hand den Wandel zum Nutzen aller beginnen. So soll es sein!« Lasse das Papier über Nacht einweichen.

2. Spanne das Netz auf einen der Rahmen und ziehe es sehr straff. Dieser Siebrahmen wird die Pulpe aufnehmen und dafür sorgen, dass sie flach bleibt. Ist das Netz zu locker, hängt das Papier durch und lässt sich nur schwer vom Rahmen entfernen. Platziere den leeren Rahmen oben auf dem Siebrahmen, damit er flach bleibt und dein Papier eine schöne Kante bekommt. Lege die Rahmen erst einmal beiseite. (Wenn dir das lieber ist, kannst du in einem Handwerksgeschäft oder einem Bastelgeschäft auch einen speziellen Rahmen für die Papierherstellung und einen Büttenrand erstehen.)

3. Wenn dein Papier über Nacht eingeweicht ist, gieße das überschüssige Wasser ab und gib die Pulpe löffelweise in einen Mixer.

4. Gib Wasser hinzu, bis der Mixer maximal drei Viertel voll ist. Wenn du farbiges Papier herstellen willst, müsstest du jetzt die Lebensmittelfarbe oder den Farbstoff hinzugeben. Lasse den Mixer etwa 15 Sekunden laufen und kontrolliere dann, ob die Pulpe gleichmäßig aussieht. Falls nötig, rühre sie um und lasse dann den Mixer noch einmal rund fünf Sekunden laufen. Die Mischung sollte in etwa die Konsistenz von Erbsensuppe haben.

5. Gieße die Pulpe vorsichtig in das Spülbecken. Jetzt kannst du einen Löffel voll flüssiger Wäschestärke hinzugeben. Sie sorgt dafür, dass das Papier die Tinte besser aufnimmt.

6. Rühre die Pulpe sanft um und warte dann, bis sich das Wasser nicht mehr bewegt. In dem Augenblick – bevor sich die Pulpe gesetzt hat – greifst du die Rahmen fest, wobei der leere Rahmen oben ist und der Siebrahmen direkt darunter. Lasse die Rahmen in einer glatten Bewegung unter Wasser gleiten und schöpfe eine Lage Pulpe ab. Vermutlich wirst du einige Anläufe benötigen, bis die Pulpe gleichmäßig über das Sieb verteilt ist.

7. Halte die Rahmen ruhig und flach, während du sie aus dem Wasser hebst und das Wasser ablaufen lässt. Entferne den oberen Rahmen. Eine Lage Pulpe sollte den Siebrahmen bedecken.

8. Solange das Papier noch feucht ist (es sollte aber nicht tropfen), entferne es sanft vom Sieb. Das erfordert einige Erfahrung – wenn es an der Form hängen bleibt, musst du möglicherweise mehr Wasser herausdrücken. Lockere die Ränder mit dem Streich- oder Buttermesser. Wenn du willst, kannst du auch deinen Athame verwenden, womit du sofort jede Seite bei der Herstellung weihst.

9. Nachdem du das Papier gelöst hast, lege es sorgfältig auf eine Hälfte des saugfähigen Tuchs.

10. Willst du frische Kräuter und Blumen auf die Papieroberfläche pressen? Willst du dieses Blatt Papier mit einem Schutzzauber versehen? Du könntest an den Rändern Basilikumblätter oder einen Rosmarinzweig hinzugeben. Vielleicht schwebt dir auch ein Liebeszauber vor. Verziere einige deiner Seiten mit Blättern roter Rosen.

11. Falte die andere Hälfte des Tuchs über das Papier (ohne es zu verbiegen!), damit es überschüssiges Wasser aufsaugt. (Du kannst auch mit einem Nudelholz arbeiten, um das überschüssige Wasser herauszudrücken.) Mache mit den einzelnen Blättern auf diese Weise weiter und achte darauf, dass sich Lagen von Tuch mit den Papierblättern abwechseln.

12. Lege etwas Wasserdichtes (etwa die Plastikfolie) auf den Stapel und platziere dann ein schweres Buch, ein Schneidebrett oder einen Ziegel oben drauf. Das drückt das Papier nieder und sorgt dafür, dass es beim Trocknen nicht wellt.

13. Wenn du dein Papier mit magischen Symbolen prägst, kannst du ihm zusätzliche positive Energie verleihen. Dazu drückst du einen Gegenstand, beispielsweise ein Pentagramm, in das noch feuchte Papier und entfernst ihn dann wieder. Legst du Wert auf ein sehr sauber geprägtes Motiv, lasse den Gegenstand beim Pressen dort und entferne ihn erst, wenn das Papier restlos getrocknet ist.

Experimentiere gerne herum. Je mehr persönliche Energie und gedankliche Anstrengung du in dein Buch der Schatten steckst, umso lieber wirst du es später benutzen. Auf der Webseite http://paperslurry.com findest du gute, bebilderte Anleitungen für unterschiedliche Methoden der Papierherstellung.

So bindest du dein Buch

Jetzt ist es Zeit, dein Buch der Schatten zu binden. Auch wenn du nicht dein eigenes Papier herstellst, kannst du immer noch einen eigenen Buchdeckel erstellen, die leeren Seiten sammeln und das Buch selbst binden. Die nächsten Schritte zeigen dir einige Optionen, wie du die Erstellung deines persönlichen Buchs der Schatten abschließt.

WAS DU BENÖTIGST:

- Buchbinderpappe oder festes Papier aus einem Fachgeschäft. Du kannst den Deckel in Tuch wickeln und das Tuch mit gutem PVA-Kleber (siehe Ende der Liste) befestigen.
- eine Schere
- ein metallenes Lineal
- ein Teppichmesser oder Präzisionsmesser zum Einkerben
- Binder-Clips oder ähnliche Klammern
- ein schweres Buch, Schneidebrett oder einen Ziegelstein
- einen Bleistift
- Möchtest du nicht mit Kleber arbeiten, verwende eine Kordel oder ein Band. Du benötigst außerdem einen Bohrer oder Lochstanzer und eine Vorlage für die Platzierung der Löcher.
- Willst du mit Kleber arbeiten, nimm einen schweren Pinsel und PVA-Kleber (Polyvinylacetat), der hält am besten. Möchtest du auf Chemikalien verzichten, kannst du auch eine natürliche Form von Leim nehmen, etwa Fischleim.

1. Wähle das Material für deinen Deckel.
2. Schneide zwei gleichgroße Stücke zurecht, die ein wenig größer als die Seiten des Buchs sind.
3. Miss etwa 0,6 Zentimeter vom Rand jedes Stücks ab und kerbe sie leicht ein, damit sich das Buch leicht öffnen und schließen lässt.
4. Lege für den Buchrücken einen Streifen des Materials für den Deckel oder ein zusätzliches Blatt Papier zur Seite.
5. Lege alle deine Seiten sowie die Vorder- und die Rückseite zu einem Stapel zusammen. Klemme sie mit den Binder-Clips oder Klammern fest zusammen. Um Abdrücke von den Klammern auf deinem Deckel zu vermeiden, legst du am besten kleine Holzstücke unter die

Klammern. Achte darauf, die Seiten ordentlich zu stapeln, denn sie werden dauerhaft in der Konfiguration bleiben, in der sie jetzt sind. Nimm nötigenfalls jetzt Korrekturen vor, ansonsten wird dein Buch schiefe Seiten aufweisen!

6. Richte die Seiten so aus, dass der Rand des Stapels ohne Klammern leicht über den Rand des Tisches hängt, an dem du arbeitest. Dieser Rand wird der Buchrücken.

7. Drücke die Seiten mit einem schweren Buch, einem Schneidebrett oder einem Ziegel herunter und achte darauf, dass sie sich nicht bewegen.

Hinweis: Wenn du beim Buchrücken nicht mit Kleber arbeitest, überspringe die folgenden Schritte bis Schritt 12.

8. Verteile mit einer Bürste den Leim sehr dick entlang der Ränder am Rücken der Seiten. Lasse den Leim gründlich trocknen.

9. Das Stück für den Buchrücken sollte dieselbe Länge wie der Buchdeckel haben und die dreifache Dicke des Buchs. Wie dick dein Buch ist, misst du anhand der Gesamtdicke der gestapelten Seiten. Diese Zahl nimmst du mal drei und ermittelst auf diese Weise die korrekte Breite des Buchrückens. Auf der Innenseite des Buchrückens (also der Seite, die du an das Buch leimen willst) ziehst du mit Bleistift zwei parallele Linien, die den Buchrücken in drei gleichgroße Teile unterteilen. Diese Linien werden dir beim Einkerben helfen.

10. Mache mit deinem Kerbgerät Kerben in den Deckel, und zwar entlang des Rands eines metallenen Lineals. Achte darauf, den Rücken nicht zu durchtrennen! Die Kerben sollten nur so tief sein, dass du den Rücken leicht falten kannst.

11. Leime den Streifen entlang des Buchrands so, dass er die zuvor geleimte Stelle verbirgt. Lass den Leim trocknen.

12. Wenn du lieber eine andere Methode ausprobieren möchtest, arbeite doch mit Kordel oder Band. Bei dieser Methode benötigst du keinen Buchrücken. Stanze oder bohre nach dem Klammern der Buchseiten entlang einer Seite mindestens drei Löcher aus. Wenn du mit einem Lochgerät arbeitest, erstelle dir am besten eine Vorlage, damit alle Löcher die gleiche Größe haben und gleich weit vom linken Rand der Seiten entfernt sind. Versuche nicht, durch die Vorlage hindurch Löcher zu stanzen, sondern nutze die Vorlage dafür, auf jeder Seite mit Bleistift zu markieren, wo die Löcher sein sollen, und stanze sie dann Seite für Seite aus. Auf diese Weise werden die Löcher akkurater sein und dein fertiges Buch attraktiver. Wenn du im Umgang mit Elektrowerkzeug versiert bist, kannst du ganz langsam Löcher in den geklammerten Stapel bohren. Das geht deutlich schneller und die Ergebnisse sind genauso sauber. Achte darauf, dass die Seiten sicher geklammert sind, damit sie während des Bohrens nicht verrutschen.

13. Arbeite mit einer Kordel, die fünfmal so lang wie dein Buch ist. Wähle eine Farbe, die dich anspricht oder von symbolischer Bedeutung für dich ist. Ziehe das Band durch das oberste Loch und lasse einen Schwanz von mindestens fünf Zentimetern.

14. Ziehe das Band durch alle verbliebenen Löcher. Erreichst du das Ende, wickele das Band um den Boden und ziehe es in Gegenrichtung erneut durch die Löcher, die du gerade verwendet hast. Ziehe das Band bis ganz nach oben durch die Löcher und stelle dir dabei den Spiraltanz der Göttin vor.

15. Wenn du das Band durch das letzte Loch gezogen hast, wickle es genauso fest um die Spitze, wie du es unten getan hast, und verbinde alles mit dem Schwanzende.

Kapitel 3

ORGANISIERE DEIN GRIMOIRE

Wenn du nicht irgendwann dasitzen und dich auf der Suche nach etwas Bestimmten durch Hunderte Seiten deines Grimoires wühlen möchtest, dann brauchst du ein wie auch immer geartetes System, das dir dabei hilft, beispielsweise einen bestimmten Spruch auf einen Schlag zu finden. So wie du deine Küchenschränke und deine Kleiderschränke sortierst, um möglichst ohne großen Aufwand etwas zu finden, solltest du dir auch hier eine Methode überlegen, die für dich persönlich am besten funktioniert. Jede Hexe ist anders und auch jedes Buch der Schatten ist anders – sowohl die Art Buch, die sie sich aussucht, als auch die Art und Weise, wie sie es zusammenstellt.

Wie du dein Buch konfigurierst, hängt von deiner Persönlichkeit ab, von deiner Lebensweise, von deinen individuellen Bedürfnissen und Vorlieben, von den Sprüchen und Ritualen, mit denen du arbeitest, von deinem spirituellen Pfad, von deinen Zielen und Absichten und von vielen weiteren Aspekten. Denke zurück an die Fragen, die du dir zu Beginn von Kapitel 2 selbst gestellt hast. Deine Antworten auf diese Fragen werden dich leiten, wenn du dich daran machst, das Material in deinem Grimoire zu gliedern.

WO FANGE ICH AN?

Im vorigen Kapitel haben wir darüber gesprochen, wie du Stil und Form deines Buchs der Schatten auswählen kannst und wie du gegebenenfalls dein eigenes Buch komplett selbst herstellst. Aber bedenke: Das erste Buch, das du herstellst, wird möglicherweise nicht dein letztes sein. Möglicherweise beschließt du sogar, jedes Jahr ein neues Buch der Schatten zu beginnen, an Samhain oder an einem anderen Datum, das für dich von Bedeutung ist. An deinem Geburtstag vielleicht?

Schätze dich und deine Ziele selbst ein

Wie bereits gesagt: Alte Grimoires enthielten Beschwörungen, Anrufungen und Rituale zum Hervorrufen von Geistwesen. Heutzutage begnügen sich die meisten Hexen nicht mehr mit derlei Dingen. Vielleicht beschließt du aber, ausschließlich magische Sprüche und Rituale in dein Buch der Schatten zu schreiben – keine Gedichte, keine Traumszenarien, kein Gekritzel an den Rändern. Das ist gut. Genauso kannst du aber auch die »Alles geht«-Methode wählen und dein Buch mit allem füllen, was deiner Meinung nach hineingehört. Auch das ist gut. Dein Grimoire ist ein heiliges Werkzeug, das du dir erschaffst, damit es deinen Zwecken dient. Wähle das, was dir beim Erreichen deiner Ziele hilft.

- Bist du eine grüne Hexe, wird dein Buch vielleicht vor allem Sprüche mit Zutaten aus der Botanik und anderen Bereichen der Natur enthalten. Wegen deiner besonderen Beziehung zur Natur kannst du dir überlegen, ob du dein Grimoire nach Jahreszeiten organisierst.
- Du stehst auf Drama? Dann überlege dir, deinen Schwerpunkt auf Rituale und Zeremonien zu legen. Ist es vielleicht sinnvoll, wenn du dein Material rund um die acht Sabbate herum organisierst?
- Bist du eine Heilerin? Dann könntest du Kategorien entsprechend unterschiedlichen Heilmethoden anlegen – für Tränke und Elixiere, Salben und Balsam, Talismane und Amulette und so weiter.
- Reist du viel? Vielleicht wäre dann für dich hilfreich, neben deinem Haupt-Grimoire ein kleines Reisejournal zu führen, in dem du einige deiner bevorzugten Sprüche festhältst. Du könntest sogar eine Auswahl deiner Sprüche auf deinem iPad oder deinem Laptop aufbewahren.

Lasse Raum für Aktualisierungen

Im Verlauf deines spirituellen Pfads wirst du deine Methoden, deine Technik und deine Ziele immer wieder überarbeiten. Mitglieder deines Covens oder andere Personen, mit denen du arbeitest, werden dich beeinflussen. Du wirst etwas über die Hexenkunst und unterschiedliche magische Traditionen lesen, was dich beeinflusst. Wie deine Zaubersprüche verlaufen, wird dich beeinflussen. Und die Welt, in der du lebst, wird dich – genauso wie die nicht-physischen Welten, die an unsere materielle Welt angrenzen – beeinflussen. Insofern gehst du am besten davon aus, dass du dein Grimoire ständig aktualisieren wirst, während du auf dem von dir eingeschlagenen Kurs unterwegs bist.

Dein erstes Grimoire könnte ein Ringbuch sein oder ein elektronisches Buch. Das erlaubt dir, mit unterschiedlichen Formaten zu experimentieren oder nach Belieben Korrekturen vorzunehmen – bevor du viel Geld und/oder Zeit in ein atemberaubendes Grimoire investierst, das dich inspiriert und begeistert, wann immer du es ansiehst. Du kannst später immer noch dein Material von Hand in ein wunderschön gebundenes Buch übertragen.

METHODEN ZUM ORGANISIEREN DEINES GRIMOIRES

Ich habe es bereits wiederholt gesagt: Jede Hexe hat ihre ganz eigenen Prioritäten, Perspektiven und Methoden, insofern wird jedes Buch der Schatten die Einzigartigkeit seiner Autorin widerspiegeln. Möglicherweise konfigurierst du dein Buch anders als alle anderen, genauso wie du möglicherweise Dokumente auf deinem Computer nicht exakt genauso wie alle anderen organisierst. Die nachfolgenden Vorschläge zum Organisieren deines Grimoires sind aus diesem Grund genau das – Vorschläge. Wenn einer davon zu deinen Absichten passt – großartig. Wenn nicht, entwickele nach Belieben dein eigenes System. Du kannst aber auch mit einer Methode beginnen und dann später auf eine andere umsteigen, wenn du mehr Erfahrungen im Umgang mit Sprüchen gesammelt hast.

Führe Tagebuch

Das ist die einfachste Methode, ein Grimoire anzulegen – chronologisch. Nimm täglich Eintragungen in deinem Buch vor, wie eine Art Journal oder Tagebuch deiner Erfahrungen. Diese Methode funktioniert gut, sollte die Bindeweise deines Buchs es nicht zulassen, Seiten hinzuzufügen oder sie neu zu arrangieren. Und es erlaubt dir, dein persönliches und spirituelles Wachstum Tag für Tag festzuhalten. Vergiss nicht, deine Einträge zu datieren.

Orientiere dich an den Jahreszeiten

Vielleicht hilft es dir, dich enger an den Jahreszeiten auszurichten und dein Buch der Schatten entsprechend zu organisieren. Du kannst einen Abschnitt für Frühlingssprüche vorsehen, einen für Sommersprüche, einen weiteren für Herbstsprüche und schließlich noch einen für winterliche Magie. Du könntest auch passend zur jeweiligen Jahreszeit Blumen und Blätter zwischen den Seiten pressen, um deine Verbindung zum Zyklus der Natur im Verlauf des Jahres zu stärken.

Folge dem Mond

Im Wicca-Glauben steht der Mond für die große Göttin und das göttlich Feminine. Deshalb greifen viele Hexen, wenn sie Sprüche wirken, auf die Energie des Mondes zurück und stimmen ihre magische Arbeit auf die jeweilige Phase des Mondes ab. Ist es für dich attraktiv, dein Buch der Schatten danach auszurichten, wie sich der Mond durch den Himmel bewegt? Genauer werden wir uns damit in Kapitel 9 befassen.

Spruch zum Schutz deines Zuhauses

Der Mond beherrscht das Heimische, entsprechend wichtig sind die Mondphasen und Mondzeichen bei den Sprüchen, die du für dein Zuhause wirkst. Wenn möglich, solltest du diesen Spruch einsetzen, während der Mond im Zeichen des Krebs steht, dem Mondzeichen. Oder du führst ihn drei Tage vor Neumond durch.

WAS DU BENÖTIGST:

- ein Bild von deinem Totemtier
- Basilikumblätter (frisch oder getrocknet)

1. Hast du ein Totemtier? Totems dienen als Wächter und Helfer, du rufst sie in Zeiten der Not an, damit sie dir zur Seite stehen. Dein Totem ist ein Säugetier, Vogel, Reptil oder Insekt, dem du dich eng verbunden fühlst und das für dich eine schützende Macht darstellt. Wähle ein Bild deines Totemtiers – eine Figur, Zeichnung oder ein Foto – und stelle es in der Nähe deiner Eingangstür auf.

2. Wende dich an dein Krafttier und sage laut:

»Schütze dieses Heim,
von hoch oben bis tief unten,
von Zaun zu Zaun,
von Tür zu Tür,
von hell zu dunkel,
von Dach bis Boden.«

3. Verstreue die Basilikumblätter außerhalb deines Zuhauses so, dass sie einen großen Kreis bilden. Beginne im Osten und schreite im Uhrzeigersinn weiter, bis der Schutzzirkel abgeschlossen ist.
4. Wenn du in einer Wohnung lebst, hast du die Wahl, ob du die Blätter um das gesamte Gebäude herum verstreust oder ob du sie in eine Schale legst und Schale und Bild von deinem Krafttier direkt an die Tür zu deiner Wohnung platzierst.

Trenne Alltagssprüche von den Sprüchen für besondere Gelegenheiten

Einige Hexen legen bestimmte Sprüche, Rituale oder Praktiken für Sabbate und besondere Gelegenheiten wie Geburtstage oder Hexenhochzeiten fest. Andere Sprüche dagegen werden jederzeit beziehungsweise wann immer nötig durchgeführt, beispielsweise rituelle Bäder, Säuberungen/Reinigungen oder Schutz- und Heilzauber. Ist es für dich interessant, dein Buch der Schatten nach diesem Muster zu organisieren?

Organisiere dein Buch nach Thema

Manche Menschen finden es praktisch, ihre Zauber nach Kategorien zu sortieren, also nach dem Thema oder der Absicht des Spruchs. Du könntest beispielsweise einen Abschnitt für Liebeszauber anlegen, einen weiteren für Wohlstandszauber und so weiter. Wie wäre es mit Papier in unterschiedlichen Farben für die unterschiedlichen Zauber? Pink für Liebeszauber, grün für Geld und so weiter. In Kapitel 10 gehen wir ausführlicher auf diese Methode ein.

Sortiere deine Sprüche nach Typ

Vielleicht sortierst du deine Sprüche aber auch lieber danach, wie du sie herstellst und verwendest. Du könntest einen Abschnitt für magische Tränke anlegen, einen für Heilsalben und einen dritten für rituelle Bäder. Diese Methode kann sich als nützlich erweisen, wenn du die Zutaten für deine Sprüche sammelst oder einkaufst. Gleichzeitig kannst du so erkennen, was du mit den Zutaten, die du zur Hand hast, spontan anstellen kannst. In Kapitel 14 gehen wir auf diese Methode ausführlicher ein.

Der Liebestrank

Teile diesen magischen Trank mit deinem Herzblatt, um eure Beziehung zu stärken. Vollzieht den Zauber an einem Freitagabend während eines zunehmenden Monds oder wenn der Mond im Sternzeichen Waage steht.

WAS DU BENÖTIGST:

- die Tarotkarte »Die Liebenden«
- Quellwasser in einem durchsichtigen Glas
- einen Tropfen geschmolzener Honig oder eine Prise Zucker
- einen silbernen Löffel

1. Lege die Tarotkarte mit dem Bild nach oben auf einen Fenstersims, wo sie vom Mond beleuchtet wird.
2. Stelle das Glas mit Quellwasser auf die Karte und lasse sie dort über Nacht. Das Bild der Karte wird sich dem Wasser einprägen.
3. Gib am nächsten Morgen den Honig beziehungsweise den Zucker in das Wasser.
4. Rühre alles mit einem silbernen (oder versilberten) Löffel um. Das macht das Wasser – und symbolisch auch deine Beziehung – süßer. Rühre im Uhrzeigersinn, um die Liebe zu stärken.
5. Lege die Tarotkarte zurück ins Spiel.
6. Trinke das Wasser gemeinsam mit deinem Partner, damit ihr auf diese Weise eure Liebe stärkt.

Organisiere die Sprüche nach ihren Komponenten

Kochbücher sind häufig nach ihrer wichtigsten Zutat geordnet – Fleisch, Fisch, Geflügel, Pasta, Gemüse und so weiter. Du kannst dein Grimoire ganz genauso organisieren, indem du Abschnitte für Kräutersprüche, für Sprüche mit Edelsteinen, mit Kerzen und so weiter anlegst. Auch diese Methode kann die Dinge vereinfachen, wenn du Zutaten einkaufst oder auf die Schnelle mit bereits vorhandenen Materialien einen Spruch durchführen musst.

Schutzamulett aus Edelstein

Dieser Zauber liefert Schutz auf Reisen. Lege ihn dir, damit er dich tagtäglich schützt, in das Handschuhfach deines Autos oder trage ihn in deiner Tasche, Handtasche oder bei Langstreckenreisen im Koffer bei dir.

WAS DU BENÖTIGST:

- ein Stück Bernstein
- ein Stück Quarzkristall
- ein Stück Jade
- ein Stück Türkis
- ein Stück Topas
- ein Stück Achat
- ätherisches Bernsteinöl
- eine weiße Tasche, vorzugsweise aus Seide (oder einem anderen natürlichen Stoff)
- ein schwarzes Band
- Salzwasser

1. Säubere die Edelsteine mit Wasser und milder Seife und lege sie dann in die Sonne, damit alle unerwünschten Energien entfernt werden.
2. Reibe jeden der Steine mit etwas ätherischem Bernsteinöl ein und lege sie dann in die Tasche.
3. Verschließe die Tasche mit dem Band und mache neun Knoten.
4. Wiederhole bei jedem Knoten diese Affirmation: »Dieses Amulett wird mich immer und in allen Situationen beschützen und vor Schaden bewahren.«

5. Besprenkle das Amulett abschließend mit etwas Salzwasser, um es aufzuladen.

Helfen dir diese Anregungen beim Nachdenken darüber, wie du dein eigenes Grimoire aufbauen möchtest? In Teil 2 sehen wir uns diese und weitere Optionen ausführlicher an und befassen uns mit Details, die dir auf deiner Reise als Hexe und magisch Wirkende helfen können.

Kapitel 4

WAS GEHÖRT IN DEIN GRIMOIRE?

Was bedeutet es, magisch zu arbeiten? Für uns beim Wicca heißt »Magie«, dass wir harmonisch mit den Kräften der Natur, die uns umgeben – sowohl in der materiellen Welt als auch darüber hinaus –, auf ein bestimmtes Ziel hinarbeiten. Eine Hexe manipuliert diese Kräfte mithilfe ihrer harmonischen Beziehung zur Natur und ihrem Einfluss auf die Natur in der Absicht, eine Reihe kontrollierter Zusammentreffen herbeizuführen, die ein gewünschtes Resultat produzieren. Sie strebt danach, den natürlichen Energiefluss im Universum zu verschieben, zu biegen oder sonst wie zu verändern, um auf diese Weise einen Zustand herbeizuführen, der für sie oder eine andere Person und letztlich alle anderen Wesen von Nutzen ist.

Dein Buch der Schatten wird deine persönliche Sammlung von Sprüchen und Ritualen sein (und deine private Schilderung deiner magischen Reise), deshalb solltest du eine klare Vorstellung davon haben, warum du diesen Pfad eingeschlagen hast und was du mit der Hinwendung zum Wicca-Weg erreichen möchtest. Nimm dir Zeit und denke darüber nach, warum es dir wichtig ist, Magie zu praktizieren. Fange an zu definieren, was du glaubst, und halte deine Gedanken anschließend in deinem Grimoire fest. Indem du deine Ideen und Wünsche zu Papier bringst, kannst du sie klarer formulieren.

Was sind für dich die dominierenden Aspekte deiner magischen Praktiken? Geht es dir vor allem darum, Einfluss auf dein persönliches Leben zu nehmen (Liebe, Beruf, Finanzen)? Oder strebst du danach, deine spirituelle Verbindung zum Universum und dem Göttlichen zu vertiefen? Basiert deine Magie darauf, praktische Resultate zu erzielen, oder darauf, deine Intuition zu schärfen? Aller Wahrscheinlichkeit nach wird es sich um eine Kombination all dieser Punkte handeln, aber zu unterschiedlichen Zeiten werden unterschiedliche Motivationen die Oberhand haben.

Magie ist so grenzenlos wie die Fantasie, aber sie sollte stets geerdet und in der Realität verankert sein. Du weißt gewiss, dass Erden und Zentrieren bei vielen Sprüchen und Ritualen eine Rolle spielen. Wirksame Zauber benötigen eine Struktur und am besten kannst du deine Struktur bewerten, indem du sie aufzeichnest. Die Ergebnisse deiner Arbeit kannst du gut beobachten, indem du deine Sprüche von der Entwicklung bis zum Ergebnis niederschreibst. Dein Erinnerungsvermögen kann noch so gut sein, du kannst dir unmöglich alles merken – und wenn du die Informationen nicht zusammenträgst, kannst du dein Wissen und deine Erfahrung auch nicht mit anderen teilen (sofern du das möchtest).

ZU BEGINN

Bevor du tatsächlich beginnst, Zauber, Anrufungen, Beschwörungen, Rituale und dergleichen in deinem Grimoire aufzuzeichnen, solltest du erwägen, die Regeln, Moralvorstellungen und Grundsätze niederzuschreiben, die du befolgst. Sie werden dich begleiten, auf deinem spirituellen Pfad und während du in deinem magischen Wirken voranschreitest. Viele Hexen halten sich an das »Gesetz der Drei«. Es besagt, was auch immer du an Absichten und Energie aussendest, wird um das Dreifache verstärkt wie ein Bumerang zu dir zurückkehren. Dies sollte dich wirksam davon abhalten, Missbrauch zu betreiben, zu manipulieren oder andere negative Praktiken zu befolgen.

Das Hexencredo

»Die, die dich lieben,
wirst nie du betrügen,
sonst werden auch sie
dich ins Antlitz belügen.
Zum Schluss noch acht
Worte und ab da gilts:
Schadet es keinem,
so tu was du willst!«

Deine Grundsätze entsprechen vielleicht denen einer Gruppe, mit der du arbeitest, oder es handelt sich um die Regeln einer speziellen Tradition, die du befolgst, aber letztlich erwachsen sie aus deinen persönlichen Überzeugungen. Dein persönlicher Moralkodex könnte ganz simpel sein: »Schade niemandem.« Mit der Zeit und mit mehr Erfahrung werden sich deine Ansichten vielleicht verändern, genauso wie sich vermutlich auch deine allgemeinen Ansichten seit deiner Kindheit verändert haben. Lasse zu, dass sich deine Ideen entwickeln, während du deiner eigenen Wahrheit und inneren Führung folgst.

> *»Ich glaube, der höchste Zweck ritueller oder magischer Arbeit besteht darin, unsere Götter zu suchen und mit dem kosmischen ›Spiegel‹ und den Geistern der Natur zu kommunizieren, um mehr über das Göttliche in uns selbst zu erfahren und stetig nach persönlichem Wachstum in seiner höchsten Form zu streben.«*
>
> – MARIA KAY SIMMS, *A TIME FOR MAGICK*

Als erstes eine Segnung

Du könntest deine Einträge in dein Grimoire segnen, indem du jeden Eintrag mit einem Gebet, einem Gedicht oder einem inspirierenden Spruch beginnst. Viele Hexen rufen die Göttin oder ein anderes göttliches Wesen an, bevor sie magische Arbeit beginnen. Sie bitten um den Schutz und die Führung dieser Wesenheit. Auch das Schreiben in deinem Grimoire ist ein magisches Ritual, insofern ergibt es absolut Sinn, zunächst eine Segnung vorzunehmen. Ob du jedes Mal einen anderen Segen sprichst oder stets denselben, bleibt dabei dir überlassen. Hier ist ein Beispiel:

Ein keltischer Segen

»Beruhige mich, Göttin,
wie du den Sturm beruhigt hast.
Besänftige mich, Göttin,
wende Schaden von mir ab.
Lass allen Tumult in mir erlahmen.
Nimm mich auf, Göttin,
in deinen Frieden.«

Datiere deine Einträge

Ich möchte dir empfehlen, alles, was du in dein Grimoire einträgst, zu datieren. So kannst du besser im Blick behalten, wie viel Zeit zwischen dem Aussprechen eines Spruchs und dem Eintreten eines Resultats vergangen ist. Gleichzeitig hilft es dir, deine Erfahrungen in einen Kontext zu setzen, und lässt dich erkennen, wie deine persönliche Entwicklung voranschreitet.

ZEICHNE DEIN MAGISCHES WIRKEN AUF

Sobald du einen Zauber, ein Ritual oder andere magische Arbeit abgeschlossen hast, solltest du einen Eintrag in deinem Grimoire vornehmen. Trage alles an Informationen ein, was dir relevant erscheint. Das können beispielsweise die folgenden Angaben sein:

- Beschreibe, welche Absicht hinter deinem Tun steckt. Wenn du einen Zauberspruch für eine andere Person gewirkt hast, dann erfasse auch das (wenn du den Namen der Person lieber nicht nennen möchtest, kannst du die Initialen oder ein Pseudonym verwenden).
- Wo hast du den Zauber oder das Ritual abgehalten?
- Hat noch jemand daran teilgenommen? (Arbeite mit Initialen oder einem Pseudonym, wenn dir das lieber ist.)
- Welche Werkzeuge/Zutaten/Bestandteile hast du eingesetzt?
- Was genau hast du getan? Schreibe alle Schritte in chronologischer Reihenfolge auf – wann du den Raum gesäubert, den Kreis gezeichnet, die Gottheiten gerufen, die Kerzen angezündet oder was auch immer sonst getan hast.
- Was hast du erlebt? Wie hast du dich während des Prozesses gefühlt? Hast du Einsichten gewonnen, Visionen gehabt, besondere Gefühle verspürt? Ist etwas Ungewöhnliches geschehen?
- Beschreibe das Ergebnis deines Spruchs. Wie lange dauerte es bis zur Manifestation? War das Ergebnis so, wie du es beabsichtigt hattest? Was lief gut, was lief schlecht?
- Würdest du mit diesem Zauber noch einmal arbeiten? Falls ja, würdest du etwas anders machen?

Das sind nur Anregungen, du kannst diese Liste nach Herzenslust an deine eigenen Bedürfnisse anpassen. Nimm alles darin auf, was deiner Ansicht nach bedeutsam ist oder für deine Arbeit mit Sprüchen von Nutzen sein könnte. Du kannst später jederzeit weitere Erkenntnisse, Entwicklungen oder Informationen ergänzen.

Hier ein Beispiel, wie ein Eintrag in deinem Buch der Schatten aussehen könnte:

Spruch für eine Gehaltserhöhung

1. Dezember 2016 – Sonne in Schütze, abnehmender Mond in Steinbock

ZUTATEN:

- Kugelschreiber
- goldene Kerze
- ätherisches Pfefferminzöl
- Kerzenhalter
- 20-Dollar-Schein
- Streichhölzer

1. Säuberung mit Salbei-Weihrauch.
2. Kreis gezogen. (Siehe Kapitel 13 zu Einzelheiten, wie man einen Kreis zieht und öffnet.)
3. Mit Stift »+ Wohlstand« und drei €-Zeichen auf die Kerze gezeichnet.
4. Kerze mit Pfefferminzöl eingerieben und in den Kerzenhalter gestellt.
5. 20-Euro-Schein auf meinen Altar gelegt.
6. Kerzenhalter auf den 20-Euro-Schein gestellt.
7. Kerze angezündet.
8. In die Flamme geblickt, dabei folgende Beschwörungsformel gesagt:

»Feuer, brenne hell;
erfülle meine Bitte schnell;
mein Wunsch ist mehr Lohn;
und zwar diese Woche schon.«

9. Kerze 20 Minuten brennen lassen, dann gelöscht.
10. Kreis geöffnet.

11. Am 2. und 3. Dezember wiederholt und am dritten Tag die Kerze komplett herunterbrennen lassen. Fühlte mich ermächtigt, entspannt und zuversichtlich.

12. Erfolg! Am 8. Dezember Infoschreiben erhalten, dass ich zum Ersten des Jahres eine Gehaltserhöhung bekomme. Danke, Göttin!

WAS KOMMT NOCH IN DEIN GRIMOIRE?

Bleiben wir bei dem Küchenbeispiel. Wenn du gerne kochst, finden sich in den Schränken und Schubladen möglicherweise jede Menge besonderer Utensilien und nützlicher Küchengeräte. Lädst du regelmäßig Gäste ein? Dann sind dir vielleicht wunderschönes Geschirr, Silberbesteck, Kristallgläser, Leinentischtücher und so weiter wichtig. Du lebst allein oder ernährst dich vor allem von Tiefkühlessen und Lieferdiensten? Dann sind deine Ansprüche vermutlich deutlich geringer. Und ganz genauso ist es bei deinem Grimoire. Die gute Nachricht: Was hineinkommt und was nicht, ist ganz allein deine Entscheidung – und du kannst sie jederzeit wieder ändern.

Bei deinem allerersten Grimoire reizt es dich vielleicht, alles Mögliche, was dein Interesse weckt, darin unterzubringen. Mit der Zeit wirst du vielleicht etwas wählerischer. Vielleicht beschließt du, etwas auszumisten, so wie man seinen Garten ausmistet und aufräumt, um Dinge, die einem wichtig sind, ins rechte Licht zu rücken. Wie sagte William Morris, ein im 19. Jahrhundert lebender englischer Textildesigner, Künstler und Dichter: »Habe nichts in deinem Haus, von dem du weißt, dass es nützlich ist, oder das du für schön hältst.«

Ich schätze, genau dasselbe lässt sich über dein Buch der Schatten sagen. Es kann nützlich sein, sich frühe Einträge noch einmal vorzunehmen, um zu sehen, welche Reise hinter einem liegt, aber trotzdem solltest du nicht davor zurückscheuen, alles zu entsorgen, was du nicht länger benötigst.

Habe ein Auge auf himmlische Einflüsse

Wenn du deine magische Reise aufzeichnest, mag es dir nützlich erscheinen, die kosmischen Umstände, die dich beeinflussen, ebenfalls zu erfassen. Dass du jeden Eintrag in dein Buch der Schatten mit einem Datum versehen solltest, hatte ich dir bereits empfohlen, aber nun möchte ich dir zusätzlich ans Herz legen, die Mondphase und – sofern du dich mit der Astrologie auskennst – auch andere himmlische Aktivitäten, die von Bedeutung sein könnten, ebenfalls zu erfassen. Der Stand der Venus beispielsweise kann sich auf Liebeszauber auswirken. Bereitest du einen Spruch für beruflichen Erfolg vor, könnten die Positionen von Sonne, Jupiter und Saturn eine Rolle spielen. Du kannst sogar ein Horoskop für den Tag erstellen, es ausdrucken und es neben deinen Eintrag für den jeweiligen Tag einkleben. Online findest du auf vielen Webseiten (beispielsweise www.astro.com) kostenlose Horoskope, die du innerhalb weniger Minuten selbst erstellen kannst.

Habe ein Auge auf deine Gesundheitszyklen

Auch deine Gesundheit kann sich auf deine Arbeit mit Magie auswirken. Insofern ist es vielleicht eine gute Idee, alle körperlichen und seelischen Besonderheiten festzuhalten, die dir zum Zeitpunkt eines Rituals oder eines Spruchs aufgefallen sind. Hast du dich ungewöhnlich energiegeladen gefühlt? Warst du müde, weil dein Kleines dich die Nacht zuvor wachgehalten hat? Warst du erkältet oder hattest du Kopfschmerzen, während du den Zauberspruch durchgeführt hast? Frauen finden es möglicherweise nützlich, ihren Zyklus festzuhalten, da dieser sich häufig auf die Gefühle und in der Folge auch auf die Magie auswirkt. Fühlst du dich möglicherweise zu bestimmten Zeiten des Monats kraftvoller oder von mehr Intuition erfüllt?

Halte Ereignisse aus deinem Alltag fest

Selbst erfahrenen Hexen fällt es schwer, ihr magisches Leben von ihrem Alltag zu trennen. Wenn dich in der gewöhnlichen Welt etwas beunruhigt und viel Energie frisst, dann bist du möglicherweise in deiner magischen Arbeit weniger konzentriert oder mächtig – und erreichst möglicherweise nicht das, was du erreichen möchtest.. Zeichne das in deinem Grimoire auf – genauso wie du es festhalten solltest, wenn du auf einer Welle des Erfolgs reitest und dir im Augenblick alles einfach in den Schoß zu fallen scheint. Vielleicht hast du jemand Neues kennengelernt, der deinen Weg teilt, vielleicht hast du eine neue Yoga-

Klasse angefangen oder einen erholsamen Urlaub absolviert. Ereignisse wie diese können sich – direkt oder indirekt - auf deine magische Arbeit auswirken, insofern ist es eine gute Idee, sie aufzuzeichnen.

> *»Lass meine Verehrung im von Freude erfüllten Herz sein, denn siehe – alle Taten der Liebe und der Freude sind meine Rituale. Deshalb sei erfüllt von Schönheit und Stärke, von Kraft und Mitgefühl, von Ehre und Bescheidenheit, von Frohsinn und Ehrfurcht.«*
>
> – Doreen Valiente, *The Charge of the Goddess*

Achte darauf, was du träumst

Viele Traumforscher und Therapeuten vertreten die Ansicht, unser Unterbewusstsein nutze Träume, um mit uns zu kommunizieren. Einige Metaphysiker sagen, auch deine spirituellen Führer, deine Engel oder andere körperlosen Wesen lassen dir über Träume Botschaften zukommen. Zeichne alle Träume auf, die dir besonders lebhaft, bedeutsam oder merkwürdig vorkommen oder die du wieder und wieder träumst. Möglicherweise enthalten sie wertvolle Erkenntnisse oder sogar Ausblicke in die Zukunft. Sei dir außerdem bewusst, dass Träume in direktem Zusammenhang mit Dingen stehen, auf die du dich in deiner spirituellen oder magischen Arbeit konzentrierst. In Kapitel 18 sprechen wir mehr über Träume und wie du kreativ mit ihnen arbeiten kannst.

Zeichne deine Lesungen auf

Führst du Tarot- oder Runen-Lesungen durch? Ziehst du das Yijing zu Rate oder ein Pendel? Arbeitest du mit einem oder mehreren Orakeln, empfiehlt sich ein Verzeichnis deiner Lesungen. Dafür kannst du dir ein eigenes Journal anlegen, in dem du alles Wichtige zu den Lesungen festhältst, aber auch dein Grimoire ist ein guter Ort dafür. Datiere jede Lesung und schreibe auf, aus welchem Grund oder zu welcher Frage du die Lesung durchgeführt hast. Zeichne das Blatt und die Positionen der Karten, der Runen oder was auch immer. Gib deine eigene Interpretation: Was bedeutet dir die Lesung? Später kannst du dir erneut vornehmen, was du geschrieben hast, und hinzufügen, wie sich die Dinge entwickelt haben. Ein Beispiel für eine Lesung könnte so aussehen:

Tarot-Lesung zu Vergangenheit, Gegenwart, Zukunft.
12. Oktober 2016
»Welche Erkenntnisse hast du zu meiner Beziehung mit A?«

Vergangenheit	Gegenwart	Zukunft
2 der Schwerter	7 der Stäbe	Mäßigkeit

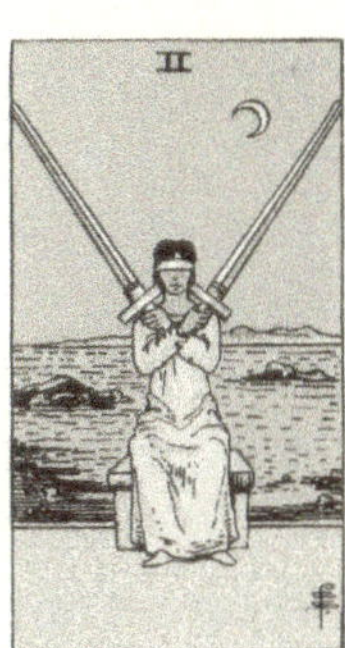

Deutung: In der Vergangenheit habe ich mich hilflos gefühlt, verwirrt, nicht wissend, was ich nun tun soll. Jetzt versuche ich, mich durchzubeißen und stark zu sein. Ich bin entschlossen, dafür zu sorgen, dass diese Beziehung funktioniert, und ich lerne, wie ich besser mit Problemen umgehe, ohne aufzugeben oder einzuknicken. Dass die Karte »Mäßigkeit« auf dem Feld für die Zukunft liegt, spricht dafür, dass die Dinge friedlicher werden. Ich spüre eine ausgewogenere und stärker von Harmonie erfüllte Übereinkunft.

Andere Dinge fürs Grimoire

Hast du ein spezielles Gedicht oder Lied, das dein Herz besonders anspricht? Hast du gerade eine inspirierende Passage in einem Buch gelesen? Dann trage sie doch in dein Buch der Schatten ein – ganz besonders dann, wenn sie auf irgendeine Weise zu deinem spirituellen und/oder magischen Pfad passt. Es haben noch viele andere Dinge Platz in deinem Buch der Schatten – Gedanken, die du dir bei einem Spaziergang im Park gemacht hast, Kommentare zum Geschehen in der Welt um dich herum, Äußerungen von Freunden, die dich zum Nachdenken gebracht haben, und vieles mehr.

Viele Hexen arbeiten mit optischen Elementen in ihren Grimoires. Frühe Grimoires enthielten oftmals Zeichnungen okkulter Symbole und andere Illustrationen. Auch wenn du dich nicht für eine Künstlerin hältst, kannst du noch immer Dinge an den Rand zeichnen – wenn du nicht willst, musst du sie ja niemandem zeigen, insofern zensiere dich nicht selbst. Lasse dir bei deinen Visualisierungen gegebenenfalls von Bildern aus Druckwerken oder aus dem Internet helfen. Möchtest du in ein exotisches Land reisen? Warum nicht ein Foto von diesem Ort in dein Buch kleben, damit es dich dabei unterstützt, dich auf dein Ziel zu konzentrieren? Sieh dir online Bilder von Grimoires an und du wirst feststellen, dass alte, aber auch moderne Exemplare alle Arten von Kunst enthalten. Du kennst doch den alten Spruch: »Ein Bild sagt mehr als tausend Worte.« Das gilt beim Zaubern ganz besonders.

Wir haben bereits darüber gesprochen, dass du getrocknete Blätter, Kräuter und Blumen in dein Grimoire einkleben könntest. Beschränke dich nicht darauf. Federn, ein schönes Stück Spitze, etwas gemusterte Seide, ein Überbleibsel von einem antiken japanischen Fächer, eine Haarsträhne der Person, die du liebst, Bänder, die magische Knoten bilden … den Möglichkeiten sind keine Grenzen gesetzt. Was beflügelt deine Fantasie?

Schließlich muss man sich, damit ein Ergebnis eintreten kann, dieses Ergebnis zuvor überhaupt erst einmal vorstellen können.

Puristen mögen angesichts solcher Abweichungen von den Traditionen mit den Augen rollen, aber schließlich ist es dein Buch, oder? Wenn etwas für dich von Bedeutung ist, kann es dein persönliches Wachstum begünstigen und deine magische Arbeit bereichern. Dein Buch der Schatten ist ein Ort, an dem du in völliger Sicherheit die Teile von dir erkunden kannst, die du möglicherweise noch nie offenlegen mochtest. Hier kannst du dich deinen inneren Schatten stellen, du kannst honorieren, was für dich von Bedeutung ist und du kannst in Verbindung treten mit dem wunderschönen Wesen, das du im Innersten deines Herzens bist.

Kapitel 5

VORBEREITUNGEN FÜR DIE NUTZUNG

Du hast dir ein Buch zugelegt (oder eines selbst hergestellt), das dir künftig als Grimoire dienen wird, und du hast dir Gedanken dazu gemacht, wie du dieses Buch aufbauen willst. Jetzt ist es an der Zeit, dass du dich selbst genauso wie dein Buch einstellst auf die fortwährende Beziehung, die ihr zueinander entwickeln werdet.

Wenn du in dein Buch der Schatten schreibst, ist das ein magischer Akt, deshalb solltest du ihn auch ganz genauso behandeln. Das heißt, deine Journaleinträge nimmst du vermutlich innerhalb eines geweihten Raums vor, den du für deine Zaubersprüche und andere Rituale erschaffen hast. Vielleicht verfügt dein Zuhause bereits über einen derartigen Ort. Möglicherweise hast du dort auch einen Altar errichtet, auf dem du dein Grimoire präsentierst. Falls du es noch nicht getan hast, kommen hier einige Vorschläge, wie du einen heiligen Platz für all deine magische Arbeit erschaffen kannst. Wenn es dir lieber ist, kannst du selbstverständlich deine eigenen Ideen umsetzen.

ERSCHAFFE DIR EINEN HEILIGEN PLATZ

Wozu ist es gut, einen heiligen Platz zu definieren und ihn zu weihen? Sinn und Zweck ist es, dass du dir einen besonderen Ort erschaffst, an dem du Magie und Rituale abhältst und an dem du, wenn du es möchtest, über deine gewöhnliche Welt hinausgehen kannst. Im Grunde baust du dir einen Tempel (er muss ja nicht immer aus Steinen und Mörtel sein), an dem du meditieren, anbeten, weissagen, zaubern oder eine andere magische Praktik durchführen kannst. Und dazu gehört es auch, Einträge in deinem Grimoire vorzunehmen. Abhängig von deinen Absichten und deinen persönlichen Gegebenheiten kannst du dir einen dauerhaften heiligen Platz erschaffen oder einen vorübergehenden.

Die Macht des Kreises

In Der Hexenkult als Ur-Religion der Großen Göttin beschreibt Starhawk den Kreis als »Erschaffen eines heiligen Platzes … Macht als die subtile Kraft, die die Realität formt, wird durch Chanten oder Tanz verstärkt und kann durch ein Symbol oder durch Visualisierung gelenkt werden. Ein ansteigender Kegel der Macht bringt Ekstase mit sich, die in einen tranceartigen Zustand der Visionen und der Einsichten übergehen kann.«

So reinigst du deinen heiligen Platz

Du hast dich entschieden, wo dein heiliger Platz sein soll? Dann greif dir einen Besen und säubere den Ort gründlich von Staub, Schmutz und Unrat. Das ist der wahre Grund, weshalb Hexen Besen nutzen – sie dienen nicht dazu, um auf ihnen durch die Lüfte zu fliegen. Wenn du die materielle Ebene gesäubert hast, kümmere dich um die psychische Ebene und entferne unerwünschte Energien oder Einflüsse – alles an »schlechten Schwingungen«, was sich dort angesammelt haben könnte. Beginne im Osten und arbeite dich gegen den Uhrzeigersinn kreisförmig durch den Bereich. Kehre die Luft vom Fußboden bis zu einer Höhe, die du noch bequem erreichen kannst. Wiederhole das Ganze dreimal, lege den Besen dann auf den Boden und stelle dir vor deinem inneren Auge vor, wie all die negative Energie zerbricht und sich auflöst.

Einige Praktizierende räuchern den Bereich auch mit brennendem Salbei aus. Dazu zündest du einen Salbeistab/ein Räucherbündel (bekommst du in New-Age-Geschäften oder online) oder ein Salbei-Räucherstäbchen an. Beginnend im Osten, gehst du gegen den Uhrzeigersinn im Kreis und lässt dabei den Rauch aufsteigen. Dann gehst du in einem X durch die Fläche, um die Säuberung abzuschließen. Stelle dich nun in die Mitte deines heiligen Platzes und spüre, wie dich frische, helle, saubere Energie umgibt.

So säuberst du deinen heiligen Platz

Für den nächsten Schritt bei der Säuberung benötigst du zwei Kelche oder hohe Gläser. Das eine füllst du mit Quellwasser (oder Wasser aus der Flasche). Das Wasser sollte bei diesem Prozess nicht statisch, sondern kinetisch sein, denn die Essenz fließenden Wassers sorgt für die Macht. In den anderen Kelch tust du vier Prisen Salz, eine für jede Himmelsrichtung.

1. Nimm den Kelch mit dem Wasser in die linke Hand und den Kelch mit den Salzkristallen in die rechte.
2. Gieße das Wasser in den Kelch mit Salz. Auf diese Weise verbinden sich die Elemente Wasser und Erde.
3. Gieße das gesalzene Wasser zurück in den Kelch in deiner linken Hand. Achte darauf, dass sich das Salz auflöst und die beiden Elemente sich gründlich vermischen. Gieße das Wasser weiter von der einen Hand in die andere, während du diese Affirmation wiederholst:

»Mit dem Salz reinige ich
mit dem Wasser säubere ich
Alle Dinge sind im Einklang
vom Anfang bis zum Ende.«

Wenn es dir lieber ist, kannst du dir auch eine eigene Beschwörung oder einen eigenen Segen überlegen.

So weihst du deinen heiligen Platz

Im nächsten Schritt weihst du deinen heiligen Platz ein. Dazu kannst du den Bereich mit ätherischem Weihrauchöl (wenn es dir lieber ist, geht auch ein anderes Öl) salben. Dazu trägst du ein wenig Öl in jeder Ecke auf. Beginne im Osten und mache im Uhrzeigersinn weiter. Erschaffe auf diese Weise ein Kreuz innerhalb eines Kreises. Das Symbol steht für das Gleichgewicht von weiblicher und männlicher Energie, für den Kreis der Schöpfung, für die vier Himmelsrichtungen und die vier Elemente.

Du könntest auch in allen vier Himmelsrichtungen Steine oder Kristalle platzieren, die für dich von Bedeutung sind. (Ist dein heiliger Platz im Freien, kannst du die Steine vergraben.) Vielleicht hast du auch Lust, Symbole zu entwerfen, die für Frieden, Heiligkeit, Schutz, Macht und so weiter stehen, und sie in deinem Bereich zu positionieren. Manche Menschen stellen Bilder geliebter Gottheiten in ihrem heiligen Platz auf. Wenn dir danach ist, kannst du ein ausgeklügeltes Ritual zum Weihen deines Platzes entwickeln. Du bestimmst.

So schützt du deinen heiligen Platz

Du hast deinen heiligen Platz eingerichtet, nun möchtest du vielleicht auch verhindern, dass schädliche Energien eindringen. Hier einige Vorschläge:

- Lege einen Stein, dem schützende Eigenschaften zugesprochen werden (Onyx, Hämatit, Peridot), in den Bereich.
- Lege getrocknete Basilikumblätter in deinen heiligen Platz.
- Platziere oder zeichne dort ein Pentagramm oder ein anderes Schutzsymbol.
- Verstreue etwas Meersalz in den Ecken.
- Platziere eine Knoblauchzehe in deinem Bereich.

> *»In der Magie nutzt du Rituale dafür, dich in einen geistigen Zustand zu versetzen, der es dir ermöglicht, deinem Unterbewusstsein klare und eindeutige Anweisungen zu geben … Das Ritual ist ein Mittel zum Zweck, kein Zweck an sich.«*
>
> – Nancy B. Watson, *Practical Solitary Magic*

SEGNE DEIN GRIMOIRE

Der nächste Schritt besteht darin, dein Buch der Schatten seinem geheiligten Zweck zu widmen. Du bekräftigst deine Absicht, Gutes in der Welt zu bewirken und dein Tun festzuhalten, damit alle Wesen davon profitieren können.

1. Entzünde eine gelbe Kerze auf deinem Altar (oder einem anderen Ort, an dem du mit Magie arbeitest). Wenn du möchtest, ruf Sophia, die Göttin der Weisheit an, oder bitte eine andere Gottheit um Anleitung.
2. Entzünde Weihrauch in einem Räuchergefäß.
3. Halte dein Buch leicht geöffnet über den aufsteigenden Rauch. Blättere die Seiten langsam und sanft um, sodass der duftende Rauch durch die Seiten ziehen kann.
4. Sprich die folgenden Worte (oder improvisiere):

»Gesegnet sei dieses Kunstwerk,
geschaffen von meiner Hand (alternativ: von Menschenhand),
durch Magie nun verwandelt.
Nicht länger ein gewöhnliches Buch in meinen Augen, sondern ein Grimoire, das der Macht der Weisen gewidmet ist.
So möge es sein durch alle Macht der drei Mal drei.«

5. Nimm das Buch in die rechte Hand und lege die linke Hand oben auf das Buch. Öffne dich den Veränderungen und den Lektionen, die auf dich warten.
6. Denke an all die Hexen, lebende und aus vergangenen Zeiten, die du kennst und bewunderst. Stelle dir vor, dass du inmitten eines Kreises stehst, der wächst und wächst. Stelle dir links von dir diejenigen vor, die älter sind als du oder bereits von uns gegangen sind. Rechts stelle dir diejenigen vor, die jünger sind als du und deren Zeit erst noch kommen wird.
7. Erkenne deinen Platz in der Spirale der Zeit und nimm die von dir gewählte Aufgabe an. Siehe dich im Kontext von Menschheit und Gemeinschaft. Ist ein klares Bild vor deinem geistigen Auge entstanden? Dann sprich diese (oder von dir improvisierte) Worte laut aus:

»Weisheit der Jahrhunderte, steh mir zur Seite.
Heiliges Buch des Wandels, dieses Versprechen gebe ich dir:
Ich will diejenigen ehren, die vor mir waren.
Ich will die Geheimnisse, die Legenden und die Überlieferungen bewahren.
Ich will meinen Platz in der Spirale der Zeit einnehmen.
All dies in diesem meinem heiligen Grimoire.«

Wenn du fertig bist, halte einen Moment inne und denke über die Segenszeremonie nach, die du gerade abgehalten hast. Hast du gespürt, dass sich die Energie um dich herum geändert hat? Hattest du Erkenntnisse, Gefühle, Visionen oder Anleitung? Hast du das Gefühl, dein Buch der Schatten ist jetzt bereit, dir als heiliges Werkzeug auf deinem Weg als Hexe zu helfen? Wenn du eine Gottheit um Unterstützung gebeten hast, bedanke dich nun bei ihr. Nimm dir Zeit, deinen allerersten Eintrag in deinem ganz persönlichen Buch der Schatten vorzunehmen – und davon zu berichten, wie du dein Buch geweiht hast.

IM GRIMOIRE EINTRÄGE VORNEHMEN

Wer ein säkulares Buch schreibt, widmet dieses häufig geliebten Menschen oder Personen, die ihnen beim Schreiben geholfen haben. Ist es für dich eine Überlegung wert, dein Grimoire einer Gottheit zu widmen, der du ergeben bist, die einen besonderen Platz in deinem Leben einnimmt oder von der du dir erhoffst, dass sie dich auf deinem weiteren magischen Weg anleitet, also auch beim Schreiben in deinem Buch der Schatten? Dann könntest du die allererste Seite deines Buchs zu einer Seite der Widmungen machen.

Schütze deine Geheimnisse

Überlege dir, an den Anfang deines Buchs ein Symbol zu stellen, das zum Schutz deines Buchs beiträgst. Pentagramme kommen häufig als Schutzsymbole zum Einsatz, aber du kannst jedes beliebige andere Symbol wählen, das für dich von Bedeutung ist. In Kapitel 12 lernst du, wie du magische Symbole erschaffen kannst, sogenannte Sigillen.

Du kannst darüber nachdenken, ob du beim Schreiben in deinem Grimoire im Einklang mit den Traditionen der Geheimhaltung deinen magischen Namen verwenden willst. Auch die Identität anderer Personen, die auf diesen Seiten erscheinen, sollte möglicherweise verschleiert werden, indem du diesen Personen ein Pseudonym gibst oder nur ihre Initialen verwendest. Dasselbe gilt für die Namen privater Orte, etwa der Häuser anderer Hexen. Wenn du Sorge hast, dass dein Buch in die falschen Hände fallen könnte, ist das eine gute Vorsichtsmaßnahme.

Verschlüsselung

Einige Hexen greifen zu anderen Methoden, wenn sie sicherstellen wollen, dass die in ihrem Grimoire enthaltenen Informationen geheim bleiben: Sie schreiben verschlüsselt. Entdeckt eine nicht befugte Person das Buch, bleibt ihr der Inhalt verschlossen. Vielleicht ist das ja ein Weg, den du auch gehen willst? Selbstverständlich ist es auch eine Möglichkeit, nur bestimmte Teile des Buchs in Geheimschrift festzuhalten. Auf diese Weise bleiben andere Teile allgemein zugänglich.

GEHEIMSCHRIFTEN

Schon in uralten Zeiten haben Menschen, die mit Magie arbeiten, und andere Personen, die ihr Wissen (und sich selbst) schützen wollten, mit geheimen Schriften gearbeitet. Einige Autoren haben sich beholfen, indem sie mit Fremdsprachen gearbeitet haben. Das funktionierte sehr gut in Zeiten, als nur wenige Menschen lesen und schreiben konnten und noch weniger Menschen Fremdsprachen beherrschten. Heute jedoch leben wir im Zeitalter von Übersetzungs-Webseiten, insofern musst du dir schon etwas anderes einfallen lassen, wenn du dafür sorgen möchtest, dass das, was du aufschreibst, wirklich geheim bleibt.

Das thebanische Alphabet

Die genauen Ursprünge des thebanischen Alphabets sind unbekannt, aber es gilt als wunderschönes und häufig verwendetes Alphabet, das besonders unter Anhängern des Gardenischen Wicca großen Anklang findet. Die auch als Runen des Honorius oder Hexenalphabet bekannte Schrift verbreitete sich im Mittelalter. Heinrich Cornelius Agrippa erwähnt die Schrift in den 1530er-Jahren im dritten Band von *De occulta philosophia libri tres* und bezeichnet Honorius von Theben als ihren Erfinder. Agrippa schreibt, dass das thebanische Alphabet bewahrt blieb, sei das Verdienst von Pietro d'Abano, einem italienischen Autor und Magier, der im 13. Jahrhundert lebte.

A		B		C		D	
E		F		G		H	
I		J		K		L	
M		N		O		P	
Q		R		S		T	
U		V		W		X	
		Y		Z			

Die Futhark-Runen

Germanische Magier nutzten diese Runen, die auch als älteres Futhark oder erste Runenreihe bezeichnet werden, zum Weissagen und als Inspiration, außerdem beschrifteten sie Talismane und Amulette damit. Der Begriff »Rune« bedeutet so viel wie »Geheimnis«. Das Futhark war eine reine Schriftsprache, der Name geht auf die ersten sechs Buchstaben des Systems zurück. Der nordischen Legende nach entdeckte der Gott Odin (oder Wotan) die Runen, als er neun Tage und Nächte am Weltenbaum Yggdrasil hing.

Mithilfe der Runen lässt sich auch weissagen, denn jede Rune enthält eine spezielle esoterische Botschaft. 2000 Jahre lang wurde dieses Orakel in Nordeuropa und Skandinavien verwendet, bis die Kirche es 1639 verbot. Auf die britischen Inseln gelangten die Runen im Gepäck von Wikingern und Sachsen, die die Inseln überfielen. In den Vereinigten Staaten kamen viele Menschen erstmals bei der Lektüre von J.R.R. Tolkiens Romanreihe *Der Herr der Ringe* in Berührung mit Runen und Ralph Blums Bestseller *Runen* lehrte sie, das Orakel zu nutzen.

FUTHARK-RUNEN			
Zahlen	Form	Lautwert	Name
1	ᚠ	F	Fehu
2	ᚢ	U	Uruz
3	ᚦ	TH	Thurisaz
4	ᚨ	A	Ansuz
5	ᚱ	R	Raidho
6	ᚲ	K	Kaunaz
7	ᚷ	G	Gebo
8	ᚹ	W	Wunjo
9	ᚺ	H	Haglaz
10	ᚾ	N	Naudiz
11	ᛁ	I	Isan
12	ᛃ	J	Jera
13	ᛇ	EI	Iwaz
14	ᛈ	P	Perthro
15	ᛉ	Z	Algiz
16	ᛊ	S	Sowulo

FUTHARK-RUNEN			
Zahlen	Form	Lautwert	Name
17	ᛏ	T	Teiwaz
18	ᛒ	B	Berkanan
19	ᛖ	E	Ehwaz
20	ᛗ	M	Mann
21	ᛚ	L	Laguz
22	ᛜ	NG	Ingwaz
23	ᛞ	D	Dagaz
24	ᛟ	O	Othalan

Ogham

Das Alphabet der Frühzeitkelten hieß Ogham (oder Ogam) und basierte auf Bäumen. Für die Kelten und die Druiden waren Bäume heilig, weshalb die Zeichen der Ogham-Schrift auch als mystische Symbole dienten. Jeder der 20 Buchstaben entspricht einem bestimmten Baum. B (Beithe) beispielsweise steht für die Birke, N (Nin) für die Esche. Die Buchstaben setzen sich aus geraden und gewinkelten Linien entlang einer zentralen Linie zusammen. Ein Begriff oder ein Satz in Ogham sieht ein wenig wie ein Baumstamm aus, von dem Äste abgehen. In Irland und Großbritannien finden sich zahlreiche Steine mit Ogham-Glyphen darauf. Auch in frühen keltischen Manuskripten findet sich Ogham-Schrift.

Eine weitere Besonderheit von Ogham ist, dass sich die Schrift mit den Fingern zeichnen lässt. Wenn man einen Teil des Körpers – den Rumpf, die Nase, ein Bein – als zentrale Trennlinie nimmt, kannst du deine Finger links und rechts davon ausstrecken und auf diese Weise einen Buchstaben bilden.

OGHAM-SCHRIFT			
Form	Buchstabe	Name	Baum
ᚁ	B	Beithe	Birke
ᚂ	L	Luis	Eberesche
ᚃ	F	Fern	Erle
ᚄ	S	Sail	Weide
ᚅ	N	Nin	Esche
ᚆ	H	Húath	Weißdorn
ᚇ	D	Dair	Eiche
ᚈ	T	Tinne	Stechpalme
ᚉ	C	Coll	Haselnussstrauch
ᚊ	Q	Quert	Apfelbaum
ᚋ	M	Muin	Weinrebe
ᚌ	G	Gort	Efeu
ᚍ	NG	Gétal	Ginster
ᚎ	Z	Straif	Schwarzdorn

OGHAM-SCHRIFT			
Form	Buchstabe	Name	Baum
ᚏ	R	Ruis	Holunder
ᚐ	A	Ailm	Föhre
ᚑ	O	Onn	Stechginster
ᚒ	U	Úr	Heidekraut
ᚓ	E	Edad	Espe
ᚔ	I	Idad	Eibe

Andere Möglichkeiten

Im sechsten Jahrhundert vor unserer Zeit lebte in Griechenland der Mathematiker und Philosoph Pythagoras. Er gilt allgemein als der Schöpfer des Zahlensystems, mit dem wir heutzutage arbeiten. Als Gematrie wird das Studium der Zahlen bezeichnet, bei dem jedem Buchstaben innerhalb eines Worts ein bestimmter Zahlenwert zugeordnet wird. Jede Nummer besitzt neben einer weltlichen auch eine esoterische Bedeutung. Wer die verborgenen Zusammenhänge zwischen Buchstaben und Zahlen begreift, kann ein Wort lesen und die innerhalb dieses Worts verborgene geheime Bedeutung erkennen.

ZAHLEN UND IHRE ENTSPRECHUNGEN ALS BUCHSTABE								
1	**2**	**3**	**4**	**5**	**6**	**7**	**8**	**9**
A	B	C	D	E	F	G	H	I
J	K	L	M	N	O	P	Q	R
S	T	U	V	W	X	Y	Z	

Darüber hinaus gibt es zahlreiche weitere magische Alphabete, etwa das System von Freimaurern und Rosenkreuzern. In seinem umfassenden Werk *The Magician's Companion* stellt Bill Whitcomb unterschiedliche Geheimschriften vor, darunter ein faszinierendes System, das auf Anordnungen von Dolchen basiert. Natürlich kannst du auch deine ganz persönliche Geheimsprache entwickeln, die nur du verstehst.

BEREITE DICH AUF DAS SCHREIBEN VOR

Bevor du anfängst, Einträge in dein Grimoire vorzunehmen, solltest du dich körperlich und geistig darauf einstellen. Öffne dich der Göttin oder einer speziellen Gottheit, mit der du zusammenarbeiten möchtest. Versuche, dich in ein Reich jenseits des Weltlichen zu versetzen und Einklang mit dem Geistigen zu finden. Beginne deine Vorbereitungen mit der bewussten Entscheidung, in eine Zeit und einen Raum einzutreten, die wir als »zwischen den Welten« bezeichnen.

Schalte den Fernseher aus. Fahre den Computer herunter. Stelle dein Telefon auf stumm. Dimme das Licht. Zünde eine oder mehrere Kerzen an. Sperre die Außenwelt aus. Lade dir wohlgesonnene Kräfte dazu ein, dir zu helfen. Entspanne dich, nimm langsame, tiefe Atemzüge. Versuche, den Kopf freizubekommen.

Lasse alle Ablenkungen eine nach der anderen los und weiter und weiter von dir fort treiben.

1. Setze dich an einem bequemen Ort mit geradem Rücken hin, mit Blick auf deinen Altar (sofern du einen hast). Stelle dir im Mittelpunkt deines Wesens, am Sonnengeflecht auf halbem Weg zwischen Herz und Bauchnabel, einen leuchtenden Energieball vor. Atme weiter und lasse zu, dass sich das Licht ausbreitet. Atme ein und mache dir bewusst, dass du die Luft, die du in deinen Körper aufnimmst, in Energie umwandelst. Atme aus und lasse deine Sorgen und Bedenken los. Stelle eine Verbindung zu diesem Atemzyklus her, diesem Wechsel zwischen Energie freisetzen und Energie aufnehmen, freisetzen und aufnehmen.
2. Sitzt du auf einem Stuhl, beuge dich nach vorne und berühre den Fußboden mit den Handflächen, während du einatmest. Stelle dir

vor, dass du aus dem Erdboden unter dir, unter deinem Zuhause, Energie aufnimmst. Stelle dir die Erde vor. Sende jetzt deine Energie nach außen, sodass du körperlich Dinge berühren kannst, die außerhalb deiner körperlichen Reichweite liegen. Deine Reichweite geht über den Fußboden hinaus, über das Fundament deines Zuhauses hinaus und tief in die heilige Erde hinein.

3. Rufe beim Einatmen diese Energie auf. Setze dich wieder gerade hin und lasse die Energie durch dich strömen. Beim Ausatmen schickst du sie in einem Wirbel in deine Mitte. Stelle dir vor, wie sie sich in helles Licht verwandelt, das du im Kern deines Wesens hältst. Ist dieses Bild sehr deutlich, stelle dir vor, wie sich der leuchtende Energieball etwas bewegt. Zuerst dreht er sich um sich selbst, dann bewegt er sich ein wenig auf und ab. Mache dir bewusst, dass du mit jedem Atemzug Energie aus der Luft aufnimmst und in lebendigen Atem verwandelst. Gleichzeitig nimmst du Energie aus der Erde auf und verwandelst sie in aktive Kraft.
4. Bleibe konzentriert und lasse den Energieball aufsteigen, bis er dein Herz erreicht. Erfahre dies als Umarmung der Göttin, spüre, wie die Macht der Erde im Einklang mit deinem Willen durch dich strömt. Stelle dir vor, wie sich der Energieball trennt und zu zwei eigenständigen Sphären wird. Die Sphären trennen sich und bewegen sich zu deinen Schultern. Fühle die Wärme deine Schultern einhüllen, als würdest du in hellem Sonnenlicht wandeln.
5. Lasse die pulsierenden, leuchtenden Lichtsphären langsam deine Arme herab reisen. Nimm jede Bewegung als eigenständiges Gefühl wahr. Lasse deine Schultern sinken und sich entspannen. Alle Restspannung weicht aus deinen Armen. Deine Handgelenke werden schlaff. Du kapitulierst vor der Schönheit dieser Kraft, während du sie lenkst. Die Energie erfüllt deine Hände und durchdringt dich bis in die Fingerspitzen.
6. Drehe deine Hände um, sodass die Handflächen nach oben zeigen. Hebe langsam deine Arme. Stelle dir vor, wie du diese Energie nach außen abstrahlst, sodass sie alle Lebewesen berührt. Strecke deine Hände in einer beschwörenden Geste nach außen aus. Atme tief und spüre, wie diese transformative Energie dich verwandelt.

7. Öffne die Augen und sieh dich im Raum um. Achte darauf, wie sich deine Wahrnehmung verändert hat. Lasse die Arme langsam sinken und berühre erneut mit den Händen den Fußboden. Konzentriere dich weiter auf deinen Atemzyklus und darauf, Energie abzugeben und aufzunehmen. Sende beim Ausatmen die Energie zurück in die Erde, woher sie gekommen ist. Atme tief.
8. Du solltest dich jetzt entspannt fühlen, aber auch sehr wach. Ruhig, aber erfrischt und lebendig, im Einklang mit der Erde und den Energieströmen, die dem intuitiven Geist offenstehen. Siehst du, wie ein einfacher Akt wie das Erden deiner Energie und das Öffnen deiner geistigen Mitte dein Bewusstsein schärfen kann? Nun bist du bereit zum Schreiben.

»Magie geschieht, wenn du wirklich du bist und dich auf das einlässt, was deine Seele erfüllt.«

– Dacha Avelin, *Embracing Your Inner Witch*

Am besten planst du regelmäßig Zeit dafür ein, in dein Grimoire zu schreiben. Mache das Schreiben zum Teil deiner magischen Praxis und zu einer regelmäßigen Routine. Finde morgens etwas Zeit zum Schreiben, damit du dich an deine Träume erinnern und deine Erwartungen für den Tag umreißen kannst. Schreibe abends, um über die Ereignisse des Tages nachdenken zu können. Ein, zwei Zeilen, mehr braucht es nicht unbedingt. Ehre die Augenblicke im Leben, die man viel zu schnell vergisst, und schreibe etwas über den Sonnenaufgang oder die nahende Dämmerung.

Dein Grimoire kann alles sein, was du möchtest. Es ist der Ort, an dem du deine Spiritualität erkundest und ausdrückst – ein sicherer Ort fernab vom Urteil anderer, von Kritik und von Zweifeln. Außer dir muss niemand etwas von den Geheimnissen wissen, die auf diesen Seiten stehen. Indem du dein eigenes Grimoire erschaffst, vertiefst du dein Bewusstsein für dein Leben mit der Magie. Indem du deine Geschichten niederschreibst, kannst du andere inspirieren. Dein Buch der Schatten wird dein Wissen über dich selbst vertiefen, über deine Sehnsüchte, deine Träume und dein persönliches Wachstum. Möge es dir in dunklen Zeiten Trost spenden und in hellen Zeiten Freude bereiten. Möge es deine Geheimnisse wie eine gute Freundin bewahren, die Geschichten deines Lebens schützen und deine persönliche Mythologie sicher aufbewahren.

Merry meet, and merry part, and merry meet again. Blessed be.

TEIL II

So benutzt du dein Grimoire

Kapitel 6

MAGIE IM ALLTAG

Magie ist nichts, was du tust, es ist, was du *bist.* Als Hexe räumst du magischen Tätigkeiten einen zentralen Platz in deinem Alltag ein. In unserer Vorstellung sind meistens Sabbate der Zeitpunkt für magische Sprüche und Rituale, aber die Sabbate machen gerade einmal 8 von 365 Tagen im Jahr aus. Was ist mit dem Rest? Warum solltest du bis zum nächsten Sabbat warten, um einen Spruch zu wirken, mit dem Geisterreich zu kommunizieren oder an einem Ritual von Bedeutung teilzunehmen?

Wenn du es so sehen möchtest, ist jeder Tag ein Tag der Magie. An jedem Tag des Jahres geschehen wundersame Dinge und jeden Tag lassen sich erstaunliche Erkenntnisse machen. Wir müssen nur mit einem offenen Blick und einem offenen Herzen für derartige Dinge durch unser Leben gehen. Und jeder Tag bringt einzigartige Möglichkeiten für die Arbeit mit Zaubersprüchen. Wenn du verstehst, inwieweit sich die Tage der Woche und die dahinter wirkenden Kräfte unterscheiden, kannst du dir ihre besonderen Energien nutzbar machen und dadurch die Macht deiner Sprüche verstärken. Natürlich solltest du in deinem Grimoire festhalten, welche Erfahrungen du dabei gemacht hast.

> *»Will ich magisch arbeiten, benötige ich einen grundlegenden Glauben an meine Fähigkeit, etwas zu bewirken und Dinge geschehen zu lassen. Mein tägliches Handeln lässt diesen Glauben entstehen und erhält ihn am Leben.«*
>
> – Starhawk

MORGENRITUALE

Vielleicht findest du Gefallen daran, gleich nach dem Aufstehen in deinem Buch der Schatten zu schreiben und dir so eine eigene Morgenroutine zu erschaffen. Wenn du morgens schreibst, sind die Bilder aus deinen Träumen noch frisch und du kannst sie detailliert festhalten. Das geschäftige Treiben im weiteren Verlauf des Tages wird möglicherweise deine Erinnerungsfähigkeit beeinträchtigen. Der frühe Morgen ist auch ein guter Zeitpunkt dafür, deine Erwartungen an den Tag festzuhalten.

Neben dem Schreiben kannst du dir auch ein simples Ritual überlegen, das dir hilft, angenehm in den Tag zu starten. Alles, was du jeden Tag mit vollem Bewusstsein tust, wird zu einem Ritual, sei es eine erfrischende Dusche oder eine genussvolle erste Tasse Kaffee am Morgen. Die Herausforderung besteht darin, das Ritual zu weihen und die göttliche Gnade zu erhalten. Möglicherweise braucht es nur wenige Augenblicke, um deine morgendliche Erfahrung von etwas Profanem in etwas Magisches zu verwandeln und auf diese Weise den Weg zu einem inspirierten und produktiven Tag zu ebnen.

Warum beginnst du deinen Tag nicht mit dem folgenden Ritual (oder entwickelst ein eigenes)? Selbstverständlich kannst du es auf deine ganz persönlichen Bedürfnisse zuschneiden, indem du beispielsweise den Namen anderer Göttinnen oder Gottheiten einfügst, zu denen du eine besondere Nähe verspürst.

1. Setze oder stelle dich vor deinen Altar. Platziere einen kleinen Quarzkristall, einen Becher/Kelch mit Wasser, eine Kerze, etwas ätherisches Öl, das dich anspricht, und etwas Weihrauch auf dem Altar. Zünde die Kerze als Symbol der aufgehenden Sonne an und reflektiere dann einen Augenblick über die Energien, die du im Verlauf des Tages an deiner Seite haben möchtest. Stelle dir deinen perfekten Tag vor und versuche, ein möglichst klares Bild vor deinem inneren Auge entstehen zu lassen. Möchtest du heute etwas ganz Spezielles erreichen? Vielleicht willst du ja etwas an deinen üblichen Abläufen ändern und statt etwas Süßes vom Bäcker lieber ein gesundes Frühstück zu dir nehmen.
2. Stelle dir vor, wie du dein Ziel erreicht hast. Stelle dir vor, dass du alles erreicht hast, was dein Herz sich wünscht. Stelle dir vor, wie du freudig und voller Zufriedenheit alles erledigst, was du erledigen willst oder musst. Wenn das Bild deiner Absichten klar ist,

dann sage die folgenden Worte laut (oder improvisiere): »Rosenfingrige Eos, Göttin der Dämmerung, die den Morgenhimmel mit Licht bemalt: Ich bitte dich um deinen Segen und freue mich, wenn du Himmel entzündest. Ich salbe mich als dein Kind, lebendig und erneuert durch deine strahlende Energie.«

3. Betupfe deine Fingerspitze mit einem kleinen Tropfen ätherischen Öls. Berühre mit der Fingerspitze dein drittes Auge (auf der Stirn, zwischen den Augenbrauen). Stelle dir vor, wie du in das Licht der Morgendämmerung gebadet wirst.
4. Entzünde den Weihrauch und lasse dich davon umwehen. Atme das Aroma ein und sprich die folgenden Worte: »Die Feuer des Tages sind aufgestiegen. Lass das Verlangen meines Herzens zu den Füßen der Göttin aufsteigen, auf dass sie in ihrer Weisheit und ihrer Macht meine heilige Absicht sammeln und lenken kann. Während die Sonne durch den Himmel steigt, segne mich, Herrin des Morgens, die uns, ihre Kinder, so reichhaltig beschenkt. So sei es.«
5. Greife den Becher oder Kelch mit Wasser und halte ihn hoch, um den Tag zu begrüßen. Bringe ihn auf Brusthöhe in die Nähe deines Herzens. Tauche deine Finger in das Wasser, schließe die Augen und tupfe ein wenig Wasser auf die Lider. Sprich laut: »Göttin Iris, die den Himmel mit Regenbogen aus Licht überzieht, öffne mir die Augen, auf dass ich das wahre Wesen all dessen, das mich umgibt, erkennen kann. Möge ich in deinen Augen gesegnet sein.«
6. Nimm den Kristall in die Hände und fühle, wie er durch deine Energie lebendig wird. Übertrage die Absichten dessen, was du heute vorrangig zu erreichen erhoffst, auf den Stein. Während du den Kristall hältst, sprich die folgenden Worte (oder improvisiere): »Gesegnete Mutter Erde, ich ehre dich und deine Großzügigkeit, die keine Grenzen kennt. Möge dein geheiligter Schatz meine Existenz bereichern. Möge ich an diesem Tag den Überfluss der Göttin teilen.«
7. Lösche die Kerze. Trage den Kristall als Talisman bei dir, damit er dir hilft, während des Tages den Fokus nicht zu verlieren.

Trage in dein Grimoire alle Eindrücke, Empfindungen, Erkenntnisse oder sonstigen Erfahrungen ein, die du während deines Morgenritual hattest. Mit ziemlicher Gewissheit wirst du eine Form von Bewusstsein oder Anleitung erhalten, die dir im weiteren Verlauf des Tages von Nutzen sein kann.

ABENDRITUALE

Sonnenuntergang ist eine durch und durch magische Zeit, eine Übergangsphase, weder Tag noch Nacht, sondern irgendetwas dazwischen. Die Sonne versinkt tief am Horizont und taucht den Himmel in ein fantastisches Licht. Hinter dem Sonnenuntergang rückt die Dunkelheit in Schattierungen von indigo und violett heran, gefolgt schließlich vom Schwarz verborgener Weisheit. In dieser Übergangsphase vermischen sich die Klarheit des Lichts und die Mysterien der Dunkelheit. Feiere diese Zeit mit einem Abendritual wie dem folgenden oder erschaffe dir dein eigenes. Du kannst es nach Belieben personalisieren, beispielsweise indem du die Namen anderer Göttinnen oder Gottheiten einfügst, denen du dich auf besondere Weise verbunden fühlst.

1. Lasse den Tag Revue passieren. Was hast du erlebt? Was verlief so, wie du es dir erhofft hattest, und welche Dinge würdest du ändern, wenn du könntest?
2. Stelle einen Becher/Kelch voll Wasser, eine Kerze und einen Mondstein auf deinen Altar. Entzünde etwas Weihrauch, während du die Mysterien der Nacht beschwörst: »Königin der Nacht, strahlende Göttin Nut, die durch den Mond und die Sterne ihre vielen Seiten zum Leuchten bringt, segne diese kommende Dunkelheit. Als eine, die dich ehrt und begierig ist, deine großen Geheimnisse zu lernen, bitte ich dich um deinen Segen.«
3. Halte den Weihrauch in die Höhe und sage: »Die Rauchschwaden wirbeln empor, um den Abendhimmel zu begrüßen. Genauso steigt mein Geist die Flüsse der Traumzeit empor, um dich, geliebte Göttin, in meinen Träumen willkommen zu heißen. Ich beschwöre dich und ich lade dich ein, meine Träume zu inspirieren, auf dass ich deine göttliche Gnade erfahre.«
4. Entzünde die Kerze und meditiere zum sanften Kerzenlicht, während du sagst: »Ich trete zwischen den Welten ein in eine Welt, die

innerhalb der Zeit genauso wie außerhalb der Zeit ist. Das Licht der Kerze weist mir den Weg, wie der Mond den Nachthimmel erhellt. Ich stehe staunend vor dem Wunder deiner überwältigenden Schönheit, Göttin der Zeiten, Herrin der Mysterien, die du heller als alle Sterne bist.«

5. Nimm einen Schluck Wasser aus deinem Becher/Kelch und sage: »Möge dein Überfluss durch mich strömen, mögen Träume und Visionen mich überkommen. Möge das Ungesehene sichtbar werden und mir die Macht des Sehens gewährt werden, damit ich in der Nacht wahrzunehmen vermag, was bei Tage nicht zu wissen ist.«
6. Nimm deinen Mondstein und halte ihn an dein drittes Auge, während du sagst: »Seltener Stein der Nacht, sende dein Licht aus, mich durch die Dunkelheit zu geleiten. Ich trete in Liebe und voller Vertrauen ein in dein sternenerfülltes Reich und lasse alle Furcht fahren in dem Wissen, dass du stets bei mir bist, in meinen Gedanken wie in meinen Träumen. Ich schlafe nicht einfach nur, sondern erwache in deiner Präsenz.«
7. Denke darüber nach, was du dir von deinen Träumen erhoffst. Inspiration? Eine Prophezeiung? Selbsterkenntnis? Wenn du so weit bist, lösche die Kerze.

Nimm dir ein paar Minuten Zeit, deine Ideen und Absichten in deinem Grimoire festzuhalten sowie alle Erkenntnisse und Eindrücke, die du während des Rituals vielleicht hattest.

> *»Ein spürbares Verständnis kann nur entstehen, indem wir mit den Ritualen arbeiten. Wenn du mit der Arbeit erst beginnst, wenn du sicher bist, dass du sämtliche Aspekte der Zeremonie durchdrungen hast, wirst du niemals beginnen.«*
>
> – Lon Milo DuQuette, *The Magick of Aleister Crowley*

KRAFTTAGE

Astrologie und Mythologie besagen, dass jeder Wochentag von einem der Himmelskörper in unserem Sonnensystem dominiert wird. Zudem hat jeder Tag eine eigene umfassende heidnische Vorgeschichte. Unterschiedliche Tage weisen unterschiedliche Qualitäten und Besonderheiten auf, insofern sind einige Tage besser als andere für bestimmte Arten Magie geeignet. Du kannst deine Erfolgsaussichten verbessern, indem du einen Zauberspruch an dem Tag wirkst, der zu deiner Absicht passt (abhängig von der an diesem Tag dominanten Gottheit). Die meisten Liebeszauber beispielsweise sollten am Freitag gewirkt werden, denn Freitag ist der Tag von Venus, dem Planeten der Liebe und der Beziehungen.

Wochentag	Herrschender Planet/ bestimmende Gottheit
Sonntag	Sonne
Montag	Mond
Dienstag (französisch *mardi*)	Mars (*Tyr* in der nordischen Mythologie)
Mittwoch (französisch *mercredi*)	Merkur
Donnerstag	Jupiter (*Thor* in der nordischen Mythologie)
Freitag (französisch *vendredi*)	Venus (*Freyja* in der nordischen Mythologie)
Samstag	Saturn

Bereitest du dich darauf vor, ein Ritual durchzuführen oder einen Zauber zu wirken, dann willigst du ein, für eine Weile die Realität auszusetzen, damit du in Kontakt mit Energien treten kannst, die größer sind als das, was unsere begrenzten Fähigkeiten der Wahrnehmung zu erfassen imstande sind. Indem du Zeit und Raum »zwischen den Welten« betrittst, triffst du mit dir und den Geistern eine Vereinbarung. Indem du sie zu dir in deinen heiligen Raum einlädst, willigst du ein, ihre göttliche Präsenz anzuerkennen. Weiter stimmst du zu, deinen Unglauben ruhen zu lassen und zu akzeptieren, dass Magie und übersinnliche Erfahrungen möglich, ja, erstrebenswert sind. Du wirst vermutlich keinen Donnerschlag hören, mit dem die Göttinnen und Götter deine Arbeit anerkennen – aber wer weiß?

Der Tag der Tage

Wann ist der beste Zeitpunkt für einen Zauberspruch? An deinem Geburtstag. An diesem besonderen Tag des Jahres lacht die Sonne auf dich herab (selbst dann, wenn es draußen gießt und stürmt) und rückt deine besonderen Talente und Fähigkeiten ins rechte Licht. Die lebhafte Energie des Tages verstärkt alles, was du anpackst. Insofern haben alle Sprüche, die du an deinem Geburtstag wirkst, überdurchschnittlich gute Erfolgsaussichten.

Sonntag

Der Name verrät es bereits – Sonntag ist der Tag der Sonne. Die goldenen Strahlen der Sonne erhellen alles, was sie berühren. Sonnenlicht erlaubt es uns, Dinge klar zu erkennen, und es befördert das Wachstum auf unserem Planeten. Aus diesem Grund unterstützt die Energie des Sonntags Zaubersprüche, die mit Kreativität zu tun haben, mit Inspiration, Selbstverwirklichung, beruflichem Erfolg und deinem Bild in der Öffentlichkeit. Es ist auch ein guter Zeitpunkt für Feierlichkeiten und um Menschen zusammenzubringen. Überlege, ob du Gruppenrituale nicht auf einen Sonntag legst. Hexen verbinden die Sonne mit göttlicher Energie, insofern kannst du Sonnengötter wie Ra (Ägypten), Apollon (Griechenland) oder Aidan (Kelten) darum bitten, deine Bemühungen mit Stärke und Bedeutung zu unterstützen.

Montag

Der Montag wird vom Mond beherrscht. Weil wir den Mond mit der Energie von Göttinnen assoziieren, sollte magische Arbeit, die für einen Montag vorgesehen ist, Aspekte der Göttin berücksichtigen. Die wechselnden Phasen des Monds machen den Montag zu einem guten Zeitpunkt für Zaubersprüche und Rituale, die auf einen Wandel abzielen. Der Mond beherrscht die Gezeiten, insofern sind für diesen Tag auch Sprüche geeignet, die mit Wasser zu tun haben. Du könntest erwägen, deinen Kelch an einem Montag zu weihen. Astrologen verbinden den Mond mit Zuhause und Familie, was den Montag zu einem sehr guten

Zeitpunkt macht, Sprüche zu wirken, die mit diesem Themenkreis zu tun haben. Die Mondenergie verstärkt zudem Fruchtbarkeitssprüche. Meditiere über die Aspekte der griechischen Mondgöttin Artemis oder ihrem römischen Gegenstück Diana und bitte sie um Hilfe.

Dienstag

Der Dienstag wird vom Planeten Mars beherrscht und ist nach dem nordischen Gott Tyr (oder Tiwaz) benannt, einem unbesiegbaren Krieger, der sich unter anderem durch Kraft, Zielstrebigkeit und unbedingten Willen auszeichnet. Dienstags solltest du Sprüche und Rituale abhalten, bei denen es um Stärke, Mut, Kühnheit oder Erfolg bei jeglicher Form von Wettbewerb geht. Der Dienstag wäre auch ein guter Tag für einen Spruch, der dir helfen soll, wenn du dich einem Widersacher stellst, ein Hindernis überwindest oder einen Angriff auf dich abwehrst und umkehrst. Es wäre auch ein guter Tag, durch Schutzrituale deine psychischen Abwehrriegel zu stärken.

Mittwoch

Der Planet Merkur beherrscht den Mittwoch. In der römischen Mythologie ist Merkur der Götterbote. Astrologen verbinden den Planeten mit Kommunikation, schriftlicher wie mündlicher Art, sowie mit unterschiedlichen geistigen Aktivitäten und kurzen Reisen. Rituale und Sprüche, die du am Mittwoch abhältst, sollten sich mit Kommunikation, Bildung, dem Senden und Empfangen von Botschaften und intellektuellen Vorhaben befassen. Es ist auch ein guter Tag, um mit Geistern in Kontakt zu treten oder um zu weissagen, vielleicht mit einem Pendel, Runen oder dem Tarotblatt.

Der rückläufige Merkur

Alle vier Monate ist der Planet Merkur etwa drei Wochen lang rückläufig und scheint sich dabei rückwärts durch den Himmel zu bewegen. Der Merkur dominiert Kommunikation und allgemeines Denken, was dazu führen kann, dass dein Geist während rückläufiger Phasen nicht so gut funktioniert wie sonst. Deine Fähigkeit, mit anderen zu kommunizieren, könnte ebenfalls eingeschränkt sein. Normalerweise ist das keine gute Zeit für Magie, es kann zu Verwirrungen, fehlender Klarheit und Fehlern kommen.

Donnerstag

Der Donnerstag wird vom Planeten Jupiter dominiert und hat seinen Namen vom nordischen Gott Thor. In der Mythologie schwingt der Donnergott Thor einen gewaltigen Hammer, weshalb er manchmal für Stärke, Gerechtigkeit und rechtliche Belange steht. Möchtest du Einfluss darauf nehmen, wie eine rechtliche Angelegenheit oder eine politische Sache verläuft, dann kann es von Vorteil sein, den Spruch an einem Donnerstag abzuhalten. Astrologen verbinden Jupiter, den größten Planeten unseres Sonnensystems, mit Wachstum, Überfluss und einer guten Zukunft. Entsprechend ist Donnerstag ein guter Tag für Sprüche, die sich um Wohlstand, berufliches Vorankommen oder Expansion in jedweder Form drehen. Jupiter beherrscht auch das Sternzeichen Schütze, das Astrologen mit weiten Reisen verbinden. Insofern ist Donnerstag auch ein guter Tag für Reisesprüche.

Freitag

Venus, die Göttin der Liebe und Beziehungen, beherrscht den Freitag. Benannt ist der Tag nach Freyja, der nordischen Göttin und Schutzherrin mächtiger Frauen, der Leidenschaft und der Liebe. Wie nicht anders zu erwarten, empfiehlt es sich, Sprüche, Rituale und Zauber, die mit Angelegenheiten des Herzens zu tun haben, auf einen Freitag zu legen. Venus beherrscht auch die Künste und die Schönheit, wenn du also deine Kreativität anregen oder dich attraktiver machen möchtest, lege deinen Spruch auf den Freitag. Freundschaften und gesellschaftliche Anlässe können ebenfalls vom Einfluss der Venus profitieren, also lege doch Gruppenrituale und Feierlichkeiten auf einen Freitag.

Samstag

Der Samstag wird vom Saturn beherrscht. Astrologen verbinden den Planeten mit Einschränkungen, Beendigungen und der Vergangenheit sowie mit Struktur, Stabilität und der Geschäftswelt. Möchtest du eine unerwünschte Beziehung beenden, ein Unterfangen zu einem glücklichen Ende bringen oder starke Grenzen ziehen, bietet sich der Samstag für entsprechende Sprüche an. Schutzzauber und Verbannungsrituale können ebenfalls von der Macht des Saturn profitieren. Halte am Samstag Sprüche ab, die ein geschäftliches Unterfangen stärken, die Ausgaben beschränken oder Stabilität in einen beliebigen Bereich deines Lebens bringen. Der Samstag ist auch ein guter Tag, sich mit früheren Leben zu befassen und mit Ritualen jene zu ehren, die die körperliche Welt bereits verlassen haben.

ERFÜLLE ALLTÄGLICHE AUFGABEN MIT MAGIE

Den Großteil unseres Alltags verbringen wir mit, nun ja, alltäglichen Aktivitäten und Routinen. Du kannst aber ganz gewöhnliche Unterfangen mit magischer Energie anreichern (warum denn auch nicht?). Kitchen Witches sind mit diesem Konzept vertraut, für sie ist alles in ihren eigenen vier Wänden heilig und sie laden jede häusliche Pflicht mit magischer Bedeutung auf. Ein Beispiel: Den Boden von Staub und Dreck zu befreien, kann gleichzeitig auch heißen, dass man ihn von negativer Energie säubert.

Nirgendwo zeigt sich das deutlicher als beim Kochen. Bereitest du Lebensmittel zu, bringst du deine persönliche Energie, deine Absichten und deine Liebe ein, damit du diejenigen nähren kannst, denen du dein Essen vorsetzen wirst. Außerdem enthalten die Kräuter, mit denen du deine Gerichte würzt, magische Eigenschaften (mehr dazu in Kapitel 16). Überlege, die folgenden Schritte in deinen Alltag einzubauen:

- Während du kochst und putzt, sprich einen Segen über dein Zuhause und deine Liebsten.
- Sage beim Öffnen der Küchentür: »Mögen einzig Gesundheit, Liebe und Freude durch diese Tür in dieses Heim kommen.«
- Wenn du einen Topf auf dem Herd umrührst oder in einer Schale eine Mixtur zubereitest, sage: »Dank sei allen Wesen, die zu dieser Mahlzeit beigetragen haben.«
- Beim Auftragen des Essens sage: »Möge das Essen, das ich teile, meine Liebsten an Körper und Geist stärken.«
- Beim Fegen oder Staubsaugen sage: »Möge sämtliche schädliche, störende oder aus dem Gleichgewicht geratene Energie von diesem Ort verschwinden.«

- Schaltest du abends das Licht in der Küche aus, sage: »Segne diese Küche und führe uns, die wir sie benutzen, sicher und gesund durch die Nacht.«

Warum entwickelst du nicht deine eigenen Rituale und magischen Gepflogenheiten für deinen Haushalt? Vielleicht findest du auch Gefallen daran, dich mit der alten chinesischen Kunst des Feng-Shui zu befassen, das jeden Bereich deines Heims mit bestimmten Teilen deines Lebens in Verbindung setzt. Feng-Shui lehrt dich, wie du mit Magie Energien beeinflusst und an deiner Wohnfläche Korrekturen vornimmst, die Veränderungen bewirken.

Ein Zauberspruch für die Küche

Bei diesem Spruch dient »Küchenmagie« dazu, eine frustrierende Situation etwas zu versüßen. Du musst dafür keine Gourmetköchin sein, es kommt in erster Linie auf deine Absicht an.

Kinderspiel-Spruch

Es läuft nicht so glatt, wie du es dir erhofft hattest. Vielleicht nimmt ein Projekt mehr Zeit in Anspruch oder wird teurer als geplant, vielleicht durchläuft eine romantische Beziehung gerade eine holprige Phase oder du hast es bei der Arbeit oder privat mit vielen Menschen zu tun, die sich wenig kooperativ geben. Es ist an der Zeit, deine Fähigkeiten als Hexe dafür einzusetzen, diese unangenehme Situation aus der Welt zu schaffen.

WAS DU BENÖTIGST:

- eine Backmischung (oder die Zutaten für deinen Lieblingskuchen)
- Lebensmittelfarbe
- eine große Schüssel
- einen Löffel
- eine Kuchenform (oder mehrere)
- Kerzen
- Streichholz oder Feuerzeug

1. Sammle die Zutaten zusammen, die du für diesen Spruch benötigst, und heize den Ofen vor.

2. Ziehe einen Kreis um den Bereich, in dem du deinen Spruch wirken wirst – in diesem Fall also um deine Küche.

3. Befolge die Anleitung für den Kuchen (entweder nach Packung oder nach Rezept). Du kannst überlegen, ob du eine Geschmacksrichtung nehmen willst, die zu deinen Absichten passt – Schokolade oder Erdbeere für Liebe, Zimt oder Minze für Geld, Mandel oder Vanille für geistigen Frieden, Anis für den Schutz. Konzentriere dich bei der Arbeit auf dein Ziel und stelle dir vor, wie du deine Absichten auf den Teig überträgst.

4. Wenn du magst, gib Lebensmittelfarbe hinzu, damit der Teig eine Farbe annimmt, die zu deinen Absichten passt: rosa für Liebe, grün für Geld und so weiter (siehe Kapitel 12 für Informationen über die Symbolsprache von Farben).

5. Rühre den Teig im Uhrzeigersinn, wenn du etwas anlocken oder Wachstum bewirken möchtest. Rühre ihn gegen den Uhrzeigersinn, wenn du etwas begrenzen, verringern oder beenden möchtest.

6. Gib den Teig in die Form(en) und backe ihn.

7. Lasse ihn nach dem Backen abkühlen und überziehe ihn dann mit Zuckerguss in einer Farbe, die zu deinen Absichten passt. Wenn du magst, kannst du ihn zusätzlich mit Symbolen, Bildern und/oder Worten dekorieren, die dein Ziel beschreiben.

8. Gib Kerzen einer passenden Farbe hinzu. Auch die Zahl der Kerzen sollte zu deinem Ziel passen – zwei Kerzen für Liebe, vier für Stabilität, fünf für Veränderung und so weiter.

9. Zünde die Kerzen an und konzentriere dich auf deinen Wunsch. Blase die Kerzen dann aus.

10. Teile den Kuchen mit anderen Personen, die an der Situation beteiligt sind, damit alle ihren Nutzen davon haben können. Jede Person, die von dem Kuchen kostet, nimmt einen Teil der Absicht in sich auf und wirkt dadurch mit am Erfolg des Spruchs.

»Wir treten ein in diese Welt mit kostbaren Geschenken, die dazu gedacht sind, sie zu teilen. Wenn wir alle uns die Zeit nehmen, Heilung und Liebe in die Welt hinauszuschicken, können wir das Leben vieler Menschen und die Welt um uns herum wirklich verändern.«

– Jasmeine Moonsong

Betrachte dein gesamtes Zuhause als heiligen Ort

Buddha sagte einst: »Es ist egal, an welchem Ort du lebst – es ist dein Tempel, wenn du ihn so behandelst.« Heiligkeit hängt mehr mit Haltung und Verhalten zusammen als mit dem Drumherum und es braucht dazu auch kein besonderes Gebäude und keine besonderen Requisiten. Dennoch ist es ein wichtiger Teil der Arbeit mit Magie, sich einen heiligen Ort zu erschaffen. Hexen greifen häufig zu Werkzeugen und bestimmten Abläufen, um sich einen sicheren Raum zum Arbeiten zu errichten.

Wir haben in Kapitel 5 darüber gesprochen, wie man sich einen heiligen Ort erschafft. Du kannst einen bestimmten Bereich als heiligen Ort bestimmen, an dem du mit Sprüchen und Ritualen arbeitest, wo du etwas in dein Grimoire schreibst, meditierst und so weiter. Wenn du möchtest, kannst du aber auch dein gesamtes Zuhause als heilige Stätte betrachten. Ein heiliger Ort ist ein Ort des Friedens und der Ruhe, er muss aber nicht zwingend »zwischen den Welten« liegen, wie es ein magischer Kreis definiert. Ein heiliger Ort ist das, was in den Kreis geht, er kann aber einfach auch aus sich heraus existieren.

Auch aus deinem heiligen Ort heraus kannst du mit der gewöhnlichen Welt interagieren – du errichtest keine Barrieren. Du erschaffst nicht eine völlig neue Umgebung, sondern verwandelst die bestehende Umgebung in etwas Heiliges. Anstatt dich zu verschließen, bleibst du offen für die guten Energieströme um dich herum.

Wenn du eine harmonische Atmosphäre für eine Versammlung schaffen möchtest, ist ein heiliger Ort eine wunderbare Alternative zu einem Kreis, insbesondere dann, wenn die Teilnehmenden spirituell unterschiedlich aufgestellt sind. Du kannst die Energie in dem Bereich reinigen und in Einklang bringen und so einen heiligen Ort erschaffen, ohne dass jemand etwas davon mitbekommt. Stelle dir den Bereich frei von allen »negativen Schwingungen« vor und übertrage deinen Wunsch nach Frieden und Freude auf den Bereich. Auf diese Weise entfernst du störende, schädliche oder abgestandene Energie und lässt ein positives, angenehmes Gefühl zurück.

Wenn du für Andere, die nicht deinem Glauben anhängen, einen heiligen Ort erschaffst, heißt das nicht, dass du sie in irgendeiner Weise manipulierst oder es an Respekt gegenüber ihrer Religion mangeln lässt. Du bietest ihnen ein friedliches und ausgeglichenes Umfeld, in dem man studieren, diskutieren, essen oder sich unterhalten kann. Wenn alle müde und gestresst sind, versuche, vor einem Abendessen unter der Woche oder vor einem Familientreffen, bei dem Konflikte hochkochen könnten, einen heiligen Ort zu erschaffen. Beobachte, wie sich in der ruhigen Energie alle entspannen. Wenn das gelingt, erlebst du Alltagsmagie, wie sie besser nicht sein kann.

Kapitel 7

ZAUBERSPRÜCHE FÜR BESONDERE ANLÄSSE

Seit Jahrtausenden beobachten die Menschen die Wanderung der Sonne über den Himmel und den daraus resultierenden Wandel der Jahreszeiten. Uralte Bauwerke wie Stonehenge oder das irische Newgrange gaben akkurat das Datum von Sonnenfinsternissen wieder, was belegt, wie sorgfältig unsere Vorfahren das Verhältnis zwischen der Sonne und unserem Planeten beobachteten, obwohl es doch steten Veränderungen unterliegt.

In vielen Ländern und über lange Zeiträume hinweg erklärten Mythen die Jahreszeiten als Reise der Göttin. Im Sommer bringt sie der Erde Leben. Im Winter steigt sie in die Unterwelt herab und verliert alles – ihre Macht, ihre Identität, ihre wahre Liebe oder alles zusammen. Indem sie ihr göttliches Wesen erkennt, findet sie zu alter Macht zurück und das Leben auf der Erde blüht erneut auf. In einigen Erzählungen ist der Sonnenkönig der Gefährte der Göttin und unternimmt einmal im Jahr eine Reise durch die Himmel. Dabei gelangt er zu bestimmten Zeiten an Orte von Bedeutung und markiert die Termine, die wir als »Sabbat« bezeichnen.

In der heutigen Wicca-Tradition ist der jährliche Kreislauf der Sonne, der Jahreskreis, in acht Phasen von jeweils ungefähr sechs Wochen unterteilt. Jede »Speiche« dieses Rads entspricht einem bestimmten Feiertag. Diese besonderen Termine oder Sabbate beruhen auf frühzeitlichen Agrarkalendern und stellen einzigartige Gelegenheiten dar, magische Sprüche zu wirken und Rituale abzuhalten.

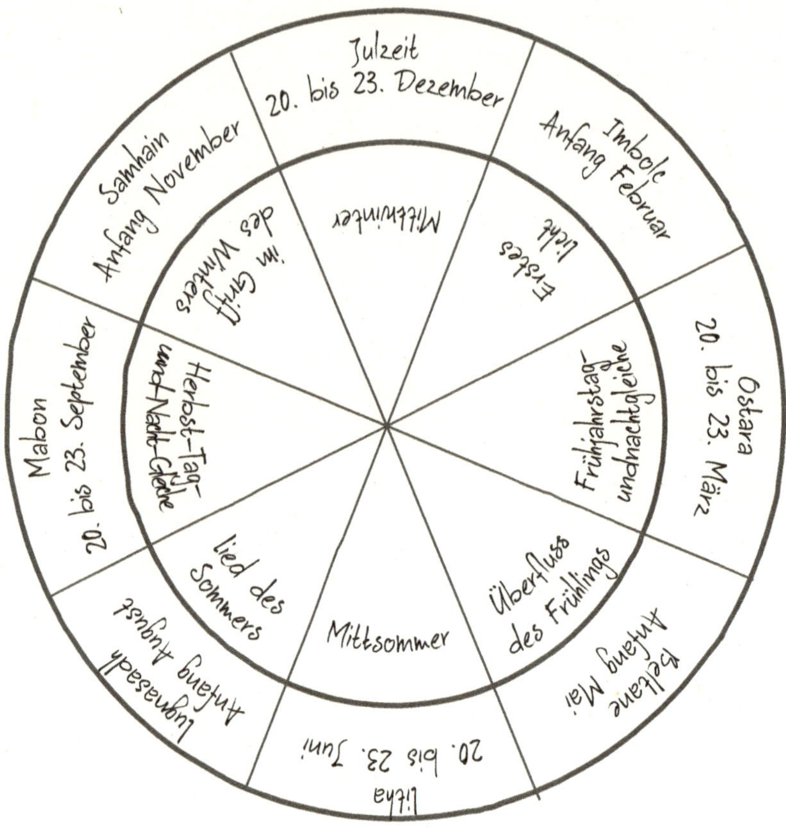

Vielleicht findest du Gefallen daran, die Abschnitte deines Grimoires rund um diese Sabbate herum zu strukturieren. Einige Hexen beginnen jedes Jahr an Samhain ein neues Buch der Schatten. Vergiss nicht, in deinem Buch festzuhalten, welche Erfahrungen du an diesen wichtigen Tagen gemacht hast – nicht nur deine Handlungen, sondern auch deine Gedanken, Erkenntnisse, Gefühle und Träume. Begehst du die Sabbattage mit speziellen Festivitäten? Falls ja, beschreibe doch, was du an jedem einzelnen getan hast, mit wem, was du gegessen hast, was du anhattest, wie sich deine Sprüche auswirkten und so weiter.

Das Lied von Amergin

Das »Lied von Amergin« ist eines der frühesten Beispiele poetischer Mythologie der Kelten. Es stammt angeblich aus dem Jahr 1268 vor unserer Zeitrechnung und ist eine liturgische Hymne, die durchaus als Vorwurf an Gott verstanden werden kann. Metaphorische Aussagen wechseln sich mit Anfragen ab und der britische Schriftsteller Robert von Ranke-Graves nimmt in seiner Übertragung ins Englische direkten Bezug auf den alten keltischen Kalender und das alte Alphabet. Er beschreibt eine Reise durch den Jahreskreis, erzählt in der wunderbaren poetischen Bildsprache eines druidischen Barden:

»Ich bin ein Hirsch von sieben Enden.
Ich bin eine Flut auf einer Ebene.
Ich bin ein Wind auf einem tiefen See.
Ich bin eine Träne, die die Sonne fallen ließ.
Ich bin ein Falke über einer Klippe.
Ich bin ein Dorn unter dem Nagel.
Ich bin ein Wunder zwischen Blumen.
Ich bin ein Zauberer. Wer außer mir
Entflammt den kühlen Kopf mit Rauch?

Ich bin ein Speer, der nach Blut schreit.
Ich bin ein Lachs in einem Teich.
Ich bin eine Verlockung vom Paradies.
Ich bin ein Hügel, den Dichter beschreiten.
Ich bin ein Eber, gnadenlos und rot.
Ich bin eine Sturzwelle, die mit Untergang droht.
Ich bin die Flut, die in den Tod zerrt.
Ich bin ein Kind, wer außer mir
Lugt aus dem unbehauenen Dolmen?

Ich bin der Schoß eines jeden Gehölz.
Ich bin die Flamme auf jedem Hügel.
Ich bin die Königin eines jeden Bienenstocks.
Ich bin der Schild für jeden Kopf.
Ich bin das Grab für jede Hoffnung.«

Die Vielzahl an Bildern in diesen Versen spricht dafür, dass die Geister der Natur untrennbar mit den Geistern der Götter und Göttinnen verbunden sind. Göttliche Gnade lässt sich überall finden – in Hoffnungen und Ängsten, in Erreichtem und Enttäuschungen, in Schatten und Licht, in Freude und Schmerz, in Leben und Tod. Sie alle sind Ausdruck des göttlichen Bewusstseins.

SAMHAIN

Samhain ist der heiligste aller Sabbate. Er wird in der Nacht des 31. Oktobers begangen, wenn die Sonne im Sternzeichen Skorpion steht. Besser bekannt als Halloween, handelt es sich um den Feiertag, den die Menschen üblicherweise am häufigsten mit Hexen und Magie in Verbindung bringen. Doch die Dinge, die die Allgemeinheit an diesem Sabbat begeht, beruhen nahezu vollständig auf falschen Vorstellungen – es handelt sich für Hexen um einen ernsten und heiligen Tag, der nichts mit Angst und Streichen zu tun hat. Es gibt religiöse Gruppierungen, die die wahre Bedeutung nicht begreifen und sich von Halloween bedroht oder beleidigt fühlen und deshalb sogar versuchten, Halloween verbieten zu lassen.

Die Bedeutung des Feiertags

Samhain gilt als Hexen-Neujahr und stellt den Auftakt in den Jahreskreis dar. Insofern ist es eine Zeit von Tod und Wiedergeburt. In vielen Teilen der nördlichen Hemisphäre ist das Land nun karg. Die letzten Reste der Ernte wurden untergepflügt und die Erde ruht in Vorbereitung auf das Frühjahr.

Für Hexen ist Samhain eine Zeit, sich an geliebte Menschen zu erinnern, die auf die andere Seite gewechselt sind, und sie zu ehren. Deshalb wird Halloween mit den Toten in Verbindung gebracht. Nein, an Samhain steigen keine Skelette aus den Gräbern und die Lebenden werden auch nicht von Geistern heimgesucht, wie es uns Filme und Populärkultur weismachen wollen. Du kannst aber in dieser magischen Nacht durchaus in Verbindung zu Geistern und verstorbenen Freunden treten.

Magie an Samhain

Hexen sind der Meinung, an Samhain ist der Schleier, der die sichtbare und die unsichtbare Welt trennt, so dünn wie im restlichen Jahr nicht. Insofern könnte es dir leichter fallen, Geister auf anderen Existenzebenen zu kontaktieren oder Vorfahren und Wächter um Unterstützung zu bitten. Samhain ist auch eine gute Zeit für Weissagungen, denn an diesem Sabbat können Weisheiten und Informationen leichter fließen als zu jeder anderen Zeit des Jahres.

Dies ist auch ein Zeitpunkt, zu dem viele Hexen mit Blick auf den Zyklus von Zerstörung und Erneuerung beschließen, alte Gewohnheiten abzulegen, festgefahrene Meinungen aufzugeben und Platz für neue Ansichten und Gebräuche zu schaffen. Warum veranstaltest du nicht an Samhain eine Art psychologischen Frühjahrsputz? Schreibe alles auf einen Zettel, was du zurücklassen möchtest, wenn das alte Jahr stirbt – Ängste, Haltungen, mit denen du dir selbst im Weg stehst, schlechte Angewohnheiten, unerwünschte Beziehungen und dergleichen. Verbrenne das Stück Papier dann in einem rituellen Feuer. Samhain ist auch ein guter Zeitpunkt für einen Verbannungszauber.

Runenlesung
am 31. Oktober 2016

»Wie kann ich meine berufliche Entwicklung verbessern?«

Situation	Hindernis	Handlung	Ergebnis
ᚾ	ᛁ	ᛟ	ᛒ
Naudis	Isa	Othalan	Berkanan

Deutung: Naudis beschreibt ganz klar, wie eingeengt und frustriert ich mich gerade an meinem Arbeitsplatz fühle. Isa als Hindernis spricht dafür, dass ich mich im Stillstand befinde und es in meiner jetzigen Position nicht vorangehen wird. Othalan im Handlungsfeld spricht dafür, dass ich meinen derzeitigen Job aufgebe und mir etwas Anderes suche. Berkanon im Ergebnisfeld kündet von künftigem Wachstum.

WINTERSONNENWENDE ODER JULFEST

Zur Wintersonnenwende kommt es, wenn die Sonne in das Sternzeichen Steinbock eintritt, was üblicherweise um den 21. Dezember herum der Fall ist. In der nördlichen Hemisphäre ist es der kürzeste Tag des Jahres und wird auch als Julfest bezeichnet. Der Abstieg der Sonne in die Dunkelheit erreicht an diesem Tag einen Wendepunkt. Die nächsten sechs Monate lang werden die Tage wieder länger und länger.

Die Bedeutung des Feiertags

Die Sonne scheint jedes Jahr aufs Neue über das Firmament zu wandern. In der heidnischen Mythologie wird dies als die Reise des Sonnenkönigs beschrieben, der seinen strahlenden Streitwagen über den Himmel lenkt. In einigen Erzählungen ist der Sonnenkönig der Begleiter der Göttin, in anderen Geschichten ist er ihr Sohn. Im vorchristlichen Europa feierte man zur Wintersonnenwende die Geburt des Sonnenkönigs. Die beliebte Gottheit brachte während der dunkelsten Zeit von allen Licht in die Welt – ein Thema, das die Christenheit aufgriff, als sie die Geburt von Jesus zu dieser Jahreszeit verortete. Hexen begehen diesen Sabbat als Zeit für Erneuerung und Hoffnung.

Magie am Julfest

Zu Weihnachten dekorierten wir unser Zuhause gerne mit geschmückten Tannen und festlichem Grün, doch tatsächlich gab es diese Tradition bereits in vorchristlichen Zeiten. Nadelbäume behalten ihre Nadeln auch in den kältesten Wintermonaten, deshalb stehen sie symbolisch für den Triumph des Lebens über den Tod. Jetzt ist eine gute Zeit für Sprüche, die mit Stärke, Mut, Ausdauer und Schutz zu tun haben. Aus magischer Sicht ist Kiefer wegen ihrer reinigenden Eigenschaften beliebt. Der klare, saubere Geruch von Kiefernadeln kann dazu beitragen, dein Zuhause von negativen Energien zu befreien. Verbrenne Weihrauch mit Kieferngeruch oder zünde eine Kerze mit Kieferndufte an, um deine Umgebung von schlechten Schwingungen zu reinigen.

Eine weitere uralte Tradition, mit der die Wicca-Anhänger die Wintersonnenwende begehen, ist das Verbrennen des Julscheits.

Mache am Vorabend des Julfests ein Feuer aus dem Holz von neun heiligen Bäumen. Im Mittelpunkt steht dabei ein Scheit Eichenholz, denn die Eiche repräsentiert Stärke und Langlebigkeit. Lasse das Feuer herunterbrennen und sammle dann die Asche. Wickele sie in ein Stück Tuch. Wenn du dir das Päckchen unter das Kopfkissen legst, wirst du Träume erhalten, die dir Hinweise und Ratschläge für das kommende Jahr geben. Halte deine Erfahrungen in deinem Grimoire fest, gegebenenfalls kannst du auch einige Kiefernadeln auf die Seiten kleben.

Immergrün zur Julzeit

Für die Druiden war der immergrüne Ilex (oder: Stechpalme) eine heilige Pflanze, die sie für ihre unglaubliche Robustheit schätzten. In der keltischen Mythologie dienten Stechpalmen im Winter den Erdelementaren als Unterschlupf. Ebenfalls hoch im Kurs bei den Druiden stand die Mistel als Kraut der Fruchtbarkeit und Unsterblichkeit. Es kommt seit Langem in Talismanen als Aphrodisiakum zum Einsatz – möglicherweise ist das der Grund, warum sich bis heute Menschen unter einem Mistelzweig küssen.

IMBOLG ODER DER TAG DER HEILIGEN BRIGID

An diesem Tag wird Brigid geehrt, die keltische Göttin der Heilung, der Schmiedekunst und der Dichtkunst. Brigid ist bei den Iren ausgesprochen beliebt und wurde bei der Christianisierung Irlands »übernommen« und zur Heiligen Brigid gemacht. Üblicherweise wird ihr Feiertag am 1. Februar begangen, aber einige Hexen feiern ihn am 5. Februar, wenn die Sonne 15 Grad des Sternzeichens Wassermann erreicht. In der nördlichen Hemisphäre bleibt es zu dieser Zeit wieder länger hell und eine Vorahnung von Frühjahr liegt in der Luft.

Die Bedeutung des Feiertags

Brigid zählt zu den Fruchtbarkeitsgöttinnen und Imbolg bedeutet »im Bauch«. An diesem Feiertag werden alle Formen von Kreativität geehrt, körperliche genauso wie geistige. Auf Darstellungen sieht man Brigid häufig einen großen Kessel umrühren, das magische Werkzeug der Hexen, das für den Mutterleib und das empfängnisbereite, fruchtbare Wesen des göttlich Weiblichen steht. Als Göttin der Inspiration ermutigt Brigid jeden Menschen, den inneren Kessel der Kreativität umzurühren, der in uns allen existiert.

Brigid steht für einen Aspekt des göttlich Weiblichen, aber ihr Tag fällt in das Sternzeichen Wassermann, in der Astrologie ein männliches Luftzeichen. Ihr lodernder Herd erinnert an eine Schmiede und an ein Kochfeuer. Insofern steht sie für Geist und Körper, eine Verschmelzung aus Energien von Yin und Yang und die Verbindung von Widersprüchen, die es braucht, um kreativ zu sein.

Magie an Imbolg

An Imbolg steigt der Streitwagen des Sonnenkönigs in den Himmel empor, die Sonnenstrahlen werden kräftiger, die Tage länger. Hexen begehen diese Speiche im Jahreskreis als Zeit der Hoffnung und Erneuerung, eine Affirmation des Lebens und eine Zeit, »die Saat« für die Zukunft auszubringen. Möchtest du vielleicht zu Ehren Brigids ein Feuer in einem magischen Kessel entzünden? Schreibe Wünsche, deren Erfüllung du dir für das kommende Jahr erhoffst, auf ein Stück Papier und wirf es dann in den Kessel. Das Papier verbrennt und der Rauch steigt empor und trägt deine Bitten mit sich zu Brigid.

Der Feiertag steht im Zeichen des Feuers. Dazu passend entzünden viele Menschen Kerzen zu Ehren der Göttin. Nichts kommt im magischen Werkzeugkasten einer Hexe so oft vor wie Kerzen, denn sie werden bei allen möglichen Sprüchen und Ritualen verwendet. Graviere Worte in das Kerzenwachs ein, die für deine Wünsche stehen (»Liebe«, »Wohlstand«, »Gesundheit« und so weiter). Entzünde dann die Kerze und richte deine Aufmerksamkeit auf die Flamme, während du dir vorstellst, wie sich deine Wünsche erfüllen.

Der Name der Göttin

Brigid hat viele Namen, beispielsweise »Herrin der Flammen«, »Göttin des Herds« oder »Strahlende«. Wegen Brigids Verbindung zum Feuer wird ihr Feiertag manchmal auch als »Lichtmess« bezeichnet. In der magischen Denkschule beflügelt das Element Feuer die Inspiration und die Kreativität.

OSTARA (TAG-UND-NACHT-GLEICHE IM FRÜHLING)

Heiden und Hexen begehen Ostara, wenn die Sonne in das Sternzeichen Widder eintritt, was um den 21. März herum der Fall ist. In der nördlichen Hemisphäre läutet die Frühlingstagundnachtgleiche wärmeres Wetter ein, Tage, die länger als die Nächte sind, und die Ankunft neuen Lebens. Der Name Ostara leitet sich von der germanischen Fruchtbarkeitsgöttin Eostrae her und auch der Begriff Ostern geht auf diese Wurzeln zurück. An beiden Feiertagen wird der Sieg des Lebens über den Tod gefeiert.

> *»Es ist die Zeit, an der der Frühling zurückkehrt, die freudige Zeit, die Zeit der Aussaat, wenn das Leben aus der Erde hervorbricht und die Ketten des Winters abschüttelt. Licht und Dunkel halten sich die Waage. Es ist eine Zeit des Gleichgewichts, wenn sämtliche Elemente in uns eine neue Harmonie finden müssen.«*
>
> – STARHAWK, AUS EINEM OSTARA-RITUAL IN
> *DER HEXENKULT ALS UR-RELIGION DER GROSSEN GÖTTIN*

Die Bedeutung des Feiertags

Der Streitwagen des Sonnenkönigs steigt höher und höher am Himmel und erreicht an Ostara den Punkt, an dem Tag und Nacht gleichlang sind. Die Frühjahrstagundnachtgleiche markiert den ersten Tag des Frühlings und in landwirtschaftlich geprägten Kulturen den Auftakt einer geschäftigen Pflanzsaison. Bauern pflügen ihre Felder und säen Samen. Die Bäume beginnen zu knospen, Frühlingsblumen blühen, viele Tierarten bringen nun ihre Jungen zur Welt. Ostara zählt deshalb zu den Fruchtbarkeits-Feiertagen und gilt als Zeitpunkt, an dem man die Saat ausbringen sollte – buchstäblich oder im übertragenen Sinn.

Magie an Ostara

An Ostara solltest du die Saat für Dinge ausbringen, die in den kommenden Monaten Früchte tragen sollen. Es ist der ideale Zeitpunkt für Sprüche, die mit einem Neuanfang zu tun haben – ein neues berufliches Vorhaben, ein Umzug oder eine neue Beziehung. Als Gärtnerin beginnst du, den Boden vorzubereiten und Blumen, Kräuter und/

oder Gemüse anzupflanzen. Berücksichtige die magischen Eigenschaften von Pflanzen und wähle solche aus, die für deine Absichten stehen (mehr dazu in Kapitel 16). Auch ohne eigenen Garten kannst du Samen in einem Blumentopf anpflanzen und sie für Wünsche stehen lassen, von denen du hoffst, dass sie in den kommenden Monaten wahr werden.

Eine alte deutsche Geschichte besagt, ein Hase habe heilige Eier gelegt und sie als Geschenk für die Fruchtbarkeitsgöttin Eostrae dekoriert. Der Göttin gefielen die wunderschönen Eier so sehr, dass sie den Hasen bat, sie mit allen Menschen auf der Welt zu teilen. Eier stehen für das Versprechen neuen Lebens und wenn man sie bunt bemalt, unterstreicht das den kreativen Aspekt des Sabbats. Und Hasen stehen natürlich seit Langem für Fruchtbarkeit. Vielleicht findest du ja Gefallen daran, Eier mit magischen Symbolen wie Pentagrammen oder Spiralen zu dekorieren?

BELTANE

In der Wicca-Religion wird Beltane meistens am 1. Mai begangen, allerdings begehen auch einige diesen Tag am 5. Mai, wenn die Sonne 15 Grad des Sternzeichens Stier durchläuft. Der Sabbat ist nach dem Gott Baal (oder: Bel) benannt. Im schottischen Gälisch bedeutet *beall-tainn* »die Feuer des Belos« und bezieht sich auf die Freudenfeuer, die die Heiden üblicherweise an diesem Tag entfachen. Im Mittelpunkt dieses fröhlichen Fests stehen die Fruchtbarkeit der Erde, das Blühen der Blumen und das Sprießen der Pflanzen auf den Feldern.

Die Bedeutung des Feiertags

Beltane ist der zweite Fruchtbarkeits-Feiertag im Jahreskreis und fällt in eine Phase der Ergiebigkeit. Altertümliche Heiden und moderne gleichermaßen ehren an diesem Tag die Erde und die gesamte Natur. In frühzeitlichen Agrargesellschaften entzündeten Bauern an Beltane Feuer und führten Vieh zwischen den Flammen hindurch, um die Fruchtbarkeit der Tiere zu erhöhen.

Auch die Sexualität wird an diesem Sabbat gefeiert. Der große Ritus war seit jeher Teil der Festivitäten an diesem Feiertag. In vorchristlichen Zeiten kam es an Beltane zu Geschlechtsverkehr auf den

Feldern als eine Form symbolischer Magie, die die Fruchtbarkeit verbessern und zu einer reichen Ernte führen sollte. Kinder, die zu dieser Zeit gezeugt wurden, gehörten der Göttin, hieß es.

Magie an Beltane

Wenn du irgendwie kannst, begehe Beltane im Freien, um die Fülle der Natur richtig wertschätzen zu können. Beltane ist ein Feiertag der Fruchtbarkeit, weshalb viele Rituale sexuelle Symbole enthalten. Der Maibaum, um den junge Frauen tanzen, ist natürlich ein phallisches Symbol. Man kann den Maibaum mit Blumen schmücken als Verneigung vor der Schönheit und der Ergiebigkeit der Natur. Du kannst ein oder zwei dieser Blumen zwischen den Seiten deines Grimoires pressen.

Manchmal wirft eine Frau auf Partnersuche eine runde Girlande über die Spitze des Maibaums, was den Geschlechtsverkehr symbolisiert. Auf diese Weise bittet sie die Göttin, ihr einen Geliebten zu schicken. Bei einem anderen Fruchtbarkeitsritual kommt der Kessel als Symbol des Mutterleibs zum Einsatz. Frauen, die schwanger werden möchten, entzünden in dem Kessel ein kleines Feuer und springen dann über den Kessel. Wenn du möchtest, kannst du auch über den Kessel springen, um den Funken der Kreativität in dir zu entzünden anstatt den Funken des Lebens.

Weil Beltane so viel mit der Erde und der Fülle zu tun hat, ist dieser Sabbat ideal für Wohlstandsmagie. Arbeite bei deinen Sprüchen mit Pfefferminze, Petersilie, Zeder oder Geldbaum. Beltane ist auch hervorragend dafür geeignet, Mutter Erde und den Naturgeistern Opfer zu bringen.

SOMMERSONNENWENDE

Auf der Nordhalbkugel ist die Sommersonnenwende der längste Tag des Jahres. Auf seiner Reise über das Firmament hat der Sonnenkönig nun den höchsten Punkt erreicht. In der Wicca-Tradition wird Mittsommer um den 21. Juni herum begangen, wenn die Sonne in das Sternzeichen Krebs eintritt. Es ist eine Zeit des Überflusses und die Erde bringt nun ihre Reichtümer hervor.

Die Bedeutung des Feiertags

In frühen Agrargesellschaften war Mittsommer eine Phase des Wohlstands: Es gab reichlich zu essen und das Leben war einfach. Unsere Vorfahren begingen diesen fröhlichen Feiertag mit Festschmaus und Festlichkeiten. Es ist aber auch der Tag, an dem die Sonne ihren Höchststand erreicht und erneut ihren Abstieg beginnt. In der keltischen Mythologie erreicht die Regentschaft des Eichenkönigs ihr Ende, er wird vom Stechpalmenkönig gestürzt, der nun im abnehmenden Teil des Jahres herrscht. In diesem Mythos werden die beiden »Könige« als zwei unterschiedliche Erscheinungsbilder des Gotts angesehen. Die Rivalen sind die Geliebten der Göttin und jeder von beiden hat seine eigene Jahreszeit.

Der Folklore zufolge sind in der Mittsommernacht die Erdgeister sehr aktiv – was Shakespeare zu seinem zauberhaften Stück *Ein Sommernachtstraum* inspirierte. Auf jeder Ebene freut sich das Leben über die Fülle dieser Jahreszeit. Wenn du möchtest, kannst du an diesem Zeitpunkt mit den Elementaren und den Feenwesen kommunizieren.

Magie an Mittsommer

Schon seit Jahrhunderten begehen Hexen die Sommersonnenwende mit Festlichkeiten, Musik, Tanz und Danksagungen. Vergiss nicht, deine Schätze auch mit den Tieren zu teilen und Mutter Erde als Zeichen deiner Dankbarkeit etwas zurückzugeben.

Die Sommersonnenwende ist auch eine gute Zeit, Kräuter, Blumen und andere Pflanzen zu sammeln, die du für Zaubersprüche benötigst. Die Legende besagt, um unsichtbar zu werden, musst du ein Amulett tragen, das Samen von Waldfarnen enthält, die am Mittsommerabend gesammelt wurden. Zur Sommersonnenwende solltest du Sprüche für Erfolg, Anerkennung und Überfluss abhalten.

LUGNASADH

Dieser Feiertag ist nach dem irisch-keltischen Gott Lugh (in Wales: Lew) benannt und wird üblicherweise am 1. August begangen, allerdings feiern ihn einige Hexen lieber um den 5. August herum, wenn die Sonne 15 Grad im Sternzeichen Löwe erreicht. Der keltischen

Mythologie zufolge ist Lugh eine ältere und weisere Verkörperung des Gotts Baal (oder Bel), nach dem auch Beltane benannt ist. Lugnasadh ist das erste der Erntefeste. Die Frühchristen tauften diesen Feiertag Lammas (»Brotlaib-Messe«), weil die Bauern zu dieser Zeit des Jahres das Getreide schnitten und zu Brot verarbeiteten.

Die Bedeutung des Feiertags

In Agrargesellschaften markierte dieser Feiertag den Auftakt dafür, dass man sich auf die vor einem liegenden harten Wintermonate einstellte. Unsere Vorfahren schnitten, mahlten und lagerten im Spätsommer das Getreide, machten Obst und Gemüse ein und brauten Wein und Bier. Der alte englische Folksong »John Barleycorn Must Die« beschreibt das saisonale Ritual, wie Getreide zu Ale verarbeitet wird.

Frühzeitliche Heiden verkauften auf Erntemessen ihre Waren und maßen sich in sportlichen Wettbewerben. In ländlichen Gebieten der Vereinigten Staaten wird diese uralte Tradition bis heute auf Landwirtschaftsmessen fortgeführt.

> *»Das Dreschen des Getreides galt als heiliger Akt und die Dreschscheune als heiliger Ort. Ein alter Fruchtbarkeitsbrauch hält sich bis heute, nämlich dass man eine neue Braut über die Schwelle des Heims trägt.«*
>
> – Debbie Michaud, *The Healing Traditions & Spiritual Practices of Wicca*

Magie an Lugnasadh

Heutzutage setzen sich Wicca-Gläubige an Lugnasadh mit Freunden zu Brot und Bier zusammen, ganz so, wie es seit Jahrtausenden Brauch ist. Wenn du magst, kannst du Brot frisch selbst backen oder sogar für den Feiertag dein eigenes Bier brauen. Gib beim Kneten des Brotteigs eine getrocknete Bohne dazu. Der Tradition nach erfüllt sich der Wunsch derjenigen Person, die die Bohne in ihrem Stück Brot findet.

Du kannst auch aus Maiskolben, Weizen oder Stroh eine Puppe basteln, die den Sonnenkönig darstellt. Die Nachbildung wird in einem rituellen Feuer verbrannt, das symbolisiert, dass die Zeit des Jahres gekommen ist, an der die Kräfte des Königs schwinden. Außerdem ist es ein Opfer an Mutter Erde. Auch der Brauch, sein Zuhause mit getrockneten Maiskolben, Kürbissen, Nüssen und Früchten zu dekorieren, geht auf Lugnasadh zurück.

HERBST-TAG-UND-NACHT-GLEICHE (ODER: MABON)

Die Herbst-Tag-und-Nacht-Gleiche ist üblicherweise am 22. September oder um diesen Tag herum, wenn die Sonne in das Sternzeichen Waage eintritt. Tag und Nacht sind gleich lang, es ist eine Zeit, die für Gleichgewicht, Gleichheit und Harmonie steht. Mabon ist das zweite Erntedankfest und für Hexen ein Zeitpunkt, an dem sie Mutter Erde für den Überfluss danken, den sie den Menschen beschert hat.

Die Bedeutung des Feiertags

Dieser Sabbat stellt die letzte Speiche im Jahreskreis dar. Bis zur Wintersonnenwende neigt sich der Weg des Sonnenkönigs nun in Richtung Erde. Auf der Nordhalbkugel werden die Tage kürzer, der kalte, karge Winter naht. Es ist die Zeit, in der man über die Freude und die Trauer nachdenkt, über die Erfolge und die Fehlschläge des Jahres, das sich nun seinem Ende zuneigt.

Magie an Mabon

Mabon ist ein guter Zeitpunkt für Zaubersprüche, die mit Rückgang oder einem Ende zu tun haben. Möchtest du selbstzerstörerische Ansichten oder Verhaltensweisen ablegen? Gewicht verlieren? Eine nicht erfüllende Beziehung beenden? Jetzt ist es an der Zeit, mit alten Gewohnheiten oder Mustern zu brechen, die dich eingeengt haben. Was auch immer du aus deinem Leben streichen möchtest, kann nun, bevor mit Samhain das neue Jahr beginnt, sicher freigesetzt werden.

Weil das Äquinoktium eine Zeit von Gleichheit und Ausgewogenheit symbolisiert, solltest du an diesem Tag versuchen, Yin und Yang, aktiv und passiv, ins Gleichgewicht zu bringen. Strebe zu gleichen Teilen nach Ruhe und Aktivität, nach Einsamkeit und Gesellschaft. Vielleicht findest du auch Spaß daran, den Sabbat mit kreativen Unternehmungen zu begehen.

Wann immer du einen neuen Abschnitt im Jahreskreis erreichst, halte in deinem Grimoire deine Gefühle, Erkenntnisse und die Ergebnisse deiner magischen Arbeit fest. Lies dir ein Jahr später durch, was du im Vorjahr aufgeschrieben hast. Es ist eine interessante und vielleicht auch schöne Aufgabe, auf die Zeit zurückzublicken, dich an die Feierlichkeiten zu den jeweiligen Sabbaten zu erinnern und deine Erfahrungen zu vergleichen, während du weiter wächst.

Kapitel 8

SPRÜCHE RUND UM DIE SONNE

Ohne die Sonne gäbe es kein Leben auf unserem Planeten. Sie steht im Mittelpunkt unseres Sonnensystems und sie spielt eine zentrale Rolle in unser aller Leben. Deshalb solltest du in deinem Grimoire etwas über dein Verhältnis zur Sonne schreiben und zu den Jahreszeiten, die daraus resultieren, dass die Erde die Sonne umkreist.

Hexen sind sich der engen Verbindung zwischen Magie und den Himmelskörpern bewusst. Die Positionen von Sonne, Mond, Planeten und Sternen wirken sich auf unsere persönlichen Kreisläufe aus, auf das Wachstum von Pflanzen, auf Tierverhalten, auf Wettermuster, auf die weltlichen und die heiligen Rituale, die wir abhalten, und auf die Sprüche, die wir wirken. Der Jahreskreis verbindet die acht Wicca-Feiertage (die Sabbate) mit den Bewegungen der Sonne durch die zwölf Tierkreiszeichen (siehe dazu Kapitel 7).

Observatorien der Vorzeit

Seit Jahrtausenden betrachtet der Mensch den Himmel und denkt darüber nach, wie die Himmelskörper das Leben auf der Erde beeinflussen. Einige Forscher glauben, die Pyramiden seien als eine Art astrologisches/astronomisches Observatorium errichtet worden. Die Arbeiten an Stonehenge begannen vor über 5000 Jahren und die Anlage sagt Sonnen- und Mondfinsternisse sowie andere Himmelsereignisse präzise voraus.

Vielleicht geht es dir wie vielen Menschen und auch bei dir ändern sich die Gefühlslage und deine Energiereserven im Laufe der Jahreszeiten. Vielleicht bist du in einem Monat körperlich fitter, mehr an

Gesellschaft interessiert oder auf Abenteuer aus, während du in einem anderen Monat typischerweise mehr in dich gekehrt bist, fantasievoller oder sensibler. Wahrscheinlich reagierst du auf die natürlichen Energien der Sternzeichen und die Bewegungen der Himmelskörper. Halte deine Reaktionen in deinem Grimoire fest und du wirst feststellen, welche Zeiten sich am besten für magische Arbeit eignen und wann du mit bestimmten Arten von Sprüchen die größten Erfolgsaussichten hast.

ASTROLOGIE UND MAGIE

Bei der Arbeit mit Zaubersprüchen empfiehlt es sich, die himmlischen Einflüsse zu bedenken und für Rituale und Zaubersprüche einen Zeitpunkt zu wählen, der besonders erfolgsverheißend ist. Seit Anbeginn der Zeit faszinieren die Sonne, der Mond und ihr ständig wechselndes Verhältnis zu unserem Planeten die Menschen. Unseren Vorfahren fiel auf, dass die scheinbare Bewegung der Sonne die Jahreszeiten verursacht und dass die Mondphasen die Gezeiten sowie die Fruchtbarkeit von Mensch und Tier beeinflussen. Bis heute lässt sich sehr leicht erkennen, wie sich die Kräfte von Sonne und Mond im alltäglichen Leben auswirken.

Im Altertum glaubten die Menschen, dass Götter und Göttinnen die Himmelskörper bewohnten. Von ihren Heimen am Himmel aus kontrollierten sie jede Kleinigkeit des Lebens unten auf der Erde. Jede Gottheit – und jeder Planet – besaß bestimmte Eigenschaften und Kräfte. Moderne Astrologen sehen die Planeten zumeist nicht als das Zuhause von Göttern und Göttinnen, dennoch assoziieren wir jede Himmelskugel bis heute mit gewissen Eigenschaften, Einflüssen und Kräften, die sich auf die Menschen und die irdische Existenz insgesamt auswirken.

Planetare Kräfte

Stelle einen Einklang zu den planetaren Kräften her, die das Wesen deiner Sprüche unterstützen. Auf diese Weise kannst du die Wirksamkeit deines magischen Wirkens verbessern. In der folgenden Tabelle sind die Einflussbereiche jedes Planeten aufgeführt. (Hinweis: Wir wissen selbstverständlich, dass Sonne und Mond keine Planeten sind, aber Astrologen führen sie aus Gründen der Bequemlichkeit unter der Überschrift »Planeten«.)

Planet	Einflussbereich
Sonne	Eigengefühl, Identität, öffentliches Bild, Karriere, Kreativität, Führung, Wohlergehen, männliche Kraft
Mond	Gefühle, Intuition, Träume, Heim/häusliches Leben, Familie/Kinder, weibliche Kraft
Merkur	Kommunikation, geistige Fähigkeit/Aktivität, Lernen, Reisen, Handel
Venus	Liebe, Beziehungen, sozialer Umgang, Kunst, Kreativität, Schönheit, Frauen
Mars	Handeln, Vitalität/Stärke, Wettbewerb, Mut, Männer
Jupiter	Wachstum/Expansion, Glück, Wissen, Reise
Saturn	Grenzen, Verantwortung, Arbeit/Geschäft, Stabilität/Leistung
Uranus	Wandel, Unabhängigkeit, plötzlich oder unerwartet auftretende Situationen, unkonventionelle Einfälle, unkonventionelles Verhalten
Neptun	Intuition, Träume, Fantasie/Kreativität, das Geisterreich
Pluto	Verborgene Kräfte/Mächte, Transformation, Tod und Wiedergeburt

Du solltest besser einen Blick auf diese Tabelle werfen, bevor du einen Zauberspruch wirkst. Die Energie des Planeten Venus beispielsweise kann Liebeszauber verstärken. Die gewaltige Macht des Jupiter wiederum kann von Nutzen sein, wenn du an einem Spruch für beruflichen Erfolg oder finanzielles Wachstum arbeitest. Du kannst die Symbole der Planeten auf Kerzen, in Talismanen und Amuletten oder auf vielerlei andere Art und Weise verwenden. Du kannst auch Rücksprache mit einem Astrologen halten oder eine Ephemeride (Tabellen, die für jeden Tag die Bewegungen der Planeten aufführen) zu Rate ziehen, um festzustellen, wann die himmlischen Energien für dein magisches Wirken günstig stehen.

ERFASSE SONNENZYKLEN IN DEINEM GRIMOIRE

Vielleicht ist es für dich eine Überlegung wert, dein Grimoire rund um die Sonnenzyklen zu organisieren. Halte für jeden Monat deine Sprüche und Rituale fest und welche Erfahrungen du auf deiner magischen Reise gemacht hast. Für Astrologen beginnt das Sonnenjahr mit der Tag-und-Nacht-Gleiche im Frühling, wenn die Sonne um den 21. März herum in das Sternzeichen Widder tritt. Im Jahreskreis der Hexen ist dies der Sabbat Ostara. Zeichne für jeden Sonnenmonat auf, wie du dich gefühlt hast, was du um dich herum in der Natur beobachtet hast, welche Erfahrungen du gemacht hast (insbesondere, was deine magische und spirituelle Entwicklung anbelangt), signifikante Träume und Erkenntnisse und natürlich, welche Sprüche du gewirkt hast. Vielleicht findest du auch Gefallen daran, saisonabhängig Blumen, Blätter und andere botanische Dinge in den Seiten deines Grimoires zu pressen, um die Schönheit im Wandel der Jahreszeiten festzuhalten. Einige Hexen beginnen mit jedem Jahr ein neues Buch der Schatten. Wenn du das auch tun möchtest, dann wäre die Tag-und-Nacht-Gleiche im Frühjahr vielleicht ein besserer Zeitpunkt als Samhain. Du kannst dir auch jährlich die für jeden Sonnenmonat vorgesehenen Abschnitte wieder vornehmen und aktualisieren.

Planeten und Tierkreiszeichen

Jeder Planet beherrscht mindestens ein Tierkreiszeichen. Wahrscheinlich kennst du dein eigenes Tierkreiszeichen, also das Sternzeichen, in dem die Sonne am Tag deiner Geburt stand. Was du vielleicht nicht gewusst hast, ist, dass auch der Mond und alle Planeten des Sonnensystems ständig die zwölf Tierkreiszeichen durchlaufen. Diese Zeichen wirken sich auf die Energie des Planeten aus. Insofern ist es ratsam, dass du auch den Stand der Planeten überprüfst, bevor du einen Spruch wirkst. Besondere Bedeutung kommt dabei dem Stand von Sonne und Mond vor. In Teil II empfehle ich wiederholt, einen Spruch dann einzusetzen, wenn der Mond oder die Sonne günstig für dich stehen, also in diesem oder jenem Tierkreiszeichen. Die folgende Tabelle zeigt die Verbindungen zwischen den Planeten und den Tierkreiszeichen, die sie dominieren.

Planet	Tierkreiszeichen
Sonne	Löwe
Mond	Krebs
Merkur	Zwillinge, Jungfrau
Venus	Stier, Waage
Mars	Widder
Jupiter	Schütze
Saturn	Steinbock
Uranus	Wassermann
Neptun	Fische
Pluto	Skorpion

Sieh dir nun bitte noch einmal die vorige Tabelle an, in der die Planeten und ihr Einflussbereich aufgeführt sind. Steht die Sonne oder der Mond in einem Zeichen, übernehmen sie Eigenschaften dieses Zeichens und des Planeten, der dieses Zeichen beherrscht. Das kann für die Arbeit mit Magie von Bedeutung sein. So ist der beste Zeitpunkt für Liebeszauber üblicherweise der, wenn Sonne oder Mond in Stier oder Waage stehen, Zeichen also, die vom Planeten Venus dominiert werden. Für einen Reisezauber solltest du an einen Zeitpunkt denken, an dem Sonne oder Mond in den Zeichen Zwillinge oder Schütze stehen.

Der Mond steht für etwa 2,5 Tage in einem Tierkreiszeichen und durchläuft jeden Monat einmal alle zwölf Zeichen. Ziehe eine Ephemeride oder eine Astrologie-Webseite zu Rat, um festzulegen, welche Tage günstig für deine Absichten wären.

Sonnenzeichen

Wenn dich jemand fragt: »Was ist dein Sternzeichen?«, fragt diese Person dich eigentlich: »Wo stand die Sonne am Tag deiner Geburt am Himmel?« Die Astrologie unterteilt den Himmel in zwölf Abschnitte und verbindet sie mit den Tierkreiszeichen. Von der Erde aus betrachtet scheint die Sonne im Laufe eines Jahres alle zwölf Abschnitte zu durchlaufen und dabei rund 30 Tage in jedem einzelnen Zeichen zu verbringen.

Widder

Die Sonne tritt zur Tag-und-Nacht-Gleiche um den 21. März herum in das Sternzeichen Widder und bleibt dort bis etwa zum 20. April (der genaue Zeitpunkt kann von Jahr zu Jahr um einen Tag oder so schwanken). In vielen Teilen der Nordhalbkugel erwacht die Erde nun aus ihrem Schlaf. Pflanzen beginnen zu sprießen, viele Tierarten bringen ihre Jungen zur Welt, Zugvögel kehren aus ihren Winterquartieren zurück. Deshalb gilt Widder für uns als eine Zeit der Anfänge und des Säens, sowohl symbolisch als auch physisch.

Spürst auch du, wie sich jetzt etwas in dir regt? Bist du inspiriert, etwas Neues zu beginnen, etwas anzupacken und ein neues Kapitel aufzuschlagen. Der Kriegsgott Mars (griechisch: Ares) dominiert dieses Zeichen und ermutigt dich möglicherweise dazu, dich in diesem Monat Herausforderungen zu stellen und dich auf Abenteuer und körperliche Aktivitäten einzulassen. Die feurige Energie dieser Phase kann als Treibstoff für deine Ambitionen und deine Wünsche dienen.

Stier

Die Sonne tritt um den 21. April herum in das Zeichen Stier und bleibt dort bis zum 20. Mai, wobei das genaue Datum um ein, zwei Tage schwanken kann. In vielen Teilen der Nordhalbkugel werden die Tage nun wärmer und die Erde bringt die ersten Zeugnisse ihrer Fülle hervor. Aus diesem Grund gilt der Stier als Zeichen der Fruchtbarkeit und wir verbinden es mit Überfluss.

Stehst du kreativ voll im Saft? Verspürst du den Wunsch, dich selbst auszudrücken oder deine Talente produktiv auf eine Weise einzusetzen, mit der andere etwas anfangen können? Die erdige Energie des Zeichens Stier kann dir bei der Umsetzung deiner Ideen helfen. Fühlst du dich sexuell lebendiger als sonst? Venus, die Göttin der Liebe und Schönheit, dominiert dieses Zeichen, es ist also vielleicht eine gute Zeit, sich auf Beziehungen zu konzentrieren oder sinnliche Freuden zu erleben.

Zwillinge

Die Sonne tritt um den 21. Mai herum in das Zeichen Zwillinge und bleibt dort bis zum 20. Juni, wobei der genaue Zeitpunkt von Jahr zu Jahr um ein, zwei Tage schwanken kann. In vielen Teilen der Nordhalbkugel steht die Natur inzwischen in voller Blüte und die Blumen streuen ihren Pollen großzügig. Ähnliches gilt für die Energie des Zeichens Zwillinge, sie »bestäubt« unseren Geist und unsere Kultur.

Blühen die Ideen geradezu in deinem Kopf? Suchst du nach Menschen, die deine Ideen und deine Interessen teilen? Dürstet es dich nach Wissen? Dieses Zeichen wird von Merkur, dem Gott der Kommunikation, beherrscht, insofern ist jetzt möglicherweise eine gute Zeit, zu lesen, zu schreiben, zu studieren, mit Freunden zu kommunizieren oder sich auf andere intellektuelle Vorhaben einzulassen.

Krebs

Die Sonne tritt um den 21. Juni herum in das Zeichen Krebs ein und bleibt dort bis etwa zum 21. Juli, wobei das genaue Datum von Jahr zu Jahr um ein, zwei Tage schwanken kann. In der nördlichen Hemisphäre ist dies eine Zeit der Fülle und sie beginnt mit der Sommersonnenwende, dem längsten Tag des Jahres und dem Wicca-Sabbat Mittsommer. Die Erde blüht in voller Pracht und vielleicht ist das für dich ein guter Augenblick, innezuhalten, dir zu verdeutlichen, wie viel Gutes es in deinem eigenen Leben gibt, und deine Dankbarkeit zum Ausdruck zu bringen.

Hast du den Wunsch, deinen Stamm, deine Kultur und/oder dein Erbe zu feiern? Sind dir deine Liebsten gerade noch lieber als ohnehin schon? Empfindest du starke Fürsorge für andere oder hegst du den Wunsch, dass sich jemand um dich kümmert? Krebs ist ein Zeichen, das vom Mond beherrscht wird, den Astrologen mit Heim und Familie verbinden. Insofern ist es vielleicht ein guter Zeitpunkt, Zeit mit der Familie zu verbringen oder wieder in Kontakt mit deinen Vorfahren zu treten.

Löwe

Die Sonne tritt um den 22. Juli herum in das Zeichen Löwe und bleibt dort bis etwa zum 22. August, wobei das genaue Datum von Jahr zu Jahr um ein, zwei Tage schwanken kann. Auf der Nordhalbkugel scheint nun die Sonne hell und erleuchtet unsere Welt. Genauso strahlt auch das Licht des Löwen hell auf uns herab und beleuchtet unsere besonderen Gaben.

Fließen deine kreativen Säfte? Fühlst du dich inspiriert, deine einzigartigen Talente auszudrücken und nach Anerkennung für deine Fähigkeiten zu suchen? Jetzt ist die Zeit gekommen, aus dem Schatten ins Rampenlicht zu treten. Die Feuerenergie des Löwen verleiht dir Selbstvertrauen und den Mut zu zeigen, was du in dir hast, und der Welt deinen Stempel aufzudrücken.

Jungfrau

Die Sonne tritt um den 23. August herum in das Zeichen Jungfrau und bleibt dort bis etwa zum 22. September, wobei das genaue Datum von Jahr zu Jahr um ein, zwei Tage schwanken kann. Auf der Nordhalbkugel werden die Tage kürzer und es wird frischer – eine Erinnerung daran, dass am Horizont der Winter aufzieht. Wir müssen uns jetzt auf die bevorstehende kahlere Zeit einstellen.

Verspürst du das Bedürfnis, dich um die Einzelheiten deines Lebens zu kümmern und Dinge in Ordnung zu bringen? Wirkst du geschäftiger als sonst? Wenn du es im Sommer etwas ruhiger angegangen bist, verspürst du nun vielleicht den Druck, dich wieder ans Werk zu machen. Die praktische Energie der Jungfrau hilft dir, die Dinge im rechten Licht zu sehen und deine Zukunftspläne zu organisieren.

Waage

Die Sonne tritt um den 23. September herum in das Zeichen Waage und bleibt dort bis etwa zum 21. Oktober, wobei das genaue Datum von Jahr zu Jahr um ein, zwei Tage schwanken kann. In vielen Teilen der nördlichen Hemisphäre ist dies eine der schönsten Phasen des Jahres und sie beginnt mit der herbstlichen Tag-und-Nacht-Gleiche – dem Erntedankfest, das im Wicca-Glauben Mabon heißt.

Hast du angesichts des nahenden Winters das Gefühl, du müsstest Dinge horten, (buchstäblich oder im übertragenen Sinne) Sachen sammeln und den Reichtum dieser Jahreszeit einlagern, um für die Zukunft gewappnet zu sein? Erlebst du eine gesteigerte Wertschätzung für die Schönheit um dich herum? Venus, der Planet der Beziehungen, dominiert die Waage. Die Venus schärft dein Bewusstsein für die Verbindungen zu anderen Menschen und deine Bedürfnisse ihnen gegenüber. Sie inspiriert dich, deine Liebsten um dich zu scharen.

Skorpion

Die Sonne tritt um den 21. Oktober herum in das Zeichen Skorpion und bleibt dort bis etwa zum 20. November, wobei das genaue Datum von Jahr zu Jahr um ein, zwei Tage schwanken kann. Die Nächte auf der Nordhalbkugel werden länger und kühler und wir neigen dazu, uns zurückzuziehen, uns von der Außenwelt abzuwenden und uns mehr auf uns selbst zu konzentrieren. In diesen Sonnenmonat fällt mit Samhain der höchste der Hexensabbate. An ihm erinnern wir uns an den ewigen Kreislauf aus Tod und Wiedergeburt, während die Erde in eine Phase des Schwindens und des Ruhens übergeht.

Hast du das Gefühl, du müsstest dich mehr in dich zurückziehen und dein innerstes Ich ausloten? Legst du Dinge ab, die du nicht mehr benötigst, und schaffst auf diese Weise Raum für Neues? Verspürst du eine Verbindung zur Geisterwelt, zu Kräften, die im Verborgenen wirken, und einen Wunsch, in Regionen jenseits der materiellen Welt einzutauchen? Das Zeichen Skorpion wird vom Planeten Pluto beherrscht und seine transformative Energie kann dich über das Mondäne hinaus ins Außergewöhnliche führen.

Schütze

Die Sonne tritt um den 21. November herum in das Zeichen Schütze und bleibt dort bis etwa zum 20. Dezember, wobei das genaue Datum von Jahr zu Jahr um ein, zwei Tage schwanken kann. Auf der Nordhalbkugel steht der Winter nun kurz bevor und wir verspüren den Drang, alles zu erledigen, was in Vorbereitung auf die kalte Jahreszeit noch getan werden muss. Insofern ist dies oft ein geschäftiger Monat.

Für Astrologen steht dieses Zeichen für das Streben nach Wissen und Erfahrungen, die uns körperlich und/oder geistig voranbringen. In einigen Ländern fällt dieser Monat in eine Phase des Reisens, der Großzügigkeit und sozialer Anlässe. Strebst du danach, deinen Horizont durch Studieren, Reisen oder Erkundungen im Reich des Spirituellen zu erweitern? Wendest du dich anderen zu und bietest deine Zeit, Energie und materiellen Nutzen als Zeichen der Dankbarkeit und weil du etwas von der Fülle, die dir zuteilwurde, zurückgeben möchtest? Bist du rastlos und voller Neugier, was dich hinter der nächsten Ecke erwarten mag? Die wohlwollende Energie von Jupiter, dem Planeten, der das Zeichen Schütze regiert, kann dir bei der Suche helfen.

Steinbock

Die Sonne tritt um den 21. Dezember herum (der Tag der winterlichen Tag-und-Nacht-Gleiche und im Wicca-Glauben das Julfest) in das Zeichen Steinbock und bleibt dort bis etwa zum 20. Januar, wobei das genaue Datum von Jahr zu Jahr um ein, zwei Tage schwanken kann. Auf der Nordhalbkugel ist es die dunkelste Zeit des Jahres und die Sonnenkräfte suchen Schutz und erneuern sich in Vorbereitung auf die kommenden fruchtbaren Zeiten. In frühzeitlichen Kulturen war diese

Phase strenger Kälte und des Mangels auch eine Zeit des Muts. Jetzt wurde gefeiert, wie stark die Menschheit im Angesicht von Schwierigkeiten ist.

Merkst auch du, dass du dich zurückziehst, neu sortierst und heilst, um dich für die Zukunft zu rüsten? Nimmst du eine Bestandsaufnahme vor und setzt deine Ressourcen wirksam ein? Haben derzeit berufliche oder finanzielle Themen Priorität? Es ist eine Zeit, die eigenen Ziele realistisch zu bewerten und Pläne zu machen. Es ist kein Zufall, dass wir in der Zeit des Steinbocks auch unsere guten Vorsätze für das neue Jahr formulieren. Lasse dich vom pragmatischen Saturn, der dieses Zeichen dominiert, leiten.

Wassermann

Die Sonne tritt um den 23. September herum in das Zeichen Wassermann und bleibt dort bis etwa zum 21. Oktober, wobei das genaue Datum von Jahr zu Jahr um ein, zwei Tage schwanken kann. In vielen Teilen der Nordhalbkugel ist dies die kälteste Phase des Jahres, aber die Tage werden wieder länger und am Horizont zeichnen sich bessere Zeiten ab. Wandel liegt in der Luft und sein Bote ist Uranus, der Planet des Wandels und Herrscher über das Zeichen Wassermann.

Bist du rastlos, bereit für neue Abenteuer? Spürst du eine Veränderung in dir und/oder beobachtest du in deiner Umgebung Veränderungen? Erwachen nach einer Phase des Rückzugs deine Sinne und Ideen zu neuem Leben und bringen dich dazu, die Gesellschaft gleichgesinnter Menschen zu suchen? Lasse dir von der Energie des Wassermanns dabei helfen, dein wahres Ich auszudrücken.

Fische

Die Sonne tritt um den 20. Februar herum in das Zeichen Fische und bleibt dort bis etwa zum 20. März, wobei das genaue Datum von Jahr zu Jahr um ein, zwei Tage schwanken kann. Als letztes Tierkreiszeichen verbindet Fische die gewöhnliche Welt mit dem Reich des Übersinnlichen und es zeigt uns, dass wir nicht nur Fleisch und Blut sind, sondern Funken des Göttlichen in uns tragen. Auch wenn die Tage mittlerweile wieder länger werden, kann dieser Sonnenmonat in vielen Teilen der Nordhalbkugel eine kalte, trübe und isolierende Angelegenheit sein, eine Phase, in der wir viel Zeit mit innerer Einkehr verbringen. Nutze jetzt die Weisheit der verborgenen Dimension und das Wissen, das tief in dir schlummert.

Ist deine Intuition schärfer als sonst? Träumst du lebhafter als normal? Erkennst du, wie das Göttliche durch dich wirkt? Fühlst du dich inspiriert, das dir Vermittelte künstlerisch zum Ausdruck zu bringen?

Neptun mit seiner visionären Kraft dominiert Fische. Er kann zeigen, was jenseits der materiellen Welt liegt und er kann für dich den Kontakt zu spirituellen Kräften herstellen, die dir auf deinem weiteren Weg helfen.

Himmelskarten

In den sogenannten Ephemeriden kannst du für jeden beliebigen Tag die genauen Positionen von Sonne, Mond und Planeten nachschlagen. Diese Tabellen der Planetenbewegungen listen für jeden Tag nach Zeichen und Grad auf, wo die Himmelskörper stehen. Üblicherweise sind die Daten monatsweise geordnet und zu Bändern zusammengefasst, die ein Jahr, ein Jahrzehnt oder sogar ein ganzes Jahrhundert abdecken. Ephemeriden findest du auch online.

SPRÜCHE FÜR JEDE JAHRESZEIT

Im Alten Testament heißt es: »Alles hat seine Zeit.« (Prediger 3:1) Auf die Kunst der Magie trifft das ganz besonders zu. Wenn du dich in Einklang mit kosmischen Energien bringst, die das Wesen deines Spruchs unterstützen, kann dies die Wirksamkeit des Spruchs verbessern. Verzeichne in deinem Grimoire, welche Sprüche du in welchem Sonnenmonat gewirkt hast und wie die Ergebnisse ausgefallen sind. Ich datiere meine Sprüche gerne, sodass ich später nachschlagen und meine Erfahrungen jahresübergreifend abgleichen kann. Das hilft mir auch dabei zu verstehen, wie die zu unterschiedlichen Zeiten des Jahres wirkenden Energien meine magische Arbeit beeinflussen.

Nachfolgend findest du Informationen darüber, welche Art Spruch am besten zu welchem Monat des Sonnenjahres passt. Wenn du allerdings nicht auf den »richtigen« Monat warten kannst, wirkst du den Spruch am besten dann, wenn der Mond durch dieses Zeichen wandert (was jeden Monat für etwa zweieinhalb Tage der Fall ist). Ausführlicher sprechen wir darüber in Kapitel 9.

Widder

Dieser Monat ist von starker, aktivierender Energie geprägt und kann deshalb Sprüchen, die für neue Unternehmungen gedacht sind, zusätzliche Starthilfe verleihen. Stehst du vor einer Herausforderung, willst du einen Rivalen besiegen, benötigst du eine extra Prise Vitalität oder Mut (beispielsweise für eine Sportveranstaltung)? Dann ist jetzt ein guter Zeitpunkt dafür. Du willst Bewegung in eine Situation bringen oder ein Hindernis aus dem Weg räumen? Die Feuerenergie des Widders kann Dampf machen und den Prozess beschleunigen. Sprüche, die du in dieser Zeit wirkst, können sich rasch manifestieren, aber ihre Ergebnisse sind nicht immer von Dauer. Besonders wirksam können jetzt Sprüche sein, die mit Kerzen arbeiten.

Stier

Als Zeichen der Fruchtbarkeit und der Bodenständigkeit unterstützt der Stier Sprüche, die materielle Güter anlocken. Jetzt ist die Zeit für Magie, bei der Wohlstand, Komfort, Sicherheit und Überfluss in allen Belangen im Mittelpunkt stehen. Die kreative Energie des Stiers ist auch gut für die Fruchtbarkeit, sei es in Bezug auf die Gründung einer Familie oder die Geburt eines großen Kunstwerks. Auch Liebessprüche können von den nun wirkenden kosmischen Kräften profitieren. Zapfe in diesem Monat die Kraft der Pflanzen und der Edelsteine an, um deinen Sprüchen mehr Macht zu verleihen.

Zwillinge

Dieses Sternzeichen ist eher mental ausgerichtet und unterstützt dich bei der Verwendung von Affirmationen, Anrufungen und Chants. In diesem Monat kann es auch eine gute Idee sein, sich mit magischen Traditionen zu befassen und/oder sein Wissen mit anderen, ähnlich gesinnten Menschen zu teilen. Vielleicht sind deine Kommunikationsfähigkeiten gerade stärker ausgeprägt, warum also versuchst du nicht, deine geistigen Führer zu kontaktieren oder anderen Menschen auf telepathischem Weg Botschaften zukommen zu lassen. Es ist auch eine gute Zeit, sich bei Orakeln Anleitung zu holen.

Krebs

Jetzt ist die Zeit gekommen, deine Intuition zu entwickeln, denn Krebs-Energie macht dich für alles im Kosmos sensibler. Sprüche zum Schutz von Heim und Familie, zur Segnung eines neuen Zuhauses oder zur Steigerung der Fruchtbarkeit können durch Krebs-Energie erfolgreicher werden. Es ist möglicherweise eine gute Idee, Rückführungen und Kontakte zu geliebten Menschen, die die körperliche Ebene verlassen haben, in diese Zeit zu legen. Zur sommerlichen Tag-und-Nacht-Gleiche tritt die Sonne in das Zeichen Krebs ein, insofern ist dies ein guter Zeitpunkt, um Magie zu wirken, die Überfluss anlockt, und um zu feiern, was dir geschenkt wurde.

Löwe

Löwe-Energie unterstützt Sprüche, die dein Selbstwertgefühl stärken, dich in der Welt voranbringen, dein öffentliches Ansehen verbessern oder dir zur gewünschten Anerkennung verhelfen. Die kreative Energie dieses Zeichens kann deine eigenen kreativen Fähigkeiten inspirieren – nutze diese Zeit, um die Künstlerin in dir zum Strahlen zu bringen. Reichere deine Sprüche und Rituale in dieser Zeit mit einer Extra-Prise Drama und Fantasie an.

Jungfrau

Die praktisch orientierte Jungfrau-Energie ist gut für Sprüche, die deine Arbeitssituation und/oder deine Beziehungen zu Kollegen und zur Kundschaft verbessern sollen. Jetzt ist auch der ideale Zeitpunkt gekommen, Heilsprüche zu wirken, insbesondere solche, die mit pflanzlichen Stoffen arbeiten. Es kann sich lohnen, jetzt mit Pflanzen- oder Baummagie zu arbeiten. Lade die Devas, die Naturgeister, dazu ein, dir zur Seite zu stehen. Es kann darüber hinaus lohnenswert sein, sich mit seinem Krafttier in Verbindung zu setzen. Erwäge, ob du in diesem Monat nicht auch Sprüche wirken möchtest, die die Erde heilen.

Waage

Dieses Zeichen wird von der Venus beherrscht, dem Planeten für Liebe und Beziehungen, und es stärkt Liebeszauber und Zauber, die grundsätzlich zu besseren Beziehungen führen sollen. Du willst einen Spruch wirken, der deine Schönheit steigert, der deine sozialen Kontakte erweitert oder der Menschen dazu bringt, dich in einem besseren Licht zu sehen? Solche Sprüche können von der Kraft der Waage profitieren. Strebst du nach mehr Frieden und Harmonie in deinem Leben, ist das der rechte Zeitpunkt für entsprechende Magie. Warum nicht jetzt einen Zauber für Weltfrieden wirken?

Skorpion

Von der Skorpion-Energie profitieren die meisten Magie-Arten, denn Astrologen verbinden dieses Sternzeichen mit verborgenem Wissen und okkulten Kräften. Vielleicht nimmt deine Intuition zu dieser Zeit zu, vielleicht liefern deine Träume wichtige Erkenntnisse. Denke über schamanische Reisen nach, über Rückführungen, über die Arbeit mit Geistern und Geistwesen, über Weissagen und die Arbeit mit einer Kristallkugel. Möglicherweise ist jetzt auch die Zeit gekommen, Sprüche für finanzielles Wachstum und persönliche Macht zu wirken.

Schütze

Schütze hat ein ausladendes Wesen. Nutze das Zeichen dieser Energie für Reise-Zauber – egal, ob du in dieser Welt reist oder im Jenseits. Denke über schamanisches Reisen nach, vielleicht willst du dich auch an einer Visionssuche beteiligen, um Weisheit zu erlangen. Es ist auch eine wunderbare Zeit, dein Wissen um das Hexentum zu erweitern oder andere magische Traditionen zu studieren. Schütze-Energie kann allen Arten von Wachstumssprüchen helfen – nutze das, um eine Gehaltserhöhung oder eine Beförderung in die Wege zu leiten.

Steinbock

Mit seiner pragmatischen Natur kann dieses Zeichen gut für Sprüche sein, die mit unternehmerischen und beruflichen Vorhaben zu tun haben, auch mit Magie, die dein Geschick in finanziellen Angelegenheiten steigert. Willst du dein öffentliches Bild aufwerten oder Angriffe von Widersachern abwehren, greife auf die Schütze-Energie zu. Jetzt ist eine gute Zeit für Sprüche, die sich um Schutz, Stärke, Sicherheit und Verbannung drehen und darum, eine Sache erfolgreich abzuschließen.

Herzlichen Glückwunsch!

Besondere Aufmerksamkeit solltest du dem Monat zollen, in den dein Geburtstag fällt. Deine magische Energie nimmt an deinem Geburtstag zu, insofern ist das üblicherweise der perfekte Tag dafür, Zauber zu wirken, die deinem eigenen Wohlergehen und deiner eigenen Ermächtigung dienen.

Wassermann

Du willst etwas in deinem Leben verändern? Ein guter Zeitpunkt ist gekommen, wenn die Sonne im Zeichen Wassermann steht. Dieses stimulierende Zeichen kann helfen, Stillstand aufzubrechen und das kann manchmal sehr rasch vonstattengehen. Wassermann-Energie kann gut für Sprüche sein, die zu neuen Abenteuern ermutigen, zum Sammeln neuen Wissens oder zum Kennenlernen neuer Menschen. Unter dem Einfluss des Zeichens Wassermann kannst du erstaunliche Erkenntnisse gewinnen, die nicht nur dein eigenes Denken voranbringen, sondern das anderer Menschen ganz genauso. Überlege, ob du nicht mit einer Gruppe Gleichgesinnter magisch arbeiten möchtest.

Fische

Wenn die Sonne im Zeichen Fische steht, kann das deiner Intuition helfen, vielleicht solltest du dich nun also mit Themen wie Weissagungen, Telepathie und spiritueller Heilung befassen. Es fällt dir jetzt vielleicht auch leichter, Kontakt zum Reich der Geister aufzunehmen. Fische-Energie ist fantasievoll und kann Sprüche begünstigen, die die Kreativität steigern oder die mit kreativer Visualisierung arbeiten. Dieses Zeichen wird vom Neptun dominiert, der alles Flüssige beherrscht. Insofern findest du in diesem Monat eventuell Gefallen daran, magische Tränke herzustellen. Vergiss nicht, deine Rezepte in deinem Grimoire festzuhalten.

Kapitel 9

SPRÜCHE RUND UM DEN MOND

Eine der wichtigsten – und offensichtlichsten – Verbindungen in unserer Welt der Magie ist die zum nächsten Nachbarn der Erde – dem Mond. Es liegt in der Natur des Erdenmenschen, dass ihn der Mond fasziniert und vor Rätsel stellt. Dichter, Künstler, Musiker, Liebende, Astrologen und natürlich Hexen – für sie alle stellt der Mond ein lohnendes Studienthema und eine reiche Quelle der Inspiration dar. Wie du weißt, steht der Mond in der Wicca-Religion für die Göttin und die archetypisch weibliche Kraft im Universum.

Seit uralten Zeiten verbinden Gesellschaften in aller Welt den Mond mit dem göttlich Femininen. In frühen Agrargesellschaften richteten die Menschen die Aussaat der Feldfrüchte und das Züchten von Tieren am Mondzyklus aus. Selbst heute haben die vielen ausgeklügelten wissenschaftlichen Neuerungen im modernen Agribusiness nichts daran geändert, dass der Bauernkalender weiterhin Informationen zum Mondzyklus enthält. Nicht wenige Landwirte, die mit hochmoderner Technik arbeiten, berücksichtigen den Stand des Mondes, wenn es um Aussaat und Ernte geht.

Die Energie des Mondes unterliegt einem ständigen Wandel und vielleicht gehörst auch du zu den vielen Menschen, die in ihrem Alltag darauf reagieren – in deinen Gefühlen, deinem Schlafmuster, deiner geistigen Fitness, deiner Vitalität und deinen intuitiven Fähigkeiten. Wicca-Anhänger wissen, dass der Mond auch bei der Arbeit mit Magie eine zentrale Rolle spielt. Du solltest in deinem Grimoire festhalten, ob und wie du auf den Mond reagierst und inwieweit er deine weltlichen und magischen Angelegenheiten beeinflusst.

Der Mond regiert die Nacht, beeinflusst die Gezeiten und die Fruchtbarkeit von Frauen. In der Wicca-Religion stehen die Mondphasen für die drei Abschnitte im Leben einer Frau und die dreifaltige Göttin:

- Der zunehmende Halbmond steht für den jungfräulichen Aspekt der Göttin.
- Der Vollmond steht für den mütterlichen Aspekt der Göttin.
- Der abnehmende Halbmond steht für den Aspekt der Göttin als altes Weib.

»Ich habe die Göttin angerufen und sie in mir selbst gefunden.«
– Marion Zimmer Bradley, *Die Nebel von Avalon*

Mondgöttinnen

- Anunit (babylonisch)
- Arianrhod (keltisch)
- Artemis (griechisch)
- Chandi (indisch)
- Cerridwen (keltisch)
- Chang'e (chinesisch)
- Dae-Sun (koreanisch)
- Diana (römisch)
- Hekate (griechisch)
- Ishtar (babylonisch)
- Isis (ägyptisch)
- Ix Chel (Maya)
- Kuan Yin (Chinese)
- Luna (römisch)
- Mawu (westafrikanisch)
- Sarpanit (sumerisch)
- Selene (griechisch)
- Sina (polynesisch)
- Yemayá (afrikanisch/karibisch/südamerikanisch)

Einige Göttinnen stellen die Jungfrau dar, andere die Mutter, andere das alte Weib. Jungfräuliche Göttinnen verbinden wir oftmals mit Reinheit, Unabhängigkeit und Freude, mütterliche Göttinnen stehen zumeist für Fruchtbarkeit, Liebe, Beziehungen, Pflege und Kreativität in jedweder Form. Alte Göttinnen stehen für Weisheit, Mut, Macht, manchmal auch Tod und Zerstörung.

- jungfräuliche Göttinnen: Artemis, Diana, Bast, Athene, Rhiannon
- mütterliche Göttinnen: Brigid, Isis, Demeter, Astarte, Inanna, Ishtar, Tara, Sachmet, Yemayá, Oshun
- alte Göttinnen: Hekate, Ceridwen, Kali, Sophia

Weil der Mond für Hexen von derart großer Bedeutung ist, könntest du dein Buch der Schatten auch rund um deine Esbat-Rituale herum organisieren.

Tis the witching hour of night,
Orbed is the moon and bright,
And the stars they glisten, glisten,
Seeming with bright eyes to listen —
For what listen they?

– JOHN KEATS, *A PROPHECY: TO GEORGE KEATS IN AMERICA*

Es gibt eine magische Übung, bei der die Hexe in Trance verfällt und die Göttin (oder göttliche weibliche Energie) in ihren Körper einlädt. Während die Hexe in Trance ist, spricht die Göttin durch sie. In ihrem Buch *Drawing Down the Moon* beschreibt Margot Adler diese Technik ausführlich, die als eher fortgeschrittene Methode gilt, mit Mondenergie zu arbeiten. Anfängerinnen können auf einfachere Weise in Kontakt mit der Macht des Mondes treten:

1. Gehe nachts vor die Tür und beobachte den Mond. Bade in seinem silbernen Licht. Wie fühlt es sich für dich an, im Mondlicht unter dem dunklen Himmelszelt zu stehen? Inwiefern ist es für dich anders als tagsüber?
2. Verfolge den Weg des Mondes durch den Himmel, wie er von Neumond zu Vollmond und zurück wechselt, um den Kreislauf von neuem zu beginnen. Wie fühlst du dich während unterschiedlicher Phasen des Mondes? Viele Menschen fühlen sich während des

Vollmonds energiegeladener und in den drei Tagen vor Neumond weniger vital.

3. Etwa alle zweieinhalb Tage tritt der Mond in ein anderes Tierkreiszeichen ein. Vielleicht bemerkst du, dass sich deine Stimmung und deine Gefühle ändern, wann immer der Mond ein anderes Tierkreiszeichen passiert. Fühlst du dich beispielsweise impulsiver, wenn der Mond im Stier steht, oder sensibler, wenn er im Krebs steht?

Mache dir in deinem Grimoire Notizen zu deinen Erfahrungen, damit du später darauf zurückgreifen kannst. Wenn du deine Verbindung mit dem Mond stärkst, wirst du Dinge lernen, die dir beim Wirken von magischen Sprüchen und bei Ritualen nützlich sein können – und möglicherweise auch in anderen Bereichen des Lebens.

DAS MONDJAHR

Die alten Druiden hatten anstelle unseres Sonnenjahres einen Mondkalender mit 13 Monaten. Jeder Monat des Jahres wurde mit einem Baum oder einem Strauch in Verbindung gebracht.

DER MONDKALENDER DER DRUIDEN	
Baum/Strauch	**Monat**
Birke	24. Dezember – 20. Januar
Eberesche	21. Januar – 17. Februar
Esche	18. Februar – 17. März
Erle	18. März – 14. April
Weide	15. April – 12. Mai
Weißdorn	13. Mai – 9. Juni
Eiche	10. Juni – 7. Juli
Stechpalme	8. Juli – 4. August
Haselnuss	5. August – 1. September
Weinrebe	2. September – 29. September

Efeu	30. September – 27. Oktober
Schilfrohr	28. Oktober – 24. November
Holunder	25. November – 23. Dezember
Elder	November 25 – December 23

ESBAT

Hexen begehen Esbats häufig gemeinsam in Gemeinschaft, üblicherweise an Voll- und/oder Neumonden. Zu Vollmond erleuchtet das Strahlen der Göttin den Nachthimmel und überstrahlt die Helligkeit der Sterne. Wie eine üppige Perle hängt ihr leuchtender Körper vor dem dunklen Hintergrund. Der Vollmond ruft die Hexen auf, sich zu versammeln und die Macht der Göttin zu ehren.

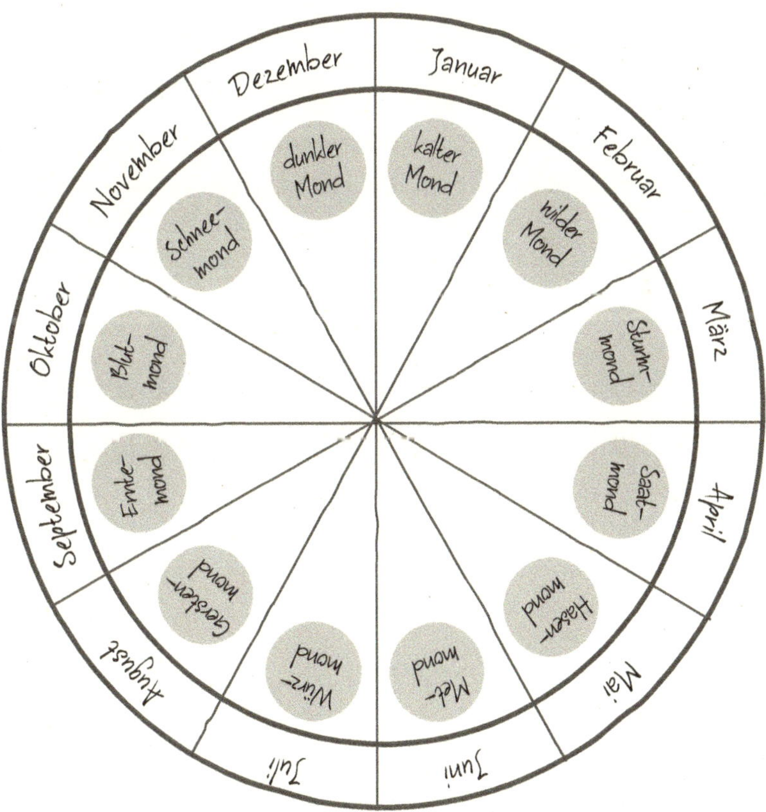

Jeder Vollmond zeichnet sich durch einzigartige Charaktereigenschaften aus, die oftmals auf Energie basiert, die für diese Jahreszeit typisch ist. Lasse dich von den speziellen Qualitäten jedes Vollmonds anleiten, während du deine Rituale erschaffst. Esbat-Rituale greifen die Muster der Natur auf sowie Elemente aus der Mythologie, aus Gebräuchen und aus der Astrologie. Unabhängig davon, ob du den Vollmond mit einem Coven, anderen Menschen oder allein verbringst, solltest du ihn mit Ritualen und/oder magischen Sprüchen begehen. Nachfolgend eine kurze Beschreibung der Eigenschaften, die jeder Vollmond mit sich bringt. (Hinweis: In unterschiedlichen Kulturen trägt der Mond abweichende Bezeichnungen.)

1. Januar: Der kalte Mond, der Frostmond, der Eismond, der ruhige Mond. Eine Zeit für Erneuerung, Entdeckung, der Entschlossenheit und des Ausrichtens auf deine Aufgabe. Jetzt ist die Zeit, sich Ziele zu stecken und Sprüche für Vermögen und Wohlstand zu wirken.
2. Februar: Der kalte Mond, der Schneemond, der Eismond, der hungernde Mond. Er steht für eine Zeit der Heilung und der Reinigung. Angemessen für diese Zeit sind Sprüche, die dich auf eine Initiierung vorbereiten, die Heilung oder neues Wachstum befördern oder die günstig für körperliches oder finanzielles Wohlergehen sind.
3. März: Der Sturmmond, der Windmond, der Todesmond. Er läutet eine Zeit der Veränderung und des Erwachens nach der düsteren Phase des Ruhens ein. Ziele, die du dir im kalten Januarmond gesteckt hast, beginnen näher zu rücken. Wirke jetzt Sprüche für persönliches Wachstum und Veränderung.
4. April: Der Saatmond, der Wassermond, der wachsende Mond, der erwachende Mond. Eine Zeit, in der man sich für neue Möglichkeiten und Erfahrungen öffnet. Eine gute Zeit für Sprüche, die sich um Liebe, Säuberung, Wachstum und Stärke drehen.
5. Mai: Der Hasenmond, der helle Mond, der Grasmond, der Maispflanzmond. Er ermutigt zu Freude, Vergnügen, Sexualität und Fruchtbarkeit. Eine gute Zeit für Liebessprüche und Sprüche, die nach emotionalem Trauma oder einem Verlust für Heilung sorgen.

6. Juni: Der Honigmond, der Metmond, der Pflanzmond, der Pferdemond. Konzentriere dich in dieser Zeit darauf, Beziehungen aller Art zu stärken, ob es nun um Liebe, Familie, Freundschaft oder sonstige Beziehungen geht. Es ist außerdem eine gute Zeit für Sprüche, die der Kommunikation und dem häuslichen Frieden dienen.
7. Juli: Der Würzmond, der Himbeermond, der Rosenmond. Er steht für eine Zeit des Reifens und der Erfüllung. Sprüche für beruflichen Erfolg, Wohlstand und Schutz können von der Energie dieses Vollmonds profitieren.
8. August: Der Gerstenmond, der Sammelmond, der Blitzmond. Er steht für eine Zeit, in der du alles sammelst, was für dich von Bedeutung ist. Feiere, womit du gesegnet bist, und zeige Dankbarkeit, damit noch weiterer Segen in deine Richtung kommt. Arbeite in dieser Zeit mit ähnlich gesinnten Menschen und teile Ideen, Ziele und Wissen.
9. September: Der Erntemond, der singende Mond, der Spinnwebmond. Auch dies ist eine Zeit für dich, den Lohn für deine Mühen einzufahren und zu sehen, wie deine Träume Früchte tragen. Sage Dank für erreichte Ziele, abgeschlossene Projekte und gewonnenes Wissen. Konzentriere dich darauf, Dinge zum Abschluss und dein Leben ins Gleichgewicht zu bringen.
10. Oktober: Der Blutmond, der Erntemond oder der Mond der fallenden Blätter. Löse dich von überkommenen Mustern und räume emotionalen/geistigen Schutt aus dem Weg. Wirke Sprüche, die dir helfen, dich von allem und allen zu trennen, die der Erfüllung deiner Träume im Weg stehen. Es ist auch die Zeit, sich geliebter Menschen zu erinnern, die auf eine andere Existenzebene gewechselt sind, und sie zu ehren.
11. November: Der Schneemond, der dunkle Mond, der Baummond. Eine Zeit, über die gewöhnliche Welt hinaus in die Welt der Magie zu schauen. Versuche, mithilfe der Kristallkugel einen Blick in die Zukunft zu werfen. Hole dir über Weissagungen Anleitung und Wissen, das dir in den kommenden Monaten helfen wird. Öffne deinen Geist, damit du Prophezeiungen zu Dingen empfangen kannst, die erst noch kommen.

12. Dezember: Der dunkle Mond, kalte Mond, der Mond der langen Nacht. Setze deine Ängste frei und verbanne die Dinge aus deinem Leben, die dir schaden oder nicht länger von Nutzen sind. Es ist eine Zeit für Stille, Meditation und Einkehr. Arbeite mit Sprüchen, die alte Bande trennen, Hindernisse überwinden und Gewohnheiten und Verhaltensweisen abstellen, mit denen du dich selbst einschränkst.

Dekoriere deinen Altar für Esbats

Dekoriere deinen Altar passend zum jeweiligen Esbat, das ist eine sehr schöne Methode, dich in Einklang mit den wechselnden Mondzyklen zu bringen. Zum kalten Mond kann eine Schüssel mit Tannenzapfen oder Zweigen eines Nadelbaums auf deinem Altar stehen, dazu eine Myrica-Kerze für finanzielle Stabilität. Im Frühjahr und den Sommermonaten kannst du eine Vase mit Blumen der Saison auf den Altar stellen, dazu Kerzen in einer Farbe, die zu der Energie des Mondes passt. Was du dir jeden Monat auf deinen Altar stellst, hängt auch davon ab, wo auf diesem Planeten du lebst. Vielleicht findest du auch Gefallen daran, Kunst, Kristalle und Edelsteine oder Figürchen von Gottheiten auf den Altar zu stellen (und natürlich dein Grimoire). Mache dir Notizen zu dem, was du getan hast. Du kannst auch von jedem Esbat-Altar ein Foto machen und es in deinem Buch der Schatten abheften.

Egal ob du Teil eines magischen Kreises bist oder ob du deine Hexerei auf dich allein gestellt betreibst, in den Vollmondnächten wirst du ein Gefühl von Gemeinschaft und Verbundenheit mit ähnlich gesinnten Menschen verspüren. Du kannst dir gewiss sein, dass an jedem Vollmond rund um den Globus Hexen Kreise ziehen und Zaubersprüche wirken, dass sie singen und chanten, dass sie zur Kristallkugel greifen und dass sie meditieren. Du bist ein wichtiger Teil dieser globalen Gemeinschaft. Mache dir bewusst, dass du Teil des großen Ganzen bist, dann wirst du deine Verbindung zu deinen Mitmenschen und zum Göttlichen stärken.

> *»Der Mond kämpft nicht. Er greift niemanden an. Er sorgt sich nicht. Er versucht nicht, andere zu erdrücken. Er bleibt auf seinem Kurs, übt aber allein aufgrund seines Wesens sanften Einfluss aus. Welcher andere*

Körper könnte einen ganzen Ozean von Küste zu Küste ziehen? Der Mond ist seiner Natur treu und seine Macht wird niemals gemindert.«

– Deng Ming-Dao, *Tao im täglichen Leben*

MONDPHASEN IN DER MAGIE

Der Begriff »Mondphasen« bezieht sich auf den Teil des Mondantlitzes, den wir am Nachthimmel erleuchtet sehen. Während der Mond die Erde umkreist, ändern sich die relativen Positionen von Sonne, Mond und Erde. Wenn es um Magie geht, interessieren Hexen vor allem vier Mondphasen – Neumond, der zunehmende Mond, Vollmond und der abnehmende Mond. Astronomisch spricht man von Neumond, zunehmender Mond, erstes Viertel, zunehmender Dreiviertelmond, Vollmond, abnehmender Dreiviertelmond, drittes Viertel und abnehmender Mond. Wenn du mit Magie in günstigen Phasen des Mondes arbeitest, nehmen deine Erfolgsaussichten zu. Beim Wirken von Zaubersprüchen oder bei Ritualen solltest du dein Augenmerk auf den Neumond, den Vollmond und die zunehmende und abnehmende Phase richten. Jeder Abschnitt verfügt über seine ganze eigene Energie, die deinen Sprüchen zusätzliche Kraft verleihen kann:

- Wenig überraschend ist der Neumond ein guter Zeitpunkt für Neuanfänge. Suchst du einen neuen Arbeitsplatz? Eine neue romantische Beziehung? Ein neues Zuhause? Der beste Zeitpunkt dafür, Dinge anzufangen, ist während des Neumonds. Während der Mond an Helligkeit (und scheinbar auch an Größe) zunimmt, wird auch dein Vorhaben wachsen.
- Der zunehmende Mond – die zwei Wochen nach Neumond bis zum Vollmond – ist gut für Wachstum und Unterstützung. Willst du dein Einkommen aufstocken? Das Feuer in einer Beziehung weiter/neu anfachen? Beruflich vorankommen? Wirke deinen Spruch, während das Mondlicht zunimmt, um das Wachstum in deinen weltlichen Angelegenheiten zu begünstigen.
- Der Vollmond stellt einen Zeitpunkt der Kulmination dar. Jetzt kannst du damit beginnen, dir die Ergebnisse dessen anzusehen, was du zum Neumond begonnen hast. Du willst ein Projekt erfolgreich zum Abschluss bringen? Du willst an Auszeichnungen, Anerken-

nung oder Bezahlung bekommen, was dir zusteht? Die besten Resultate erzielst du mit einem Zauberspruch, wenn du ihn an Vollmond wirkst – das helle Strahlen des Mondes rückt dich ins Rampenlicht. Geht es dir darum, Aufmerksamkeit zu erregen? Von deinem Partner, deinem Boss oder der Öffentlichkeit? Der Vollmond wirft ein günstiges Licht auf dich. Der Vollmond kann auch ein Licht auf Geheimnisse und Täuschung werfen und dir auf diese Weise dabei helfen, in einer unklaren Situation die Wahrheit zu erkennen.

- Der abnehmende Mond – die zwei Wochen nach dem Vollmond und vor dem Neumond – ermutigen dich dazu, Dinge zu reduzieren. Möchtest du abnehmen? Eine schlechte Beziehung beenden? Deine Ausgaben senken? Bei der Arbeit oder Zuhause weniger Verantwortung am Hals haben? Wirke deinen Spruch bei abnehmendem Mond und mindere auf diese Weise die Auswirkungen, die etwas auf dein Leben hat.

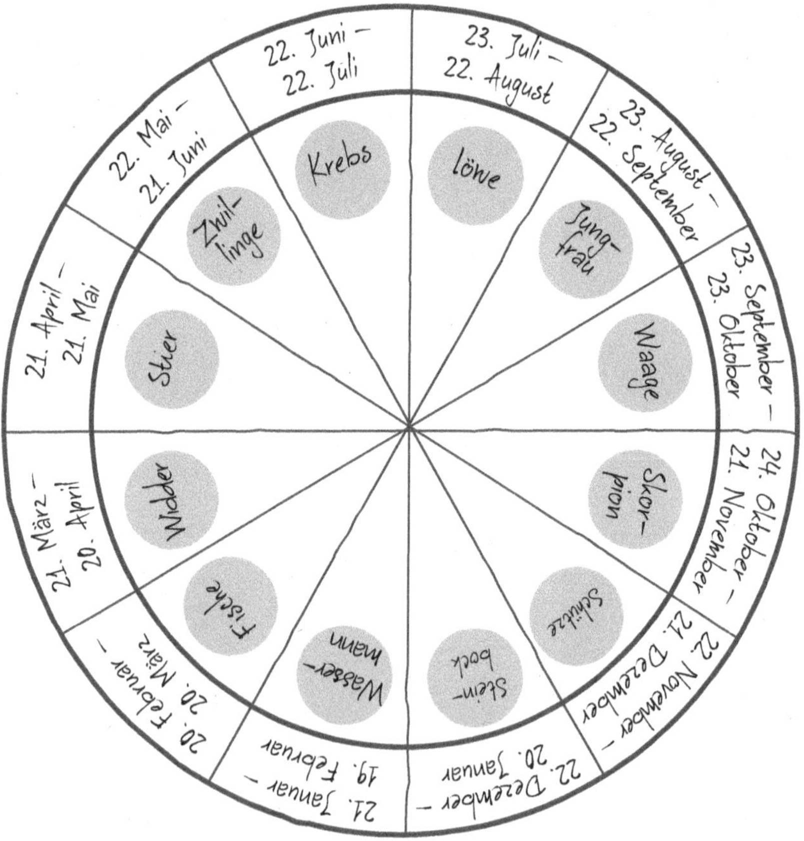

Halte in deinem Buch der Schatten fest, welche Erfahrungen du bei der Arbeit mit den Energien unterschiedlicher Mondphasen gemacht hast. Zur Feinabstimmung deiner Magie solltest du sowohl die Mondphase als auch das Tierkreiszeichen berücksichtigen.

Blauer Mond und schwarzer Mond

Kommt es innerhalb eines Monats zweimal zu einem Vollmond, dann wird dieser im englischsprachigen Raum als »blauer Mond« (blue moon) bezeichnet. An einem blauen Mond wirst du möglicherweise größere oder bessere Ergebnisse erzielen als an einem gewöhnlichen Vollmond, vielleicht bist du auch aktiver oder vitaler. Kommt es innerhalb eines Monats zu zwei Neumonden, wird der zweite im englischsprachigen Raum als »schwarzer Mond« (black moon) bezeichnet. Dieser ist deutlich machtvoller als ein regulärer Neumond. Saatzauber, den du an einem schwarzen Mond wirkst, könnte sehr viel rascher Früchte tragen.

MONDZEICHEN UND MAGIE

Seit jeher messen Hexen der Rolle des Monds in der Magie viel Bedeutung zu. Warum das so ist, erklärt zum Teil auch die Astrologie, denn Astrologen bringen den Mond mit Emotionen, Intuition und Kreativität in Verbindung – also genau den Dingen, auf die sich Hexen verlassen, wenn sie magisch arbeiten. Während der Mond die Erde umkreist, durchläuft er innerhalb von etwa einem Monat sämtliche zwölf Tierkreiszeichen und bleibt dabei in jedem Zeichen für rund 2,5 Tage. Jedes Zeichen begünstigt bestimmte Arten von Magie. Nutze das und wirke deine Sprüche oder halte deine Rituale dann ab, wenn der Mond in einem Zeichen steht, das deine Absichten begünstigt. Die folgende Liste zeigt, welche Sprüche am besten für bestimmte Mondzeichen geeignet sind:

- Widder: Nimm es mit Hindernissen und Widersachern auf; Mut; Wettbewerb; neue Dinge anschieben; Vitalität; maskuline Virilität.
- Stier: Überfluss; Standhaftigkeit; Fruchtbarkeit; Sex; Pflanzen- oder Erdmagie; Sprüche für das Zuhause oder Grund und Boden.

- Zwillinge: Kommunikation; Lernen; geistige Anstrengungen; Kurzreisen.
- Krebs: Sprüche für das Zuhause; Schutz; Sicherheit; weibliche Fruchtbarkeit; Kinder.
- Löwe: Führung; beruflicher Erfolg; Mut; Anerkennung; Kreativität; Vitalität.
- Jungfrau: Gesundheit und Heilung; Beruf; Erkenntnis; geistige Klarheit; Haustiere.
- Waage: Liebe; juristische Angelegenheiten; Frieden; künstlerische Vorhaben; gesellschaftliche Situationen; inneres und äußeres Gleichgewicht.
- Skorpion: Kraft; Sexualität; übersinnliche Vorhaben; das Überwinden von Hürden und Ängsten; Verbannen; Transformation.
- Schütze: Reisen; spirituelles Wachstum; Wissen; Expansion; Eröffnen von Möglichkeiten; Glück.
- Steinbock: festes Fundament; Selbstkontrolle; finanzielle Stabilität; beruflicher Erfolg; öffentliches Bild; Ziele manifestieren; Binden oder Trennen.
- Wassermann: Veränderung; neue Möglichkeiten; Abenteuer; Befreiung; Freundschaft; Gruppenunternehmungen.
- Fische: Kreativität; emotionale Heilung; spirituelle Vorhaben; ein psychisches Bewusstsein aufbauen.

Sagen wir beispielsweise, dass du dir einen besseren Job suchen möchtest. Jungfrau ist am engsten mit der Arbeit und beruflichen Beziehungen verbunden. Geht es dir aber vor allem darum, mehr Geld zu verdienen, arbeitest du am besten magisch, wenn der zunehmende Mond im Stier steht. Sind dir finanzielle Stabilität und Status wichtiger, dann wirke deinen Spruch, während der Mond im Steinbock steht. Geht es dir um Ruhm und Anerkennung, wird dir ein Löwe-Mond bei deinen Absichten helfen. Studiere die einzigartigen Eigenschaften jedes Zeichens, damit du das Zeichen wählen kannst, das für deine Zwecke am besten geeignet ist.

Kommunikationsöl für Mondmagie

Dieses Öl ist vielseitig verwendbar, du kannst damit Kerzen salben, Edelsteine, rituelle Werkzeuge und andere Zutaten für Sprüche. Es hilft bei sämtlichen Formen der Kommunikation, sei es mit Menschen oder mit körperlosen Wesen. Du kannst es auch als Massageöl oder für ein rituelles Bad verwenden.

WAS DU BENÖTIGST:

- 90 Milliliter Oliven- oder Traubenkernöl
- ein Glasgefäß
- 3 Tropfen ätherisches Sandelholzöl
- eine Prise Zimt
- drei Blütenblätter der Ringelblume
- einen kleinen Quarzkristall

1. Gib das Pflanzenöl in das Glas.
2. Füge das ätherische Öl, den Zimt und die Blütenblätter hinzu.
3. Gib den Quarzkristall hinzu.
4. Verschließe das Gefäß und schüttele es dreimal, um die Mischung aufzuladen.
5. Massiere deine Handflächen und Fußsohlen mit dem Öl. Trage einen Tropfen auf dein Kehlchakra auf (das Zentrum der Kommunikation).

Halte in deinem Buch der Schatten fest, wie sich der Spruch ausgewirkt hat. Schreibe auch nieder, was dir an Erfahrungen, Gefühlen, Erkenntnissen und Empfindungen während des Spruchs widerfahren ist und alles Sonstige, was du für relevant hältst.

MOND- UND SONNENFINSTERNISSE

In der Vorzeit reagierten die Menschen voller Ehrfurcht und sogar Angst, wenn sich der Mond oder die Sonne verdunkelte. Astrologen beobachten die gewaltigen Energien, die bei Eklipsen entstehen, und wie sich diese Himmelsereignisse auf Angelegenheiten des Menschen auswirken. Oftmals kommt es in Verbindung mit einer Reihe Eklipsen zu einer Reihe zusammenhängender Ereignisse – jede Eklipse entwickelt weiter, was bei der vorherigen Eklipse geschehen ist. In deiner magischen Arbeit kannst du die hyperdynamische Energie von Mond- und Sonnenfinsternissen anzapfen, aber Vorsicht: Eklipsen können unvorhersehbare Ergebnisse mit sich bringen.

Sonnenfinsternisse

Zu einer Sonnenfinsternis kommt es bei Neumond. Sonne und Mond befinden sich im selben Tierkreiszeichen auf demselben Grad. Der Mond schiebt sich zwischen Sonne und Erde und blockiert unseren Blick auf die Sonne. In ihrem Buch *Lunar Shadows* schreibt Dietrech J. Pessin: »Es ist eine Zeit, erfüllt von etwas Mysteriösem und unsichtbare Einflüsse sind dabei, sich in unserem Leben zu entwickeln ... Es ist eine Zeit für Beobachtungen, Träume und Pläne – keine Zeit, aktiv zu werden.« Weil der Mond die Sonne beschattet, stechen Emotion und Intuition – Dinge, die wir mit dem Mond verbinden –, Sonnenaktivitäten wie Logik, Intellekt und Anstrengungen in der Außenwelt. Konzentriere dich während einer Sonnenfinsternis auf inneres Wachstum, Traumarbeit und mentale Praktiken.

Mondfinsternisse

Zu einer Mondfinsternis kommt es, wenn wir Vollmond haben und Sonne und Mond in gegenüberliegenden Tierkreiszeichen stehen. Die Erde schiebt sich zwischen Sonne und Mond und blockiert das Licht der Sonne. Weil der Mond nun im Schatten liegt, rücken Dinge, die wir mit der Sonne verbinden, stärker in den Vordergrund, Dinge wie Logik und intellektuelle Aktivitäten. Eine Mondfinsternis fördert Dinge zutage, die möglicherweise schon seit längerem verborgen waren, aber mit mehr Macht, als es bei einem gewöhnlichen Vollmond der Fall wäre. Pessin spricht von einem Zeitpunkt, »an dem alle Karten offen auf dem Tisch liegen«. Während einer Mondfinsternis solltest du Magie dafür nutzen, Projekte zum Abschluss zu bringen oder unter Situationen in deinem Leben einen Schlussstrich zu ziehen.

Du solltest dich mit der Energie der Himmelskörper vertraut machen und damit, wie sich ihre Beziehungen zur Erde ständig ändern.

Davon wird nicht nur deine magische Arbeit profitieren, sondern auch dein Verständnis um deinen Platz im Universum. Deine Verbindung zur Natur und ihren Kreisläufen wird sich vertiefen. Du wirst besser verstehen, was der alte Spruch »Wie im Himmel, so auf Erden« bedeutet. Und wenn du diese – hoffentlich in deinem Grimoire festgehaltenen – Informationen studierst, wirst du besser wertschätzen, wie Göttin und Gott Sonne und Mond verkörpern und Licht in unsere Welt bringen.

Kapitel 10

SPRÜCHE FÜR BESONDERE ANLÄSSE

In vielen Kochbüchern sind die Rezepte nach der Art von Nahrung organisiert – Fleischgerichte, Fischgerichte, vegetarische Gerichte, Brot, Nudeln und so weiter. Viele Hexen finden es hilfreich, ihre Grimoires nach einem ähnlichen Prinzip zu organisieren, nämlich nach der Art von Zaubersprüchen – Liebe, Geld, Gesundheit, Schutz und so weiter. Suchst du einen bestimmten Spruch, lässt er sich auf diese Weise rasch finden. Außerdem erkennst du auf diese Weise, welche Art Sprüche du auf häufigsten nutzt und was deine »Standardsprüche« sind, die du voller Zuversicht anwenden kannst.

SCHNELLES FINDEN

Wenn du dein Buch der Schatten auf diese Weise organisieren möchtest, ist es vielleicht eine gute Idee, mit Trennern oder Einlegeblättern zu arbeiten, um die verschiedenen Abschnitte deines Buchs unterscheiden zu können. Manche Menschen arbeiten mit einem »Farbcode« und verwenden Papier in unterschiedlichen Farben für unterschiedliche Sprüche – rosa für Liebeszauber, grün für Geld und so weiter. Besonders gut funktioniert das bei Büchern, bei denen du die Seiten problemlos neu arrangieren kannst, etwa bei einem Ringbuch.

Ist dein Grimoire fest gebunden, sodass du keine Seiten hinzufügen kannst, markiere doch die unterschiedlichen »Kapitel« deines Buchs mit Lesezeichen. Hast du eine künstlerische Ader? Dann findest du möglicherweise Gefallen daran, schöne Lesezeichen herzustellen, mit denen du die Abschnitte deines Grimoires trennst. Je persönlicher du dein Buch machst und je mehr Fantasie du hineinsteckst, desto besser. Hier einige Vorschläge:

- Schneide aus Plakatkarton oder dickem Baupapier Streifen von etwa 18 Zentimeter Länge und 5 Zentimeter Breite. Darauf klebst du Bilder, die du aus Zeitschriften ausgeschnitten hast und die für die Themenbereiche stehen, die sich in deinem Grimoire finden – glückliche Paare oder Herzen stehen für Liebe, Eurozeichen oder Diamanten für Wohlstand, Flugzeuge oder Kreuzfahrtschiffe für Reisen und so weiter.
- Trockne Blumen, Kräuter oder andere pflanzliche Dinge, die magische Verbindungen zu den von dir gewählten Kategorien haben: Rosen für die Liebe, Minze für Geld und so weiter. Ausführlichere Informationen findest du in den Tabellen in Kapitel 16. Bringe diese getrockneten pflanzlichen Stoffe auf Plakatkarton- oder Baupapierstreifen an.
- Suche dir Plakatkarton oder dickes Baupapier in Farben, die zu den Themenbereichen in deinem Buch passen. Schneide das Papier in Streifen und zeichne dann Symbole oder andere Bilder, die für die Themen deiner Sprüche stehen, auf die Streifen. Du kannst diese Streifen mit Sigillen (grafischen Symbolen) versehen, die ihrerseits wieder magisch sind (siehe Kapitel 12), und sie dann als Abschnittstrenner in deinem Grimoire verwenden.
- Kaufe Bänder in Farben, die für die Themenbereiche stehen, die du in deinem Buch unterbringen möchtest, und trenne damit die unterschiedlichen Abschnitte voneinander ab. Wenn du dein Grimoire komplett selbst erstellst, kannst du die Bänder auch an der Stelle anbringen, an der du dein Buch bindest (wie das geht, steht in Kapitel 2). Wenn du möchtest, kannst du kleine Amulette, Edelsteine, Glasperlen oder andere symbolische Verzierungen an den Bändern befestigen.

ERBITTE GÖTTLICHE UNTERSTÜTZUNG

Wenn du dich auf ein Ritual vorbereitest oder darauf, einen Spruch zu wirken, dann willigst du ein, die Realität für eine Zeit auszusetzen, um mit

Energie in Verbindung zu treten, die größer sind als das, was dein begrenztes Wahrnehmungsvermögen erfassen kann. Indem du die Zeit und den Raum »zwischen den Welten« betrittst, gehst du einen Pakt ein, mit dir und mit den unzähligen Geisterwesen, die sich mit uns den Kosmos teilen. Indem du sie in deinen heiligen Raum einlädst, erkennst du ihre Anwesenheit an und akzeptierst sie als Manifestationen des Göttlichen.

Ob du nur mit den Kräften des göttlich Femininen und/oder des göttlich Maskulinen interagieren willst oder ob du auch andere Gottheiten, Geister und Geistwesen um Hilfe bitten möchtest, bleibt selbstverständlich ganz dir überlassen. Im weiteren Verlauf des Buchs werden wir ausführlicher über einige der geistigen Wesen sprechen, die dich bei deiner magischen Arbeit unterstützen können.

Widme jeden Abschnitt deines Grimoires einer Göttin

Kulturen der Antike verehrten bestimmte Qualitäten und Eigenschaften ihrer Göttinnen und glaubten, jede Göttin herrsche über bestimmte Bereiche des Lebens auf der Erde. Heutzutage ehren viele Hexen und Anhänger neopaganer Gruppen ein Pantheon von Gottheiten und rufen sie an, damit sie ihnen bei ihrer magischen Arbeit zur Seite stehen.

Während du dein Grimoire erstellst, denke auch einmal über die Göttinnen nach, die üblicherweise mit den vielen unterschiedlichen Bereichen deines Lebens in Verbindung gebracht werden. Denke über die Arten von Zaubersprüchen nach, mit denen du arbeiten möchtest. Aller Wahrscheinlichkeit nach fühlst du dich zu bestimmten Göttinnen hingezogen, was möglicherweise mit deinem Erbe oder deinen persönlichen Vorlieben zusammenhängt. Du könntest jeden Abschnitt deines Grimoires einer anderen Göttin widmen und dann ihre Macht anrufen und um ihre Unterstützung bitten, wenn du mit Sprüchen und Ritualen arbeitest, die in ihrem Bereich liegen. Viele Gottheiten spielen unterschiedliche Rollen und du kannst sie bei zahlreichen Feldern deiner magischen Arbeit um Unterstützung bitten. Hier ein kurzer Überblick, du findest online und in anderen Büchern einen ganzen Schatz zusätzlicher Informationen.

- Liebe: Venus, Aphrodite, Freyja, Hathor, Hera, Juno
- Schutz: Tara, Artemis, Tiamat, Frigg, Beset

- Wohlstand/Überfluss: Venus, Lakshmi, Gaia, Demeter, Ceres, Epona, Renenet
- Heilung: Brigid, Isis, Ceres, Freyja, Guanyin
- Kreativität: Brigid, Isis, Venus, Selena
- Weisheit: Sophia, Ceridwen, Hekate, Hestia, Morgana, Sarasvati
- Erfolg: Nike, Isis, Kybele, Amaterasu, Ceridwen
- Heim: Brigid, Ceridwen, Coatlicue, Beset
- Kinder/Fruchtbarkeit: Yemaja, Axomamma, Kybele, Oshun, Demeter, Frigg, Heket
- Glück: Bast, Hathor, Lilith, Freyja
- Stärke/Kraft: Inanna, Artemis, Sachmet, Tiamat, Pele, Kali, Persephone, Selket

Arbeiten mit göttlicher Energie

Zunächst einmal solltest du dich zu unterschiedlichen Göttinnen schlau lesen. Wenn du weißt, mit welchen Göttinnen du arbeiten und wem du Abschnitte deines Grimoires widmen möchtest, finde möglichst viel über sie heraus. Mache dich damit vertraut, wie sie früher verehrt wurden, und überlege dir, was das für deine heutigen Erfahrungen bedeutet. Wie kannst du Ideen von damals auf die heutige Praxis übertragen?

Als nächstes widmest du in deinem Buch der Schatten jeden Abschnitt einer bestimmten Göttin, die dir helfen wird und dich mit ihrer Macht bei der magischen Arbeit unterstützt. Schreibe auf die erste Seite jedes Abschnitts einen Segen für die Göttin, die diesen Teil des Buchs beherrschen wird und Aufsicht führen wird über die Zaubersprüche und Rituale, mit denen du arbeitest. Nehmen wir beispielsweise an, dass du den Bereich Liebe in deinem Buch der Schatten der Göttin Venus gewidmet hast. Dann schreibe den folgenden Segen oder einen von dir selbst erstellten an den Beginn des Abschnitts:

»Allerherrlichste Venus, deren Licht so unvergleichlich hell im Nachthimmel leuchtet und deren liebevolle Energie die gesamte Menschheit einhüllt: Die Sprüche und Rituale, die ich für Liebe und Beziehungen durchführe, widme ich dir. Erfülle mich mit der Macht und der Perfektion deiner Liebe, damit ich deine göttliche Energie in meine Magie einfließen lassen kann. Ich bitte dich um deine

Anleitung, während ich danach strebe, mir, meinen Mitmenschen und der physischen Welt mehr Liebe zu bringen. Mögen ich und alle Wesen den Segen deiner göttlichen Liebe erkennen, die alle weltliche Liebe übersteigt, und möge sie uns erhalten, uns erheben und uns Freude bringen.«

Wenn du magst, kannst du Bilder, Symbole oder andere Dinge hinzufügen, die für dich die Göttin repräsentieren und die du ihr zurechnest. Bevor du einen Spruch wirkst oder ein Ritual abhältst, lade die Göttin voller Bescheidenheit zu dir ein. Lege ihr deine Gründe dar, warum du sie anrufst. Was genau hoffst du zu erreichen? Egal, ob es dir um Liebe, Wissen, Schutz oder Überfluss geht, deine Beschwörung sollte deine Absichten deutlich machen.

Du solltest kein »Hallo, da bin ich« erwarten, wenn die Göttin heraufbeschworen ist. Stattdessen wird sie ihr wahres Ich durch Bilder, Inspiration, Erkenntnisse oder Emotionen ausdrücken – und häufig hat sie auch eine Botschaft zu übermitteln. Du wirst feststellen: Wenn sie durch dich spricht, werden Wörter und Visionen wie ein wilder Fluss aus dir herausströmen und dich an Orte führen, die du dir bis dahin nicht hättest vorstellen können. Bleibe offen für diese Energie und versuche, dir das Gefühl zu bewahren, wie es war, ihre Botschaft zu erhalten. Halte möglichst viele Einzelheiten in deinem Grimoire fest, damit du dein Verständnis dessen, was geschehen ist, vertiefen kannst.

Liebeszauber

Liebe bewegt die Welt, heißt es, und Hexen wirken mehr Sprüche, bei denen es um Herzensdinge geht, als für jeden anderen Zweck. Insofern solltest du möglicherweise einen Abschnitt in deinem Grimoire für Liebeszauber reservieren. Emotionen sind eine Hauptzutat in der Magie, insofern ist es ganz logisch, dass Liebeszauber zu den mächtigsten Zaubern überhaupt zählen. Der beste Zeitpunkt für einen Liebeszauber ist üblicherweise während des zunehmenden Monds, wenn Sonne oder Mond im Zeichen Waage stehen oder es ein Freitag ist. Anders liegen die Dinge, wenn du die Aufmerksamkeit einer anderen Person blockieren oder eine unerwünschte Beziehung beenden möchtest. Dann solltest du auf den abnehmenden Mond warten, wenn Sonne oder Mond im Skorpion oder Steinbock stehen oder es Sonntag ist.

Bevor du mit dem Spruch beginnst, solltest du deinen heiligen Ort säubern und einen Kreis zeichnen (siehe Kapitel 13 zu Einzelheiten, wie du einen Kreis schließt und öffnest). Rufe die Göttin an, die bei dir für Liebeszauber zuständig ist, und bitte sie um ihre Hilfe.

Hier ist ein Beispiel für einen Liebeszauber, den du verwenden könntest:

Light My Fire

Mit diesem Spruch entfachst du eine neue Liebesaffäre und befeuerst die Leidenschaft in einer bestehenden Romanze. Du kannst ihn für dich nutzen oder für eine andere Person.

WAS DU BENÖTIGST:

- einen Kugelschreiber
- eine rote Kerze
- ätherisches Öl (Jasmin, Rose oder Patschuli)
- einen Ring, der über die Kerze passt
- einen Kerzenhalter
- Streichhölzer oder Feuerzeug

1. Schnitze mit dem Kugelschreiber die Namen der beiden Personen in die Kerze, und zwar so, dass sich die Buchstaben abwechseln und vermischen. Für »Bill« und »Sue« beispielsweise würdest du »B S I U L E L« schreiben.
2. Reibe die Kerze mit etwas ätherischem Öl ein und lasse dann den Ring darüber gleiten. Die Symbolsprache ist eindeutig genug, oder?
3. Stecke die Kerze in den Halter und entzünde sie. Während du in die Flamme blickst, chante das Wort, das sich durch die Verschmelzung der beiden Namen ergeben hat (es ist nicht schlimm, wenn der Name keinerlei Sinn ergibt oder schief klingt). Stelle dir eine Verbindung zwischen dir und deinem Partner vor.
4. Wenn du dich nicht länger auf diesen Zauberspruch konzentrieren kannst, puste die Kerze aus und öffne den Kreis.
5. Wiederhole den Zauber jeden Tag, bis die Kerze auf den Ring heruntergebrannt ist.

6. Entferne den Ring und lege ihn auf deinen Altar oder gib ihn der Person, für die du den Zauber zum »Befeuern« einer Romanze durchgeführt hast.
7. Danke der Göttin für ihre Unterstützung.

Vergiss nicht, das Datum, an dem du den Spruch gewirkt hast, und die Ergebnisse in dein Buch der Schatten einzutragen. Trage, wann immer du mit diesem Spruch arbeitest, weitere Einzelheiten und Erfahrungen in dein Grimoire ein, insbesondere Veränderungen, die du möglicherweise am Original vorgenommen hast.

SPRÜCHE FÜR WOHLSTAND UND ÜBERFLUSS

Sprüche für Überfluss sind nach Liebeszaubern wohl die zweitbeliebtesten Sprüche bei Hexen. Natürlich bedeuten Wohlstand und Überfluss für jeden von uns etwas anderes, aber zumeist werden diese Zauber genutzt, um Geld und/oder materielle Güter heraufzubeschwören. Wohlstandszauber solltest du während des zunehmenden Monds einsetzen, wenn Sonne oder Mond im Stier stehen und es ein Donnerstag oder Freitag ist. Möchtest du dagegen deine Finanzen stabilisieren oder deine Ausgaben senken, wähle einen Zeitpunkt, an dem der Mond abnimmt, die Sonne oder der Mond im Steinbock steht oder es Samstag ist.

Bevor du mit dem Spruch beginnst, reinige deinen heiligen Ort und ziehe einen Kreis. Rufe die Göttin an, die bei dir über Wohlstandssprüche wacht, und bitte sie um ihre Unterstützung. Hier ein Beispiel für einen Spruch, mit dem du Geld anlocken kannst:

Der Spruch vom vergrabenen Schatz

Dieser Spruch ist eine Abwandlung der alten Legenden von vergrabenen Schätzen. Du musst dich nicht auf die Suche nach Kisten voller Dublonen begeben, die irgendwelche Piraten vergraben haben, und du musst auch nicht einem Regenbogen hinterherjagen, um an seinem Ende einen Topf voller Gold zu finden, stattdessen stapelst du symbolisch Schätze aufeinander. Das bringt »die Dinge in Bewegung« und sorgt dafür, dass größere Reichtümer in deine Richtung fließen können.

WAS DU BENÖTIGST

- einen kleinen Spiegel
- eine Blechdose mit Deckel
- 9 Münzen (Wert ist egal)
- einen Magneten
- eine Schaufel

1. Lege den Spiegel so auf den Boden der Dose, dass er nach oben schaut.
2. Lege die Münzen eine nach der anderen auf den Spiegel und stelle dir dabei vor, dass sich jede vervielfacht.
3. Befestige den Magneten innen in der Dose (am Deckel oder an einer Seite) und visualisiere, wie er einen Strom an Münzen für dich anzieht.
4. Schließe den Deckel der Dose und öffne den Kreis.
5. Gehe mit deiner »Schatzkiste« und der Schaufel nach draußen. Grabe unter einem großen Baum ein Loch und vergrabe die Dose in der Nähe der Wurzeln.
6. Bist du fertig, sage diese Beschwörungsformel laut:

»Beim Glücke des Drei mal Drei
viel Reichtum bestimmt mir sei.
Magnet, hole Wohlstand herbei.
Spiegel, mache alles mal zwei.
Wie der Baum soll wachsen mein Glück.
Und es soll mir mangeln kein Stück.«

7. Danke der Göttin für ihre Unterstützung.

Vergiss nicht, das Datum, an dem du den Spruch genutzt hast, und die Ergebnisse in dein Buch der Schatten einzutragen. Trage, wann immer du mit diesem Spruch arbeitest, weitere Einzelheiten und Erfahrungen in dein Grimoire ein, insbesondere Veränderungen, die du möglicherweise am Original vorgenommen hast.

Louise Hays Rezept für Wohlstand

Die Bestseller-Autorin und Verlegerin Louise Hay schreibt in ihrem Buch *Gesundheit für Körper und Seele*, um wohlhabend zu werden, müsse man:

- sich würdig fühlen,
- Platz für das Neue schaffen,
- anderen Menschen ihren Wohlstand nicht neiden und
- dankbar sein.

Wahrer Wohlstand beginne damit, dass man positiv über sich denke, schreibt Hay: *»Es ist niemals nur ein Geldbetrag, sondern eine Geisteshaltung. Wohlstand oder Mangel daran ist ein äußerer Ausdruck der Gedanken, die Sie im Kopf haben.«*

SCHUTZZAUBER

Frühe Grimoire enthielten sehr, sehr viele Schutzzauber. Einige davon waren unglaublich komplex, bei vielen war die Unterstützung von Geistern erforderlich. Früher beschworen magisch Arbeitende regelmäßig Gottheiten aller Art herauf, auf dass sie sie, ihr Zuhause und ihre Liebsten vor körperlichen und geistigem Schaden bewahrten. In vielen Kulturen sind »der böse Blick« und Glücksbringer seit ewigen Zeiten bekannt und bis heute im Einsatz. Wie früher auch ist unsere moderne Welt ein Ort voller Gefahren (wie schon ein kurzer Blick in die Abendnachrichten zeigt), insofern wirst du vermutlich einen Abschnitt deines Grimoires den Schutzzaubern widmen. Der beste Zeitpunkt für Schutzzauber ist üblicherweise der abnehmende Mond, wenn Sonne oder Mond im Steinbock stehen und/oder an einem Samstag.

Bevor du mit dem Spruch beginnst, reinige deinen heiligen Ort und ziehe einen Kreis. Rufe die Göttin an, die bei dir über Schutzzauber wacht, und bitte sie um ihre Unterstützung. Hier ein Beispiel für einen Spruch, mit dem du ein Schutzamulett für dich oder eine andere Person erschaffen kannst:

Schutzamulett

Amulette gehören zu den ältesten Formen der Magie. Mit diesem Spruch kannst du ein Amulett erschaffen, das dich (oder eine andere Person) vor körperlichem Schaden oder Krankheit schützen soll.

WAS DU BENÖTIGST:

- ein Stück Bernstein (als Schutz vor körperlichem oder nicht körperlichem Schaden)
- ein Stück Blutstein (als Schutz vor körperlichem Schaden)
- ein Stück Türkis (als Schutz vor Krankheit)
- Kiefern-Weihrauch (zum Säubern und Reinigen)
- ein Räuchergefäß
- Streichhölzer oder ein Feuerzeug
- ein Foto von dir (oder der Person, für die du den Spruch einsetzt)
- einen Stift mit schwarzer Tinte
- ätherisches Rosmarin-Öl
- einen weißen Beutel, vorzugsweise aus Seide
- ein schwarzes Band
- Salzwasser

1. Wasche die Steine mit milder Seife und Wasser, tupfe sie dann trocken.
2. Lege den Weihrauch in das Gefäß und entzünde ihn.
3. Schreibe die Worte »Ich bin sicher« auf das Foto und stelle dir dabei vor, dass du sicher und geschützt bist, vollständig eingehüllt in eine Kugel aus reinem weißen Licht. Wirkst du den Spruch für eine andere Person, schreibe »[Name der Person] ist sicher« auf das Foto und stelle sie dir in weißes Licht gebadet vor.
4. Tupfe ätherisches Öl auf jede Ecke des Fotos. Atme den Geruch des Öls ein und verbinde ihn mental mit einem Gefühl von Sicherheit.
5. Verstaue das Foto im Beutel (falls nötig, kannst du es auch falten, damit es passt).
6. Reibe jeden der Steine mit etwas ätherischem Öl ein und lege sie dann in den Beutel.
7. Verschließe den Beutel mit dem schwarzen Band. Mache dabei acht Knoten und wiederhole bei jedem Knoten laut diese Beschwörung:

»Der Zauber wirkt, der Spruch ist getan,
kein Böses kommt nun noch an mich heran!«

8. Besprenkle das Amulett mit Salzwasser und halte es dann einige Augenblicke in den Rauch des Weihrauchs, um es aufzuladen.
9. Öffne den Kreis und danke der Göttin für ihre Hilfe.
10. Trage das Amulett ständig bei dir, damit es dich vor Schaden bewahrt, oder gib es der Person, für die der Schutz gedacht ist.

Vergiss nicht, das Datum, an dem du den Spruch genutzt hast, und die Ergebnisse in dein Buch der Schatten einzutragen. Trage, wann immer du mit diesem Spruch arbeitest, weitere Einzelheiten und Erfahrungen in dein Grimoire ein, insbesondere Veränderungen, die du möglicherweise am Original vorgenommen hast.

SPRÜCHE FÜR GESUNDHEIT UND HEILUNG

Als es noch keine moderne Medizin und Technologie gab, setzten die Menschen zum Genesen und zum Gesundbleiben große Stücke auf die Magie. Selbst heute wissen wir, dass sich Einstellung und Glaube einer Person auf ihr Wohlergehen auswirken und Genesungsprozesse stark beeinflussen können. In seinem Buch *Heilende Worte – die Kraft der Gebete als Schlüssel zur Heilung* schreibt Dr. Larry Dossey nicht nur über den positiven Nutzen von Gebeten, sondern auch, dass die Kraft der Magie alle Arten von Heilung verbessern kann. Vielleicht möchtest du einen Abschnitt deines Grimoires Sprüchen und Ritualen widmen, die der Heilung dienen. Der beste Zeitpunkt für derartige Sprüche hängt von der Art der gesundheitlichen Probleme und deinen Absichten ab.

Bevor du mit dem Spruch beginnst, reinige deinen heiligen Ort und ziehe einen Kreis. Rufe die Gottheit an, die bei dir für Gesundheits- und Heilungszauber verantwortlich ist, und bitte sie um ihre Unterstützung. Setzt du diesen Zauber für eine andere Person ein, bitte sie vorher um Erlaubnis. Hier ein Beispiel für einen Spruch, mit dem du eine andere Person unterstützen kannst – auch auf größere Entfernung:

Himmel-und-Erde-Heilungszauber

Dieser Zauber nutzt die Kräfte von Himmel und Erde zur Heilung beliebiger Krankheiten. Du kannst ihn jederzeit einsetzen.

WAS DU BENÖTIGST:

- einen Zauberstab

1. Ziehe einen Kreis um dich und stelle dich in die Mitte deines Kreises, die Beine schulterbreit auseinander. (Wenn du diesen Spruch für eine andere Person anwendest und diese Person körperlich anwesend ist, dann ziehe den Kreis um euch beide.)
2. Halte den Zauberstab mit beiden Händen über den Kopf, Arme gerade ausgestreckt, die Spitze des Zauberstabs Richtung Himmel.
3. Schließe die Augen und sage laut: »Mit diesem Zauberstab rufe ich die Heilkräfte des Himmels herab.« Stelle dir vor deinem geistigen Auge vor, wie Licht in den Zauberstab fließt, wie er sich mit kosmischer Energie füllt und hell strahlt.
4. Öffne die Augen und richte die Spitze des Zauberstabs auf den betroffenen Teil deines Körpers (oder der anderen Person). Ist die Person, für die du diesen Spruch durchführst, körperlich nicht anwesend, richte den Zauberstab in ihre Richtung. Stelle dir vor, wie das Licht, das du aus dem Himmel gesammelt hast, in den verletzten oder kranken Körperteil strömt, ihn erfüllt und in heilendes Strahlen einhüllt.
5. Wenn du das Gefühl hast, dass alles Licht aus dem Stab in den Körper geflossen ist, richte den Stab auf den Boden.
6. Schließe die Augen und sage laut: »Mit diesem Zauberstab beschwöre ich die Heilkräfte von Mutter Erde.« Stelle dir vor deinem inneren Auge vor, wie Licht aus dem Mittelpunkt der Erde in den Stab fließt, ihn füllt und er hell strahlt.
7. Öffne die Augen und richte die Spitze des Zauberstabs auf den betroffenen Teil deines Körpers (oder der anderen Person). Stelle dir vor, wie das Licht, das du aus der Erde gesammelt hast, in den verletzten/kranken Körperteil fließt und ihn in heilende Strahlen einhüllt. Warte, bis das ganze Licht vom Stab auf den Körper übergegangen ist.
8. Wenn du fertig bist, danke der Göttin sowie den Mächten von Himmel und Erde für ihre Unterstützung und öffne dann den Kreis.

Vergiss nicht, das Datum, an dem du den Spruch genutzt hast, und die Ergebnisse in dein Buch der Schatten einzutragen. Trage, wann immer du mit diesem Spruch arbeitest, weitere Einzelheiten und Erfahrungen in dein Grimoire ein, insbesondere Veränderungen, die du möglicherweise am Original vorgenommen hast.

ANDERE SPRÜCHE

Welche sonstigen Kategorien du in dein Buch der Schatten aufnimmst, hängt von den Präferenzen ab, deinen Zielen und davon, welche Sprüche du am häufigsten einsetzt. Reist du viel? Dann bietet sich ein Abschnitt für Reisesprüche an. Ist dir dein berufliches Vorankommen besonders wichtig, könntest du einen Abschnitt für Sprüche reservieren, die dir Erfolg bescheren sollen. Du kannst Teile deines Grimoires Sprüchen für persönliche Macht, für spirituelles Wachstum, Kreativität, Glück, Frieden und Harmonie, Kindern und Haustieren oder jedem beliebigen anderen Thema widmen, das zu deinen Bedürfnissen passt. Du kannst auch eine Kategorie »Verschiedenes« für all die großartigen Einmalzauber vorsehen, die dir gefallen, und für Sprüche, die viel Potenzial haben, bei denen du dir aber noch nicht sicher bist, wofür sie am besten geeignet sind.

Mit mehr Erfahrung bei der magischen Arbeit werden sich vermutlich auch immer mehr Sprüche ansammeln. Vielleicht empfiehlt es sich dann sogar, für jede Kategorie ein eigenes Buch der Schatten anzulegen. Oder du führst ein großes Buch mit all deinen Sprüchen und ein kleineres mit einer Auswahl deiner Lieblinge.

Wann immer du einen bestimmten Spruch nutzt oder ein bestimmtes Ritual abhältst, solltest du in deinem Buch der Schatten festhalten, wann du den Spruch gewirkt hast, was genau du getan hast, welche Hilfsmittel und Zutaten du genutzt hast, was du erlebt hast und welche Ergebnisse du erzielt hast. Wie lange hat es gedauert, bis Resultate zu erkennen waren? Was lief gut, was ging schief? War noch jemand daran beteiligt? Falls ja, wie wirkte sich die Anwesenheit dieser Person aus? Wenn du einen Spruch für eine andere Person gewirkt hast: Wie hat diese Person reagiert? Halte auch fest, welche Änderungen du vorgenommen hast. Falls du etwas geändert hast, hat es sich auf das Ergebnis ausgewirkt und falls ja, wie? Würdest du beim nächsten Mal wieder etwas ändern? Was und warum?

ENTWICKELE DEINE GANZ PERSÖNLICHEN ZAUBERSPRÜCHE

Als Anfängerin in Sachen Hexerei tust du wahrscheinlich gut daran, dich an altbewährte Sprüche zu halten, die dich Personen lehren, denen du mit Respekt begegnest. Mit der Zeit werden dein Wissen und deine Kraft zunehmen und du machst eigene Erfahrungen. Je sicherer du dich fühlst, desto größer wird vermutlich der Wunsch, eigene Sprüche zu entwickeln. Das ist großartig! Je persönlicher ein Spruch ist, desto besser dürften die Ergebnisse ausfallen, weil du mehr Emotionen einfließen lässt. Wir alle haben unsere eigenen Bedürfnisse, Präferenzen, Talente und Stärken – nutze das zu deinem Vorteil.

Ich erhalte von meinen Lesern und Leserinnen immer wieder E-Mails, in denen sie mich bitten, mir die von ihnen entwickelten Zaubersprüche anzusehen und Verbesserungsvorschläge zu machen. Fast immer haben diese Menschen fantastische originäre Kunstwerke erschaffen, die zeigen, wie viel Zeit, Mühe und Gedanken in die Entstehung geflossen sind. Einer der interessantesten Sprüche stammte von einer Frau, die ihr ganzes Leben lang nahezu blind gewesen war und mir erklärte, sie habe Probleme mit den visuellen Sprüchen aus meinen Büchern, weshalb sie versuchte, die Sprüche so zu überarbeiten, dass ihre anderen Sinne bestmöglich genutzt werden. Diese unglaublich kreative Frau ging diese Aufgabe mit Begeisterung und Verständnis an. Sie entwickelte einige wunderbare Sprüche, die ich mir nie im Leben hätte vorstellen können, die aber ihre persönlichen Stärken auf ganz besondere Weise nutzten.

Plane deine Sprüche

Plane deine Sprüche sorgfältig, bevor du versuchst, sie einzusetzen. Du kennst gewiss den alten Spruch: »Sei vorsichtig, was du dir wünschst, es könnte in Erfüllung gehen.« Nirgendwo sonst ist er so relevant wie beim Umgang mit Magie. Wäge die Auswirkungen jeder einzelnen Nuance ab – die Farbe der Kerzen, die du auf den Altar stellst, die Art und Weise, wie du dein Werkzeug vorbereitest, die Überzeugung, mit der du eine Segnung vornimmst, die Geister, die du beschwörst, jedes Wort, das du sprichst, und – ganz besonders wichtig – welche Absichten dich zu deinem Tun bewegen.

Die Wicca-Theorie besagt, dass die Energie, die du mit einem Zauber aussendest, dreifach zu dir zurückkehrt. Allein schon aus diesem Grund sollte es für dich von allergrößtem Interesse sein, alles sorgfältig zu planen, bevor du deinen Zauberspruch auf die Welt loslässt. Ansonsten drohen unerwartete oder unerwünschte Ergebnisse, die du so nicht beabsichtigt hattest.

Dein Grimoire als Begleiter beim Zaubern

Beginnst du, deine ganz persönlichen Sprüche zu entwickeln, wird dein Grimoire zu einem noch wichtigeren Verbündeten, als es dir bis dahin möglicherweise bewusst gewesen ist. Es dient als dein Arbeitsheft, während du das Grundgerüst für deine Sprüche erstellst. Es hilft dir, deine Absichten klar zu definieren und schriftlich zu formulieren – etwas niederzuschreiben ist der erste Schritt auf dem Weg dahin, eine Idee Realität werden zu lassen. Dein Buch der Schatten ermöglicht es dir zudem, deine Schritte im Verlauf deiner Reise im Blick zu behalten. Und es hilft dir zu erkennen, ob du vom Weg abgekommen bist oder ob du bessere Ergebnisse hättest erzielen können, wenn du etwas anders gemacht hättest.

Wenn du dich daran machst, deinen eigenen Zauberspruch zu entwickeln:

- Formuliere deine Absicht und deine Vorstellung davon, was du zu erreichen suchst.
- Mache dich schlau, welche Folgen der von dir entworfene Spruch haben könnte. Welche Erfahrungen haben andere gemacht? Welche Probleme siehst du? Welche Resultate?
- Überstürze nichts, lasse deine Ideen erst einmal sacken. Nach einigen Tagen oder Wochen gewinnst du, möglicherweise aus Träumen oder Meditationen, vielleicht weitere Erkenntnisse, wie du deinen Spruch erweitern oder verbessern könntest.
- Erstelle eine Liste der Zutaten und Hilfsmittel, die du benötigst. Woher bekommst du sie? Was benötigst du alles, um sie für deine magische Arbeit vorzubereiten?
- Wird eine Affirmation oder Anrufung dazu gehören? Schreibe sie nieder und formuliere sie so lange um, bis sie exakt das wiedergibt, was du ausdrücken möchtest. (Siehe die Anleitung dazu in Kapitel 11.)

- Hast du vor, eine Gottheit um Unterstützung zu bitten? Falls ja, welche? Wie willst du diese Gottheit anrufen? Schreibe dir die Anrufung auf und studiere sie gründlich, bis du dir sicher bist, dass sie genau das ausdrückt, was du möchtest.
- Stelle fest, wann der beste Zeitpunkt für deinen Spruch gekommen ist (weiterführende Informationen dazu findest du in den Kapiteln 6, 8 und 9).
- Entscheide, wo du deinen Spruch durchführen wirst, und bereite den Raum vor.
- Wird noch jemand an dem Prozess beteiligt sein? Falls ja, gehe mit dieser Person die Einzelheiten durch, damit ihr auch tatsächlich in allem übereinstimmt, deine Absichten klar sind, deine Vorgehensweise und deine Ziele.
- Organisiere die Schritte, die du beim Wirken deines Spruchs befolgen wirst.
- Versuche zu antizipieren, was geschehen könnte und wie sich deine Gedanken, Worte und Taten auswirken könnten.
- Gehe gelassen und geduldig an deine Arbeit heran, nicht in der Erwartung sofortiger Befriedigung.

Natürlich gilt auch hier: Wenn du deinen Spruch eingesetzt hast, schreibe schnellstmöglich alles in deinem Buch der Schatten nieder. Erkläre die Ergebnisse und alle sonstigen Erfahrungen im Zusammenhang mit deiner magischen Arbeit. Was ist geschehen? Wie, wann, wo? Auf diese Weise wirst du an Selbstbewusstsein gewinnen und die Verbindungen zwischen den einzelnen Aspekten deines Vorgehens besser verstehen. Du wirst beobachten können, welche Resultate nach deinem Spruch zu beobachten sind. Dir wird deutlich werden, welche Rolle du in den folgenden Ereignissen spielst.

Mit der Zeit wirst du Muster und Synchronitäten feststellen. Du wirst erkennen, was für dich funktioniert und was nicht. Du wirst deine eigenen Techniken entwickeln und dein Repertoire erweitern. Du trainierst sozusagen deine Magiemuskeln und rückst in die nächste Erfahrungsstufe vor. Ist das nicht fantastisch?

Kapitel 11

MÜNDLICHE SPRÜCHE

Äußerst du einen Spruch laut, erschaffst du eine Resonanz, die den Prozess der Manifestation einleitet. Töne erzeugen Schwingungen, die im kosmischen Netz, das alles mit allem in unserem Universum verbindet, widerhallen. Diese Schwingungen stoßen in der sichtbaren Welt Effekte an. Wörter fungieren zudem als verbale Symbole, die deine Absichten übermitteln. Selbst ein Wort aus einer Sprache, mit der du nicht vertraut bist, kann als magisches Symbol dienen. Tatsächlich greifen viele Menschen, die mit Magie arbeiten, zu Begriffen aus alten Sprachen wie Sanskrit oder Arabisch oder zu Wörtern aus fremden Kulturen, weil diese Wörter für sie frei von weltlichen Assoziationen sind.

Mit hoher Wahrscheinlichkeit waren die allerersten Zauberformeln mündlich und wurden schon von Hexen und Hexern, von Schamaninnen und Zauberern intoniert, als es noch keinerlei Schriftsprache gab. Mündliche Zaubersprüche spielten in frühen Grimoires eine wichtige Rolle. Beliebt waren sie nicht zuletzt auch deshalb, weil man nichts als eine Stimme benötigte, um diese Formeln einzusetzen. Ein Magier musste nicht lesen oder schreiben können, er musste sich einfach die Worte einprägen und sie zum richtigen Zeitpunkt sagen. Unsere Vorfahren setzten Anrufungen, gesprochene Zauberformeln und Beschwörungen ein, um sich an Götter und Göttinnen, Engel, Geister, Dämonen und andere körperlose Wesenheiten zu wenden.

Bis heute verwenden Hexen mündliche Sprüche, um Gottheiten und andere Wesen um Unterstützung zu bitten. Affirmationen, Anrufungen, Chants, Zauber und Segnungen spielen weiterhin eine wichtige Rolle beim Arbeiten mit Magie, insofern ist es möglicherweise empfehlenswert, dass du einen Abschnitt deines Grimoires mündlichen und geschriebenen Sprüchen widmest.

Evozieren und Invozieren

Wenn du einen Geist, einen Elementar oder ein anderes körperloses Wesen evozierst, lässt du es vor dir erscheinen und trägst ihm deine Anweisungen auf. Invozierst du ein Wesen, lädst du es dazu ein, in deinen Körper zu fahren. Das Wesen wird – vorübergehend – ein Teil von dir und arbeitet oder spricht durch dich. (Das geschieht auch bei Séancen, wenn Medien Geistwesen channeln.) Hexen invozieren bei Riten gelegentlich die Göttin oder den Gott und für die Dauer des Rituals bleibt die Gottheit, bis sie wieder freigesetzt wird, in der Hexe. Bevor du ein Wesen evozierst oder invozierst, tust du gut daran, so viel wie möglich über dieses Wesen herauszufinden, damit du weißt, worauf du dich einlässt. Übernimm dich nicht!

CHANTING

Was fällt dir bei dem Begriff »Chanting« ein? Mittelalterliche Mönche, die in europäischen Kathedralen gregorianische Choräle singen? In safrangelbe Roben gewandete Buddhisten, die im Schneidersitz das Sanskrit-Mantra »Om mani padme hum« singen? Bei Chants handelt es sich meistens um Phrasen oder Worte, die zu einem bestimmten Zweck laut wiederholt werden. Den Rosenkranz zu beten, ist eine Form von Chanting. Dasselbe gilt für die Gesänge, mit denen Fans beim Sport ihre Mannschaft anfeuern.

Manche Menschen chanten Mantras, während sie meditieren. Ein Mantra ist eine Gruppe heiliger Töne, die aus spirituellen Gründen wiederholt werden. Das Mantra hilft dir nicht nur, deinen Kopf zu fokussieren, es weckt auch dein Bewusstsein für den Geist, der in deinem Körper lebt. Hexen chanten manchmal bei Ritualen, um für mehr Energie zu sorgen und alle Teilnehmenden zu vereinen.

Die Wiederholungen eines Chants – und die eigentlichen Worte, aus denen der Chant sich zusammensetzt – wirken auf dein Unterbewusstsein ein und erzeugen Ergebnisse. Interessanterweise kann Chanten beruhigen, aber auch beleben. Es kann dir helfen, dich zu konzentrieren, es kann dein Bewusstsein auf eine andere Ebene heben, es kann körperliche Prozesse wie Blutdruck und Herzschlag regulieren, es kann dich mit dem göttlichen Reich verbinden und noch vieles mehr.

»Sie verändert alles, was sie berührt.
Und alles, was sie berührt, verändert sich!«

Hast du bevorzugte Chants, die dir dabei helfen, dich in die rechte Stimmung für Magie zu versetzen? Chants, die du aufsagst, um vor dem Meditieren deinen Geist zu beruhigen? Vielleicht chantest du, um deinen geheiligten Raum zu säubern oder vor dem Arbeiten mit Zaubersprüchen unerwünschte Energien zu verjagen. Halte in deinem Buch der Schatten die Chants fest, die du für wertvoll erachtest. Du kannst sie allein oder in Verbindung mit anderen magischen Prozessen nutzen.

Du könntest Chants mit Musik verbinden oder dich beim Chanten auf der Handtrommel begleiten, um ihre Wirksamkeit zu verbessern. Die meisten Chants sind ziemlich einfach gehalten, aber du könntest den Text in deinem Grimoire um ein Notenblatt ergänzen oder die Noten selbst auf die Seiten schreiben – das wäre gleichzeitig lehrreich und anschaulich. Ziehst du Kinder groß, die mit Magie arbeiten? Dann singe ihnen doch so, wie andere Eltern ihren Kindern Kinderreime vorsingen, deine liebsten Chants vor.

»Wir alle kommen von der Göttin
Und zu ihr werden wir zurückkehren.
Wie ein Regentropfen,
der zum Ozean fließt.«

AFFIRMATIONEN

Affirmationen haben in den vergangenen Jahrzehnten in der Psychologie und in Selbsthilfekreisen stark an Beliebtheit zugenommen – wie auch in der Magie. Affirmationen sind kurze, positive Aussagen, die du formulierst, um ein erwünschtes Ergebnis zu erzielen. Sie bringen klar und prägnant zum Ausdruck, was du in dein Leben holen möchtest, was sich in deinem Leben manifestieren soll, was du aus deinem Leben eliminieren möchtest oder was du in deinem Leben ändern möchtest. Unabhängig davon, ob du deine Affirmationen niederschreibst oder sie laut aussprichst, ist es eine gute Idee, deine Absichten zu formulieren.

Es hilft dir, dich zu fokussieren und deine Ziele zu verdeutlichen und es macht deine Sprüche wirksamer.

So entwickelst du wirksame Affirmationen

Wie bei allem im Leben, gibt es auch beim Entwickeln von Affirmationen gute und weniger gute Ansätze. Diese Tipps werden dir helfen, effektive Affirmationen zu erstellen:

- Halte dich kurz.
- Verwende ausschließlich positive Bilder.
- Formuliere deine Absicht im Präsens, als ob es bereits eingetreten sei.

Sehen wir uns einige Beispiele an, damit du ein Gefühl dafür bekommst, wie man gute Affirmationen erstellt.

Richtig: Ich bin völlig gesund an Körper, Geist und Seele.

Falsch: Ich habe keine Krankheiten oder Wunden.

Siehst du den Unterschied? Das erste Beispiel bekräftigt das, was du anstrebst – Gesundheit. Beim zweiten Beispiel musst du an Dinge denken, die du nicht haben möchtest, nämlich Krankheit und Schmerz.

Richtig: Ich habe jetzt den Job, der perfekt für mich ist.

Falsch: Ich werde den perfekten Job finden.

Im ersten Satz erklärst du, dass der Job, den du suchst, dir hier und heute gehört. Im zweiten Satz heißt es, dass du den Traumjob bekommen wirst, aber es wird kein konkretes Datum genannt, es könnte also auch viel Zeit verstreichen. Ja, es könnte noch einige Zeit dauern, bis alle Puzzleteile passen, aber der erste Schritt zum Erfolg besteht darin, dass du glaubst (und bekräftigst), dass du bereits hast, was du dir erhoffst, und dass die Situation bereits zu deinen Gunsten entschieden ist.

Normalerweise ist es gut, wenn du beim Erstellen von Affirmationen präzise bist. Wenn es dein Ziel ist, 25 Pfund abzunehmen oder du unbedingt einen roten Ford Mustang von 1965 als Cabrio besitzen möchtest, solltest du die wesentlichen Einzelheiten in deine Affirmation aufnehmen. Manchmal jedoch kann man nicht sämtliche Details einer Situation überblicken oder will seine Optionen nicht eingrenzen – wie bei dem Job-Beispiel, das wir eben hatten. In solchen Fällen erklärst du am besten, dass alles, was du erreichst, für dich in Ordnung ist. Um den Rest soll sich das Universum kümmern.

Du könntest einige allgemeine Allzweck-Affirmationen entwerfen und regelmäßig anwenden. Führe sie in deinem Buch der Schatten auf und wenn du magst, illustriere sie.

Deine Liste könnte beispielsweise so aussehen:

- Mein Leben ist reich an Überfluss aller Art.
- Ich habe alles, was ich benötige und wünsche.
- Ich bin glücklich, gesund, wohlhabend und in jeder Hinsicht erfüllt.

Du kannst deine Lieblings-Affirmationen morgens nach dem Aufstehen aufsagen, abends vor dem Schlafengehen, auf dem Weg zur Arbeit, beim Duschen, beim Wäscheaufhängen ... wann immer du die Zeit dafür findest. Auf diese Weise wird die Magie Teil deines Alltags und lockt ständig gute Dinge in dein Leben.

So verwendest du Affirmationen

Affirmationen sind sehr vielseitig, das macht sie bei vielen modernen Hexen so beliebt. Wann immer du die Worte einer Affirmation liest, die du selbst entworfen hast, wirst du an dein Ziel erinnert. Die schriftliche Affirmation zu sehen, wirkt auf den optischen Teil deines Gehirns ein, das laute Aufsagen spricht das Gehör an. Gemeinsam erschaffen sie sozusagen eine magische Links-Rechts-Kombination.

Hier einige Beispiele, wie du Affirmationen einsetzen kannst:

- Sage deine Affirmationen mehrmals am Tag laut auf oder zumindest morgens als allererstes, um deine Ziele in Bewegung zu setzen.
- Bringe eine Affirmation an einer Stelle an, an der du sie häufig siehst – neben deinem Computer, am Badezimmerspiegel, am Kühlschrank, auf dem Armaturenbrett deines Autos und so weiter.
- Schreibe eine Affirmation auf einen Streifen Papier und füge diesen einem Medizinbeutel, einem Talisman oder einem Amulett hinzu.
- Schreibe eine Affirmation auf einen Streifen Papier und verbrenne ihn in einem Kessel oder einem rituellen Feuer. Auf diese Weise

setzt du etwas frei, das du aus deinem Leben verbannen möchtest, beispielsweise eine unerwünschte Angewohnheit oder Beziehung.
- Schnitze eine kurze Affirmation in eine Kerze und entzünde dann die Kerze, um die Affirmation zu »entfachen«.

Hast du die Grundlagen für das Erstellen von Affirmationen verstanden, wirst du vermutlich zahlreiche originelle Wege finden, sie in deine Sprüche und Rituale zu integrieren. Halte die Affirmationen in deinem Grimoire fest und kommentiere die Resultate, die du mit Affirmationen erzielt hast. Mit der Zeit kannst du die Affirmationen aus deinem Buch der Schatten überarbeiten und deine Erfahrungen einfließen lassen.

Affirmationen und Heilung

Die Bestseller-Autorin und Verlegerin Louise Hay führt in *Gesundheit für Körper und Seele* einen langen Abschnitt über Affirmationen auf, die bei speziellen gesundheitlichen Problemen hilfreich sein sollen. Hier einige Beispiele:

PROBLEM	AFFIRMATION
Allergien	»Die Welt ist sicher und freundlich. Ich bin sicher. Ich bin im Frieden mit dem Leben.«
Schmerzen im unteren Rückenbereich	»Ich liebe mich und mag mich. Das Leben unterstützt und liebt mich.«
Verstopfung	»Ich verdaue alle neuen Erfahrungen und nehme sie friedlich und freudig in mich auf.«
Halsschmerzen	»Ich kann für mich selbst sprechen. Ich drücke mich frei aus.«

Indem du Affirmationen regelmäßig wiederholst, kannst du deine Denkprozesse neu programmieren. Deine neue Perspektive ermöglicht es dir, das Problem aus der Welt zu schaffen.

BESCHWÖRUNGEN

Eine der ältesten bekannten Beschwörungen haben Archäologen in der antiken mesopotamischen Stadt Kisch entdeckt. Vor vermutlich über 3000 Jahren hielt der Autor diesen Liebeszauber per Keilschrift auf einer Tontafel fest und beschwor akkadische Gottheiten:

»Bei Ištar und Išhara beschwöre ich dich:
So lange sein Hals
Und dein Hals
Nicht umschlungen sind,
Sollst du keinen Frieden finden!«

Beschwörungen können ein, zwei Zeilen lang sein oder so lang, wie es dir deine Fantasie und deine Absichten vorgeben. Die hier zitierte Beschwörung aus dem alten Mesopotamien beispielsweise ist insgesamt 38 Zeilen lang. Frühe Magier nutzten Beschwörungen als Flüche wie auch als Zauber, aber die heutigen Hexen lehnen es größtenteils ab, Magie dafür einzusetzen, anderen Menschen Schaden zuzufügen oder sie gegen ihren Willen zu manipulieren.

Wie unterscheiden sich Affirmationen und Beschwörungen? Beschwörungen sind zumeist in Reimform geschrieben, damit sie eingängig sind und man sie sich gut einprägen kann. Um eine wirksame Beschwörung zu erschaffen, musst du keine Meisterpoetin sein, befolge einfach die gleichen Grundregeln, die du auch bei einer Affirmation anwendest: Halte es einfach, nutze positive Bilder und formuliere im Präsens. Hier ein Beispiel für eine simple Beschwörung, die heilende Wirkung entfaltet:

»Ich bin geheilt
An Körper und Seele.
Fort mit dem Leid,
Dass mich nichts mehr quäle.«

Es ist völlig in Ordnung, Beschwörungen einfach nur niederzuschreiben, aber sie werden noch wirksamer, wenn man sie laut ausspricht. Da es hier auch um Reim und Versmaß geht, kannst du Beschwörungen, wenn du möchtest, auch vertonen und singen.

DIE KRÄFTE DER VIER HIMMELSRICHTUNGEN

Viele Zaubersprüche und Rituale wenden sich an Götter, Göttinnen und andere Wesen mit der Bitte um Unterstützung. Vielleicht rufst du eine Gottheit an, der du dich besonders verbunden fühlst. Vielleicht hältst du an einem der Sabbate ein Ritual ab und hättest gerne die Hilfe der Gottheit, die an diesem Tag gefeiert wird, beispielsweise Brigid an Imbolc oder Lugh an Lugnasadh.

Hexen beschwören oftmals auch die Kräfte, die mit den vier Himmelsrichtungen oder den vier Elementen in Verbindung gebracht werden, Kräfte, die du dir vielleicht als Engel vorstellst, als Wächter oder als andere Geistwesen. Der Erzengel Raphael beispielsweise gilt als Hüter des Ostens, Michael des Südens, Gabriel des Westens und Uriel des Nordens.

Hier eine simple Übung, die du in das Ritual für das Ziehen eines Kreises einbauen kannst:

1. Stelle dich in die Mitte des Kreises und schaue Richtung Osten. Strecke beide Arme aus, sodass die linke Handfläche Richtung Boden schaut und die rechte Handfläche Richtung Himmel.
2. Sage laut: »Vor mir Raphael, Engel der Luft, Hüter des Ostens. Führe, schütze, segne und ermächtige mich bitte.«
3. Dann sagst du: »Hinter mir Gabriel, Engel des Wassers, Hüter des Westens. Führe, schütze, segne und ermächtige mich bitte.«
4. Nun sagst du: »Rechts von mir Michael, Engel des Feuers, Hüter des Südens. Führe, schütze, segne und ermächtige mich bitte.«
5. Und dann sagst du: »Links von mir Uriel, Engel der Erde, Hüter des Nordens. Führe, schütze, segne und ermächtige mich bitte.«
6. Abschließend sagst du: »Auf mich leuchtet der fünfzackige Stern herab, in mir erstrahlt der sechsstrahlige Stern. Blessed be.«

Während du diese Engel anrufst, stelle dir vor, wie sie um dich herum stehen und dir ihre Unterstützung anbieten. Vielleicht siehst du Raphael in gelb gekleidet, Gabriel in blau, vielleicht führt Michael sein berühmtes Schwert. Sieh den fünfzackigen Stern – das Pentagramm –, wie er deinen Körper überlagert und seine Zacken deinem Kopf, deinen Armen und deinen Beinen entsprechen.

Du kannst auch ein eigenes Ritual entwerfen, aber bevor du die vier Mächte anrufst, solltest du so viel wie möglich über ihre Energie und ihre Entsprechungen herausfinden. Das wird dein Erlebnis und deine magische Arbeit verbessern.

Osten, das Reich der Morgenröte

Der Osten steht für den Anbruch des Tages. Wenn du über die Energien dieser Himmelsrichtung nachdenkst, suche dir einen Punkt, von dem aus du in Richtung Osten schauen kannst, und stehe so früh auf, dass du den ruhigen Übergang beim Erwachen der Welt sehen und spüren kannst. Auf diese Weise bekommst du eine sehr reale Erfahrung von Neuanfängen, wenn die Nacht vor der Macht der Sonne zurückweicht. Vögel erwachen aus dem Schlaf und begrüßen den neuen Tag. Das Gras ist feucht vom Tau, die Welt wirkt frisch und ungestört. Öffne dich für die Empfindungen der Morgenröte und den Versprechungen, die der neue Tag bringt. Halte deine Erfahrungen in deinem Buch der Schatten fest.

Süden, das Reich der Mittagsstunde

Suche dir einen Ort, an dem du ruhig und ungestört sitzen kannst. Vorzugsweise ist es ein heller, sonniger Tag. Schaue Richtung Süden. Schaue nicht direkt in die über dir stehende Sonne, aber spüre ihre Hitze und Wärme auf Gesicht und Schultern. Stelle dir beim Ein- und Ausatmen vor, wie dein eigenes Energiezentrum in dir wie ein Echo der Sonne strahlt. Beobachte die Aktivitäten um dich herum und wie alles seinen Höhepunkt zu erreichen scheint. Die Sonne nährt das Leben auf der Erde, sie kann aber auch gefährlich sein, das Land versengen und deine Haut verbrennen. Denke über diese Dualität nach und über andere Erkenntnisse oder Empfindungen, die du jetzt verspürst. Halte deine Erfahrungen in deinem Buch der Schatten fest.

Westen, das Reich des Sonnenuntergangs

In vielen Mythologien gilt der Westen als magischer Ort. Im Westen liegen die Sommerlande, die Insel der Äpfel, Avalon, Tír na nÓg und die Isle of Man. Achte darauf, wie sich der Himmel verändert. Die Sonne sinkt zum Horizont, es wird kühler, Nachtgeschöpfe tauchen aus ihren Bauten auf. Die Dämmerung zaubert zahllose Farben an den Himmel und an der Küste scheinen Land und Ozean zu verschmelzen. Entspanne dich, atme tief ein und aus und verfolge, wie sich der Tag der Nacht ergibt. Trage in dein Grimoire ein, welche Erfahrungen du an diesem Ort des Zwielichts und des Mysteriums gemacht hast.

Norden, das Reich der Mitternacht

Mitternacht, der Mond scheint hell, die anderen Menschen schlafen. Nun ist ein guter Zeitpunkt, um über den Norden nachzudenken. Betrachte die Sterne. Suche Polaris, den Nordstern, der seit Jahrhunderten Seeleute und Navigatoren den Weg weist. Hast du den Nordstern gefunden, kannst du nie wieder vollends verloren gehen. Der Norden zieht die Kompassnadel in seine Richtung, sein Magnetismus und seine Kraft sind entsprechend unbestritten. Stelle dir die Erde vor, wie sie im Winter schläft, die Bäume frei von Blättern, der Boden festgefroren, Eiszapfen, die von Ästen und Zweigen hängen. Fühle, wie du auf der Erde stehst, der Großen Mutter, die uns allen das Leben geschenkt hat und die eines Tages unsere Knochen aufnehmen wird. Wende dich nach innen, öffne dich der Weisheit und den Geheimnissen dieser Himmelsrichtung. Schreibe auf, welche Erfahrungen du in dieser Zeit der Stille und Einsamkeit gemacht hast.

RUFE DIE VIER HIMMELSRICHTUNGEN AN

Wenn du das Gefühl hast, dich mit den vier Himmelsrichtungen und ihren Energien gut auszukennen, bist du bereit, die über diese Himmelsrichtungen herrschenden Gottheiten zu evozieren oder zu invozieren. Vielleicht möchtest du dies allein durchführen, vielleicht auch mit ähnlich gesinnten Menschen, als eigenständiges Ritual oder als Teil eines ausführlicheren Rituals oder Ritus. Du kannst auch, bevor du einen Spruch wirkst, die Mächte und Elemente der vier Himmelsrichtungen um ihre Unterstützung bitten. Du kannst dabei wie folgt die jeweiligen Gottheiten anrufen oder – besser noch – dir dein eigenes »Drehbuch« schreiben.

Rufe den Osten an

Beginne im Osten, dem Reich der Neuanfänge, der Morgenröte und des Frühlings. Der Osten entspricht dem Element Luft und steht für Möglichkeiten und Bewusstsein. Wenn du neue Hoffnung und neuen Glauben finden willst, schaue in den Osten. Richte deinen Blick Richtung Osten, um die dort innewohnende Macht heraufzubeschwören und Kommunikationsstärke, geistige Klarheit und Weisheit zu erlangen. Rufe die Kräfte dieser Himmelsrichtung an:

> *»Ich rufe die Luftgeister an, die das Tor zum Reich des Ostens bewachen und beschützen. Ich rufe euch an und rufe euch hervor aus der weit entfernten Ecke des Universums, die ihr euer Zuhause nennt. Wind des Wandels, Kraft des Tornados, sei Zeuge dieses Rituals und lasse uns deine Hilfe zukommen. Sanfte Brise, die den Samen zum fruchtbaren Boden trägt, steige in diesen Kreis hinab und spende uns deinen Segen. Reich des Sterns der Morgenröte, schenke uns Vision, Einsicht und Gesang. Wir wollen dich kennenlernen, wir wollen dich ehren. Bei der Luft, die unser Atem ist, rufen wir dich: Sei jetzt hier bei uns! Dem Osten und euch Luftgeistern entbieten wir unseren Gruß und heißen euch willkommen!«*

Rufe den Süden an

Mache im Uhrzeigersinn weiter und wende den Blick nun gen Süden, in die Richtung von Mittag und Sommer. Der Süden steht für das Element Feuer, für Vollständigkeit und Vitalität. Wende dich in Richtung Süden, wenn du nach Erfüllung von Verlangen strebst, wenn du Leidenschaft benötigst, Inspiration oder Mut. Schaue Richtung Süden und rufe die Kräfte dieser Himmelsrichtung an:

> *»Ich rufe die Feuergeister an, die das Tor zum Reich des Südens bewachen und beschützen. Ich rufe euch an und rufe euch hervor aus der weit entfernten Ecke des Universums, die ihr euer Zuhause nennt. Kerzenflamme und Herdfeuer, tretet in diesen Zirkel und wärmt unsere Herzen. Kraft von Feuersbrunst und Vulkan, steige in diesen Kreis hinab und gib uns deinen Segen. Goldene Kugel Mittagssonne, Reich von Hitze und Helligkeit, schenke uns Leidenschaft und Inspiration. Wir wollen dich kennenlernen, wir wollen dich ehren. Beim Feuer in unserem Herz rufen wir dich: Sei jetzt bei uns! Dem Süden und den Geistern des Feuers entbieten wir unseren Gruß und heißen euch willkommen!«*

Rufe den Westen an

Wende dich nun dem Westen zu und blicke in die Richtung von Sonnenuntergang und Herbst. Der Westen steht für das Element Wasser. Wenn du deine Intuition stärken, Geheimnisse aufdecken und deine Emotionen ins Gleichgewicht bringen möchtest, wende dich dem Westen zu. Schaue in Richtung Westen und rufe die Kräfte dieser Himmelsrichtung an:

»Ich rufe die Wassergeister an, die das Tor zum Reich des Westens bewachen und beschützen. Ich rufe euch an und rufe euch hervor aus der weit entfernten Ecke des Universums, die ihr euer Zuhause nennt. Meerestiefen, Wiege des Lebens, tretet ein in diesen Kreis und enthüllt die Wahrheit unserer inneren Visionen. Stärke des Sturms, rauschende Flüsse, wogende Gezeiten, steigt herab in diesen Kreis und schenkt uns euren Segen. Sanfter Regen, der nährt und reinigt, Reich der untergehenden Sonne, schenke uns deine Gaben der Intuition und des Mysteriums. Wir wollen dich kennenlernen, wir wollen dich ehren. Beim Wasser in unserem Blut rufen wir dich: Sei jetzt bei uns! Dem Westen und den Wassergeistern entbieten wir unseren Gruß und heißen euch willkommen!«

Rufe den Norden an

Und schließlich wende dich auch dem Norden zu, den Kräften der elementaren Erde, die für den Leib und das Grab steht, für den Ursprung allen Lebens und den Abschluss allen Lebens. Der Norden steht für den Winter und für Mitternacht. Wende dich dem Norden zu, wenn du Ergebnisse erkennen und Wahrheiten enthüllen möchtest. Schaue in Richtung Norden und rufe die Kräfte dieser Himmelsrichtung an:

»Ich rufe die Erdgeister an, die das Tor zum Reich des Nordens bewachen und beschützen. Ich rufe euch an und rufe euch hervor aus der weit entfernten Ecke des Universums, die ihr euer Zuhause nennt. Gaia, Demeter, Erdmutter, tritt in diesen Kreis und manifestiere die Kraft deines göttlichen Gesetzes. Stärke von Erdbeben und von Gebirge, Fundament unter unseren Füßen, steigt in diesen Kreis herab und schenke uns deinen Segen. Nordstern, Leitstern der Navigatoren, der alle anderen Richtungen auf sich zieht, schenke uns Stärke. Wir wollen dich kennenlernen, wir wollen dich ehren. Bei der Erde, die unser Leib ist, rufen wir dich: Sei jetzt bei uns! Dem Norden und den Erdgeistern entbieten wir unseren Gruß und heißen euch willkommen!«

Wicca-Ausdrücke

Wicca begrüßen sich häufig mit »Merry Meet«. Ein anderer Ausdruck, »Blessed be«, kann alternativ als Begrüßung, zum Abschluss eines Rituals oder zum Abschied verwendet werden oder grundsätzlich, wenn du jemandem Gutes wünschst. Dieser einfache Segen enthält die Schwingungen von Liebe und zieht damit positive Energie an, zerstreut schädliche Vibrationen und verleiht Schutz.

SO BEENDEST DU EINEN SPRUCH ODER EIN RITUAL

Genau wie Bücher bestehen auch Zaubersprüche aus einem Anfang, einem Mittelteil und einem Ende. Einen Spruch oder ein Ritual zu Ende zu bringen, ist genauso wichtig wie die anderen Teile. Diese abschließenden Handlungen besiegeln deinen Spruch, aktivieren ihn und erlauben es dir, in deinen Alltag zurückzukehren. Hexen arbeiten hier genauso mit Handlungen wie mit Worten.

Einen Spruch abschließen

Einen Zauberspruch beendet man üblicherweise mit einer definitiven Aussage. Wiccans verwenden häufig den Begriff „So soll es sein". Wenn es dir lieber ist, kannst du genauso »So mote it be«, »So geschehe es« oder »Amen« verwenden. Die Zahl drei steht für Kreativität, Form und Manifestation in der dreidimensionalen Welt. Deshalb kannst du einen Spruch beenden, indem du eine Aussage oder eine Geste dreimal wiederholst. In ihrem Buch *The Spiral Dance* schlägt Starhawk diese abschließende Aussage vor, um einen Spruch abzuschließen:

»Bei der Macht des dreimal Drei,
dieser Spruch besiegelt sei.
Von Leid lass' alle frei,
wenn mein Wunsch erfüllet sei.«

Um sicher zu gehen, dass dein Spruch ausschließlich positive Ergebnisse generiert, solltest du abschließend etwas in der Art von »Dieser Spruch wird zum Wohle alle gewirkt und schadet niemandem« sagen. Bringe auf diese Weise deinen Spruch zu Ende, bevor du den

Kreis öffnest und erlaubst, dass deine Absichten in die sichtbare Welt hinausfließen.

So lässt du Gottheiten und Geister frei

Hast du Gottheiten, Geistwesen, Engel, Hüter oder andere spirituelle Wesen heraufbeschworen, damit sie dir bei deiner magischen Arbeit zur Seite stehen, musst du sie am Ende des Spruchs oder Rituals wieder freigeben. Das solltest du voller Dankbarkeit und Respekt tun. Genauso wie du diese Wesen mit Chants, Heraufbeschwörungen, Invokationen oder anderen Methoden zu dir geholt hast, verabschiedest du dich auch verbal wieder von ihnen. Du kannst dir ein persönliches Ritual dafür ausdenken oder du greifst zu einer »Fertiglösung« aus einer anderen Quelle. Hier ist ein einfacher Weg, Geistwesen wieder freizusetzen, sodass sie in die Existenzebenen zurückkehren können, aus denen sie gekommen sind:

1. Blicke Richtung Osten und sage laut: »Hüter des Ostens, Luftgeist, wir danken dir, dass du uns mit deiner Anwesenheit beehrt hast. Verlasse uns nun und kehre heim. Füge niemandem Schaden zu und lasse Frieden zwischen uns herrschen. Sei gegrüßt, alles Gute und sei gesegnet.«
2. Blicke Richtung Norden und sage laut: »Hüter des Nordens, Erdgeist, wir danken dir, dass du uns mit deiner Anwesenheit beehrt hast. Verlasse uns nun und kehre heim. Füge niemandem Schaden zu und lasse Frieden zwischen uns herrschen. Sei gegrüßt, alles Gute und sei gesegnet.«
3. Blicke Richtung Westen und sprich laut: »Hüter des Westens, Wassergeist, wir danken dir, dass du uns mit deiner Anwesenheit beehrt hast. Verlasse uns nun und kehre heim. Füge niemandem Schaden zu und lasse Frieden zwischen uns herrschen. Sei gegrüßt, alles Gute und sei gesegnet.«
4. Blicke Richtung Süden und sprich laut: »Hüter des Südens, Feuergeist, wir danken dir, dass du uns mit deiner Anwesenheit beehrt hast. Verlasse uns nun und kehre heim. Füge niemandem Schaden zu und lasse Frieden zwischen uns herrschen. Sei gegrüßt, alles Gute und sei gesegnet.«

Wenn du bestimmte Wesen um Unterstützung gebeten hast, dann sprich sie bei der Verabschiedung namentlich an. Hast du beispielsweise die vier Erzengel angerufen, dann sage etwas in der Art von: »Wir danken dir, Raphael (Uriel, Gabriel, Michael), für deine Anleitung und deinen Schutz während dieses Rituals/Ritus.«

Auf diese Weise bringst du dein Ritual auf eine angenehme Weise zu Ende, die all jene ehrt, die euer gemeinsames Unterfangen mit ihrer Energie unterstützt haben. Nach einem Abendessen verabschiedest du dich ja auch von deinen Gästen, also danke diesen Wesen für ihr Erscheinen und wünsche ihnen eine unbeschadete Heimkehr.

Kapitel 12

VISUELLE SPRÜCHE

Die meisten Menschen orientieren sich anhand dessen, was sie sehen, und ein lebendiges Bild kann starke Auswirkungen auf uns haben. Werbetreibende wissen das sehr gut, wie man an einem beliebigen Werbespot für ein Medikament sehen kann: Während der Sprecher die unangenehmen Nebenwirkungen des Mittels herunterbetet, sieht man Bilder fröhlicher, gesund wirkender Menschen. Das Publikum reagiert eher auf die Bilder als auf die Worte. Weil Bilder derart wirkmächtig sind, nutzen Hexen sie, um Sprüche und Rituale damit anzureichern. Beim Arbeiten mit Zaubersprüchen sagt ein Bild wirklich mehr aus als tausend Worte.

Vielleicht findest du Gefallen daran, dein Buch der Symbole um Zeichnungen, Symbole und andere Bilder zu ergänzen. Sieh dich doch mal online bei Pinterest um, da wirst du zahlreiche fantastisch illustrierte Grimoires finden und gewiss auch die eine oder andere Idee, wie du deines dekorieren kannst. Viele Hexen machen Skizzen in ihren Grimoires, andere bringen Fotos oder Dinge an, die sie aus Magazinen ausgeschnitten haben. Ich zeichne in meinem Grimoire gerne keltische Knoten, was mit meiner irischen Abstammung zu tun hat. Außerdem erstelle ich gerne Collagen aus Bildern, Worten, Stoffen, getrockneten Blumen und Blättern und allen möglichen anderen Objekten. Die Collagen fungieren als eigene Sprüche.

Oder was hältst du davon, dein eigenes Vision Board für dein Buch zu entwickeln? Schreibe eine Affirmation, die deine Absichten beschreibt, und dekoriere die Seite dann mit Bildern, die zeigen, was du zu erreichen beabsichtigst. Sieh es dir am Morgen an und bevor du abends zu Bett gehst. Auf diese Weise regst du die kreativen Kräfte deines Geistes an.

KREATIVE VISUALISIERUNG

Ende der 1970er-Jahre machte die Autorin Shakti Gawain die Öffentlichkeit mit dem Konzept der kreativen Visualisierung vertraut. Hexen wissen seit Langem, dass Visualisierung der erste Schritt bei der Arbeit mit Magie ist und vor der Manifestierung kommt. Das Vorstellen steht im Mittelpunkt eines Spruchs. Kannst du dir etwas nicht vorstellen, wirst du es auch nicht erlangen können. Stelle dir vor deinem inneren Auge das Ergebnis vor, das du erzielen möchtest. Auf diese Weise beginnst du den Prozess und bringst sozusagen mental die Saat aus, die dann die von dir gewünschten Früchte tragen soll.

Denke nicht an das Problem, das du lösen, oder den Zustand, den du verändern willst. Konzentriere dich stattdessen auf das Endergebnis, das du erzielen möchtest. Willst du beispielsweise ein gebrochenes Bein heilen, dann denke nicht an die Verletzung, sondern stelle dir das Bein stark und gesund vor. Du willst Wohlstand anlocken? Dann stelle dir vor, wie du ein teures Auto fährst, in einem luxuriösen Zuhause lebst, in deinem eigenen Privatjet durch die Welt fliegst – alles, was für dich »Wohlstand« signalisiert. Gestehe dir große Träume zu. Reichere die Bilder vor deinem inneren Auge mit vielen Farben und viel Action an – klare, lebendige Bilder erzeugen schnellere und befriedigendere Ergebnisse als leblose Bilder.

Greife zu visuellen Hilfen

Führst du einen Heilungszauber für jemanden durch, den du kennst, dann klebe neben den schriftlichen Zauber ein Foto der Person in dein Grimoire. Das hilft dir beim Fokussieren und dabei, die positive Energie des Zaubers auf diese Person zu lenken.

DIE MACHT DER FARBEN

Was vielen Menschen gar nicht bewusst ist: Die Farben in unserer Umwelt üben einen ständigen Einfluss auf uns aus. Psychologische Untersuchungen zeigen, dass sich die Reaktionen auf Farben körperlich messen lassen – rot stimuliert die Atmung und den Herzschlag, blau senkt die Körpertemperatur und den Puls.

Darüber hinaus enthalten Farben unzählige symbolische Assoziationen. Blau beispielsweise erinnert uns an den Himmel. Grün steht für Blätter, Gras und gesunde Pflanzen. Orange ist die Farbe von Feuer und Sonne. Für die Druiden war die Farbe Blau heilig und kennzeichnete Personen, die den Rang eines Barden erreicht hatten (eines offiziell ausgebildeten Geschichtenerzählers, dem man die mündliche Überlieferung einer Gruppe Menschen anvertraute). Bei den frühen Christen stand Blau für Frieden und Mitgefühl, deshalb haben Künstler die Jungfrau Maria häufig in blau dargestellt. In den Kathedralen Europas finden sich herrlich gefärbte Glasfenster. Ihre Farbsprache war so gewählt, dass Gemeinden, die sich größtenteils aus Analphabeten zusammensetzten, Informationen vermittelt wurden. Diese Verbindungen sind tief in unserer Psyche verwurzelt, deshalb kannst du Farben einsetzen, um bei deiner magischen Arbeit den Kopf zu beeinflussen.

Je intensiver eine Farbe, desto größer ihre Intensität bei der magischen Arbeit. Ein helles goldenes Gelb beispielsweise lässt uns an die Sonne und Feuer denken, deshalb kann es einen Spruch aktivieren und verstärken. Die Schwingungen von Pastellgelb sind sanfter und werden eher mit dem Element Luft und mit Ideen assoziiert. Rot steht innerhalb einer Beziehung für sexuelle Leidenschaft, pink eher für eine sanftere Form von Liebe, Zuneigung und Freundschaft.

Die Macht von Schwarz

Schwarz ist eine Farbe, die Hexen oft tragen, die in der Öffentlichkeit jedoch häufig negativ konnotiert ist, etwa im Zusammenhang mit Tod und Trauer. Für Hexen steht Schwarz für Mysterium und Macht, denn Schwarz enthält sämtliche Farben des Regenbogens. Außerdem erinnert es an die Nacht, also die Zeit, in der sich Hexen häufig versammeln, um magisch zu arbeiten.

Farbsymbolismus

Hast du verstanden, welche Farbe für welche Energie steht, kannst du Farben in deine Sprüche und Rituale einbauen. Häufig haben Hexen Kerzen in unterschiedlichen Farben auf Lager, damit sie für ihre Sprüche und Rituale immer Kerzen in der richtigen Farbe einsetzen können. Wenn du Medizinbeutel oder Taschen herstellst, sollten deine Stoffe Farben haben, die zu deinen Zielen passen. Die Arbeit mit Pflanzen hilft dir zu verstehen, wie die Farben von Blumen Sprüchen Bedeutung verleihen können. Selbst Menschen, die keine Ahnung von Magie haben, verbinden rote Rosen intuitiv mit Leidenschaft, deshalb verschenken Liebende bevorzugt diese Blume am Valentinstag. Auch Edelsteine gibt es in zahlreichen Farben, die sich auf deine Sprüche auswirken können. Welche Kleidung du bei einem Ritual trägst, wie du deinen Altar dekorierst und welche Bilder du in dein Grimoire klebst – all das kann deine Verbindung zu Farben spiegeln. Gehe bei der Farbwahl mit Sorgfalt vor, denn ihre Energie fließt in deine Sprüche ein.

Du kannst deine Sprüche mit Stiften, Bleistiften, Markern oder Farbstiften in Farben schreiben, die zu deinen Absichten passen. Wie bereits gesagt, kannst du dein Grimoire auch durch farbige Seiten unterteilen, die für bestimmte Arten von Sprüchen stehen – rosa für Liebe, grün für Geld und so weiter.

FARBE	ENTSPRECHUNG
Rot	Leidenschaft, Wut, Hitze, Energie, Kühnheit
Orange	Zuversicht, Aktivität, Wärme, Begeisterung
Gelb	Freude, Kreativität, Optimismus, Ideen
Grün	Gesundheit, Fruchtbarkeit, Wachstum, Vermögen
Hellblau	Frieden, Klarheit, Hoffnung
Königsblau	Unabhängigkeit, Einsicht, Fantasie
Indigo	Intuition, Ernsthaftigkeit, geistige Kraft
Purpur	Weisheit, Spiritualität, Verbindung zu höheren Reichen
Pink	Liebe, Freundschaft, Umgänglichkeit
Weiß	Reinheit, Klarheit, Schutz
Schwarz	Macht, Weisheit
Braun	Stabilität, Zweckmäßigkeit, mit beiden Beinen in der physischen Welt stehen

Schreibe in dein Buch der Schatten, wie du auf Farben reagierst. Welche Emotionen wecken unterschiedliche Farben in dir? Was assoziierst du mit unterschiedlichen Farben? Findest du einige Farben ansprechender als andere?

Farben und die Elemente

In der Magie entspricht jedes der vier Elemente einer bestimmten Farbe und dasselbe gilt für die vier Himmelsrichtungen (siehe dazu Kapitel 11).

ELEMENT	HIMMELS-RICHTUNG	FARBLICHE ENTSPRECHUNG
Feuer	Süden	Rot
Erde	Norden	Grün
Luft	Osten	Gelb
Wasser	Westen	Blau

Ziehst du einen Kreis, kannst du einen gelben Gegenstand (beispielsweise eine Kerze) im Osten platzieren, einen roten im Süden, einen blauen im Westen und einen grünen im Norden.

Wenn du erwägst, in jeder Himmelsrichtung einen Altar aufzustellen, dann überlege dir, sie in den jeweiligen Farben zu dekorieren.

Chakra-Farben

Holistische Heilung verbindet die wichtigsten Energiezentren des Körpers, die Chakren, mit den sieben Farben des sichtbaren Spektrums. Rot wird mit dem Wurzelchakra am Steiß assoziiert, orange mit dem Kreuz-Chakra, gelb mit dem Solarplexus-Chakra, grün mit dem Herz-Chakra, blau mit dem Hals-Chakra, indigo mit dem dritten Auge und purpur mit dem Kronen-Chakra ganz oben auf dem Kopf. Diese Verbindungen von Chakren und Farben zu kennen, kann dir bei Heilzaubern von Nutzen sein.

DIE MAGIE DES TAROT

Das wunderschöne Orakel des Tarot steckt voller magischer Bilder, die du für deine Sprüche nutzen kannst, aber auch zum Wahrsagen. Viele Tarot-Blätter sind farbenprächtig, aber die Farben auf den jeweiligen Karten erfüllen mehr als nur dekorative Zwecke – sie verkörpern bestimmte symbolische, spirituelle, psychologische und physiologische Eigenschaften.

Die Karten im Tarotblatt enthalten viele Bilder, die dir vertraut sind, und einige weniger bekannte. Tarot-Künstler wählen bewusst Symbole aus unterschiedlichen spirituellen, kulturellen, magischen und psychologischen Traditionen, um deinem Unterbewusstsein Informationen direkt zukommen zu lassen. Wie bei Traumbildern sprechen uns die Bilder auf den Karten direkt auf einer tieferen Ebene an und lösen Erkenntnisse unmittelbarer und prägnanter aus, als es Wörter tun könnten.

Vor allem die Karten in der Großen Arkana enthalten wirkmächtige Bilder, allerdings weisen in vielen Blättern auch die Karten der Kleinen Arkana eindringliche Symbole auf. Einige dieser Symbole sind universeller Natur und kommen in zahllosen Kulturen und zu unterschiedlichen Zeiten vor. Andere spiegeln eher die Absichten oder Ansichten des jeweiligen Künstlers, anstatt allgemeingültige Bedeutung für alle zu haben, die das Blatt nutzen.

Die Farben des Tarots

Alle vier Farben des Tarotblatts sind mit einem Element verbunden – Stäbe mit dem Feuer, Kelche mit Wasser, Münzen mit Erde und Schwerter mit Luft. Wie bereits besprochen, ist jedes dieser Elemente auch mit einer Farbe verbunden. Aus diesem Grund betonen viele Tarot-Künstler bei Stäbe-Karten rote Elemente, bei Kelche blaue Elemente, grün bei den Münzen-Karten und gelb bei den Schwertern.

Jede Farbe steht zudem für einen bestimmten Bereich des Lebens, bei magischer Arbeit solltest du also Karten aus der Farbe aussuchen, die am besten zu deinen Absichten passt. Stäbe-Karten beispielsweise sind gut geeignet für Sprüche, die mit beruflichem Erfolg oder Kreativität zu tun haben. Kelche passen zu Liebeszaubern, Münzen zu

Geldzaubern und Schwerter sind gut für Sprüche, bei denen es um Kommunikation, intellektuelle Anstrengungen und Rechtsangelegenheiten geht.

Sprüche mit Tarotkarten

Tarotkarten sind hervorragend als optische Hilfsmittel bei der Arbeit mit Zaubersprüchen geeignet. Ein Blatt enthält 78 Karten, die Chancen stehen also gut, dass du mindestens eine Karte finden wird, die zu dem passt, was du erreichen möchtest.

Ich empfehle dir, dir ein Blatt zuzulegen, das ausschließlich für die Arbeit mit Magie gedacht ist, und ein weiteres für Weissagungen. Bei manchen Zaubern musst du die Karten an Ort und Stelle liegen lassen und kannst sie im Anschluss nicht wieder ins Blatt geben. Oder du benötigst eine Karte für einen Talisman oder einen Amulettbeutel. Für den folgenden Spruch musst du drei Karten zusammenkleben. Vielleicht findest du auch Gefallen daran, einige deiner Lieblingskarten in dein Grimoire einzukleben. Ich habe ein Miniaturblatt, das perfekt dafür geeignet ist.

Tarot-Triptychon-Liebeszauber

Ein Triptychon ist ein Altarbild oder eine Dekoration aus drei miteinander verbundenen Teilen. Führe diesen Zauber bei zunehmendem Mond durch, wenn Sonne oder Mond in der Waage steht oder an einem Freitag.

WAS DU BENÖTIGST:

- drei Tarotkarten
- ein Band
- ätherisches Öl (Rose, Jasmin, Patschuli, Ylang-Ylang oder Moschus)

1. Wähle drei Karten aus einem Blatt, das du nicht für Lesungen verwendest. Diese Karten sollten Dinge darstellen, die du dir für eine romantische Beziehung wünschst. Du könntest beispielsweise die Zehn der Münzen wählen, wenn dir finanzielle Sicherheit wichtig ist, oder das Ass der Kelche, wenn du einen neuen Partner anlocken möchtest.
2. Lege die Karten mit dem Bild nach unten nebeneinander und verbinde sie mit dem Band.

3. Spritze etwas ätherisches Öl auf jede Karte, während du dir vorstellst, wie du die von dir erwünschte Beziehung genießt.
4. Stelle das Triptychon auf deinen Altar oder an einen anderen Ort, wo du es häufig zu sehen bekommst. (Wenn du dich mit Feng-Shui auskennst, stelle das Triptychon in das Gua, das für Beziehungen zuständig ist.)

Wenn du ein Miniatur-Blatt oder ein drittes Blatt hast, kannst du drei Karten daraus in deinem Buch der Schatten anbringen, wo du auch den Spruch einträgst. Am besten gibst du noch etwas ätherisches Öl auf die Seite, auf der du den Spruch einträgst. Du kannst diesen Spruch für andere Absichten abwandeln – Geld, beruflichen Erfolg, Reisen. Wähle einfach drei Karten aus, die deine Ziele symbolisieren.

RUNEN-MAGIE

Genau wie Tarotkarten dienen Runen als Symbole, die du in deine Zaubersprüche einbauen kannst. In Kapitel 5 haben wir über unterschiedliche Runen-Alphabete gesprochen und welche Bedeutung diese Bilder haben. Wenn du in deinem Grimoire Runen als eine Art Geheimcode einsetzen möchtest, ist das selbstverständlich in Ordnung, aber sie können auch andere Aufgaben erfüllen. Wie das Tarot sprechen Runen direkt das Unterbewusstsein an und umgehen dabei die analytische linke Gehirnhälfte. Das ist einer der Gründe, warum Runen für die Arbeit mit Magie dermaßen praktisch sind.

Runen und Zaubersprüche

Runen sind auch deshalb so gut als visuelle Elemente in der Magie geeignet, weil sie so einfach sind. Man muss kein Rembrandt oder Michelangelo sein, um Runen zeichnen zu können. Die meisten Runen (Futhark, Ogham und so weiter) erfordern einige wenige Linien, aber ihre reduzierte Bildsprache nimmt ihnen nichts von ihrer Kraft. Tatsächlich ist es manchmal eine ganz einfache Grafik, die deine Absicht am besten vermittelt. Denke an die Logos, die sich Unternehmen ausdenken, damit sie sie vertreten – ein gutes Logo vermittelt durch starkes, unkompliziertes, bedeutsames und einprägsames Design das Leitbild eines Unternehmens.

Vor Jahrhunderten setzten Magier Runen auf vielfältige Weise ein und bis heute halten es Hexen ähnlich. Runen sind beispielsweise bei der Wahrsagerei beliebt (siehe das Beispiel in Kapitel 7), du kannst Runen aber auch auf Papier, Steine oder Holz zeichnen und sie zu einem Talisman oder einem Amulettbeutel geben. Schreibe sie auf Kerzen. Verziere dein magisches Werkzeug mit Runen. Besticke deine Kleidung für Rituale oder den Stoff für deinen Altar mit Runen. (Siehe die Tabellen in Kapitel 5.)

Runen-Symbolik für dein Grimoire

Du kannst Runen an die Ränder deines Grimoires zeichnen, neben deinen Sprüchen und Beschwörungen und überall sonst, wo es dir gefällt. Das ist nicht nur eine Verschönerung der Seite, es kann dir auch dabei helfen, dich auf deine Ziele zu konzentrieren und die Energie der Runen in dein Unterbewusstsein fließen zu lassen. Natürlich solltest du festhalten, bei welchen Sprüchen du mit Runen gearbeitet hast und was die Lesungen mit Runen ergeben haben. Du kannst Runen aber auch auf anderem Weg zu einem Teil deines Buchs der Schatten machen:

- Für jeden Spruch, mit dem du arbeitest, wähle eine Rune aus, die für das Wesen dieses Spruchs steht. Zeichne diese Rune auf die Seite, auf der du den Spruch niederschreibst. Die Glyphe dient als visuelle Abkürzung für den Spruch.
- Ist dein Grimoire nach den unterschiedlichen Arten von Sprüchen organisiert, mit denen du arbeitest? In diesem Fall könntest du die Kategorien durch Trenner separieren und auf jede dieser Seiten eine Rune zeichnen, die für das Thema steht. Die Futhark-Rune Gebo sieht aus wie ein X und könnte Liebeszauber illustrieren. Berkanan oder Fehu könnten den Abschnitt einleiten, in dem du Sprüche für Überfluss sammelst.
- Schreibe deine Absichten in Ogham-Runen wie eine Art dekorativen Rahmen rund um die Seite. Vor Hunderten von Jahren ritzten die Menschen in Irland und auf den anderen Britischen Inseln Ogham-Schriftzeichen auf stehende Steine. Du magst den Sinn dieser Glyphen nicht verstehen, aber dein Unterbewusstsein wird es.

- Tropfe auf eine Seite in deinem Buch heißes Kerzenwachs und präge dann eine Rune von Bedeutung in das Wachs.

SIGILLEN

Sigillen (oder: Brillenbuchstaben) sind sehr persönliche Symbole, die du zeichnest, um ein bestimmtes Ergebnis zu erzielen. Das Wort stammt von dem lateinischen *sigillum*, »Zeichen«. Wenn man so möchte, ist eine Sigille eine Methode, wie du per Geheimcode mit dir selbst kommunizierst. Niemand sonst kann das Symbol entschlüsseln. Es gibt unterschiedliche Methoden, Sigillen zu entwerfen, aber am einfachsten ist es, ein Bild aus Buchstaben zu erstellen.

So entwirfst du eine Sigille

Schreibe zunächst einen Begriff oder eine kurze Affirmation, die deine Absichten verdeutlicht. Streiche dann alle Buchstaben, die sich wiederholen. Der englische Begriff »Success« (»Erfolg«) beispielsweise enthält drei S und zwei C, aber du benötigst für deine Sigille nur ein S und ein C. Und nun heißt es für dich, kreativ zu werden. Aus den übriggebliebenen Buchstaben bildest du nun nämlich eine Sigille. Du kannst Groß- und Kleinschreibung einsetzen, Blockschrift oder Schreibschrift. Du kannst die Buchstaben spiegelverkehrt schreiben, auf dem Kopf stehend, gekippt oder schief. Das Endergebnis stellt dein Ziel grafisch auf eine Weise dar, die dein Unterbewusstsein begreift. Auf einer tiefen Ebene wirst du die Bedeutung sofort begreifen und das stärkt deine Absicht.

Die folgende Sigille kombiniert die Buchstaben S-U-C-C-E-S-S zu einem Bild. Natürlich kannst du die Buchstaben auf unzählige andere Arten und Weisen zusammenfügen, ganz nach deinen eigenen Vorlieben. Jedes Design wäre auf einzigartige Weise kraftvoll. Das macht Sigillen so besonders.

Sigillen in der Magie

Sigillen zu erstellen und sie einzusetzen, sind magische Handlungen und als solche solltest du sie auch behandeln. Du kannst die Sigille auch als eigenen Zauberspruch anlegen. Oder du verwendest sie später als Bestandteil eines anderen Spruchs. Es gibt unzählige Möglichkeiten, Sigillen in Sprüche einzubauen. Hier einige Beispiele:

- Zeichne eine Sigille auf ein Stück Papier und lege sie einem Talisman oder einem Amulettbeutel bei.
- Platziere eine Sigille auf deinem Altar, damit sie dich dort an deine Absichten erinnert.
- Hänge eine Sigille als Schutz an die Eingangstür deines Zuhauses.
- Schnitze eine Sigille in eine Kerze und lasse sie dann herunterbrennen, damit dein Ziel aktiviert wird.
- Zeichne eine Sigille auf ein Traumkissen oder besticke es damit.
- Füge eine Sigille Gemälden, Collagen oder anderer von dir erschaffener Kunst hinzu.
- Zeichne eine Sigille auf ein Glas, damit sie Wasser, Wein oder einem anderen Getränk deine Absicht einprägt.
- Lasse dir von einem Juwelier deine Sigille als Anhänger oder Anstecknadel herstellen und trage sie als Glücksbringer.
- Lasse dir eine Sigille tätowieren.

Du kannst so viele Sigillen zeichnen, wie du möchtest, und sie für alles einsetzen, was dir in den Sinn kommt. Lasse deiner Fantasie die Zügel schießen.

Sigillen auf einem magischen Quadrat

In einem magischen Quadrat sind Zahlen in kleinen, nummerierten Feldern so arrangiert, dass die Zahlen in jeder Reihe und in jeder Spalte dasselbe Ergebnis ergeben. Eines der einfachsten Quadrate besteht aus neun kleinen Quadraten innerhalb eines größeren. Es wird in der Magie mit dem Planeten Saturn assoziiert.

4	9	2
3	5	7
8	1	6

So entwirfst du eine Sigille auf einem magischen Quadrat:

1. Bestimme, welches Wort deine Absichten wiedergibt. Sagen wir, du willst deine Stärke (englisch *strength*) erhöhen, wobei es zunächst einmal unwesentlich ist, ob es sich um deine körperliche, geistige, mentale oder spirituelle Stärke handelt.
2. Ziehe aus Kapitel 5 die Tabelle der Buchstaben und ihren Entsprechungen als Zahl zu Rate. Schreibe die Zahlen auf, die den Buchstaben im Wort »strength« entsprechen: 1 2 9 5 5 7 2 8.
3. Lege ein Blatt Transparentpapier über das magische Quadrat.
4. Suche das Quadrat mit der Zahl 1, also der Zahl, die dem S entspricht, dem ersten Buchstaben deines Begriffs. Male an der Stelle, wo du das Quadrat 1 siehst, einen kleinen Zirkel auf das Transparentpapier
5. Von diesem Kreis aus ziehst du auf dem Transparentpapier eine Linie zu dem Quadrat mit der Zahl, die dem zweiten Buchstaben deines Worts entspricht, in diesem Fall also das Quadrat mit der 2, weil die 2 mit dem T verbunden ist.
6. Der dritte Buchstabe in »Strength« entspricht der Zahl 9. Suche dieses Quadrat und ziehe eine Linie dorthin.
7. Weisen zwei aufeinanderfolgende Buchstaben aus deinem Wort denselben nummerischen Wert auf, dann zeichne >< auf die Linie, die das Quadrat mit der doppelten Zahl enthält.
8. Mache so weiter, bis deine Linien das Wort »buchstabiert« haben. Nach der letzten Linie setzt du einen kleinen Kreis, um anzuzeigen, dass das Ende des Worts erreicht ist.

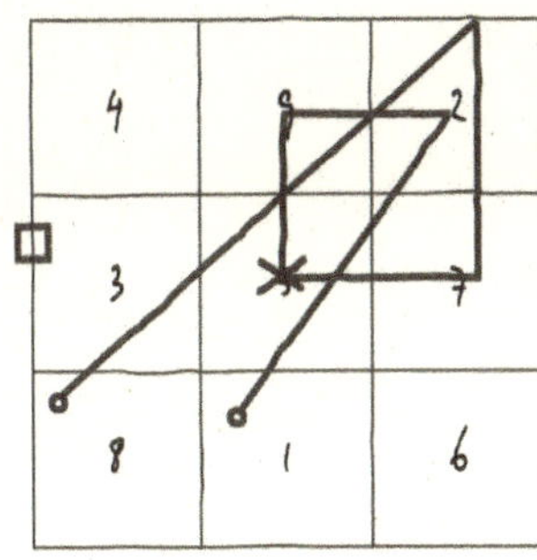

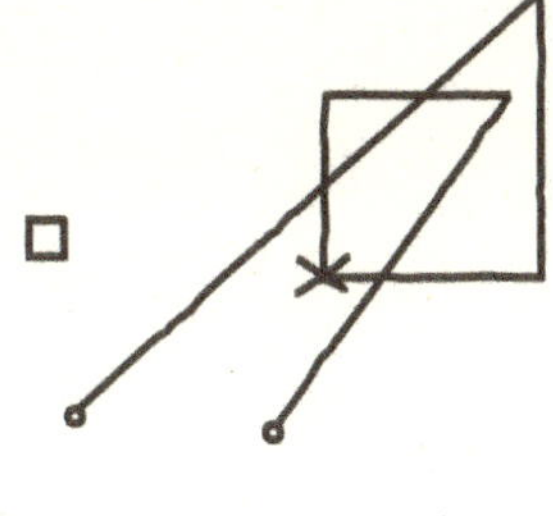

Das fertige Design ist deine magische Sigille. Bringe das Transparentpapier mit dem Bild darauf in deinem Grimoire an. Wenn du magst, kannst du es auch direkt in dein Buch zeichnen. (Wenn du mehr über magische Quadrate erfahren möchtest, kann ich dir mein Buch *Die Magie der Sterne* ans Herz legen. Auf YouTube findest du zudem weitere Methoden, Sigillen zu erstellen.)

Füge deinem Grimoire Sigillen hinzu

Sigillen sind nicht nur perfekt dafür geeignet, einen Spruch oder etwas anderes zu verschlüsseln, das du geheim halten möchtest. Sie können auch schöne Ergänzungen deines Grimoires sein. Sigillen können – genau wie Runen – die unterschiedlichen Abschnitte in deinem Buch der Schatten definieren. Sie können aber auch für sich als optische Zaubersprüche stehen. Nutze sie, um die zentrale Bedeutung einer Affirmation oder einer Beschwörung zu verdeutlichen. Du kannst sogar eine Sigille entwerfen, die die gesamte Affirmation umfasst. Und wenn du magst, kannst du eine Sigille um andere Bilder ergänzen, sei es um Glyphen aus der Astrologie, um Runen, Sterne, Spiralen oder Blumen – Hauptsache, es ist es etwas von Bedeutung für dich.

Kapitel 13

AKTIVE SPRÜCHE

Die meisten Sprüche enthalten eine aktive Komponente, selbst wenn sie nur darin besteht, dass du dazu eine Kerze auf deinem Altar entzünden musst. Der Spruch vom vergrabenen Schatz in Kapitel 10 ist ein gutes Beispiel für einen aktiven Spruch, genauso der Spruch zum Schutz deines Zuhauses in Kapitel 3. Selbst das Schreiben in deinem Grimoire ist bereits ein aktiver Spruch.

Manche Rituale verlangen zahlreiche komplexe und sorgfältig aufeinander abgestimmte Schritte. Wenn du mit komplizierter Magie arbeitest, empfiehlt es sich, die Schritte in deinem Buch der Schatten festzuhalten, damit du dich an sie erinnerst. Das gilt umso mehr, wenn du diese Schritte nicht häufig durchführst. Du kannst einen Spruch auch wirken, indem du ihn dir vor deinem inneren Auge vorstellst, aber Hexen kombinieren körperliche Bewegungen häufig mit Worten, Visualisierungen und Klängen. Je stärker du deine Sinne in die Arbeit mit Magie einbindest, desto wirkungsvoller sollten deine Sprüche und Rituale sein.

EINEN KREIS ZIEHEN

Einen Kreis zu ziehen, gehört zu den grundlegendsten und häufigsten Praktiken der magischen Arbeit. Der Kreis dient als Schutzschild gegen unerwünschte Einflüsse und als Behältnis für die Energie, die während Sprüchen und Ritualen entsteht. Gleichzeitig trennt er den magischen Raum vom weltlichen Raum. Ein Kreis ist kein flacher Ring, aber er ist auch keine Kuppel, die sich über dir erstreckt. Dein Kreis ist eine Kugel, die dich umgibt, über dir und unterhalb von dem Ort, an dem du magisch arbeitest. Stelle dir vor, du stündest in einer

Blase. Du ziehst zwar einen Kreis, aber stelle dir vor, dass aus der von dir gezogenen Linie eine Kugel entsteht, ein dreidimensionaler Kreis, eine Hülle, die es dem geheiligten Raum innerhalb des Kreises ermöglicht, zwischen den Welten zu existieren.

Es stimmt: Du kannst auch einen Kreis ziehen, indem du dir vorstellst, dass dich eine Kugel aus reinem weißen Licht umgibt. Auch dieser Kreis wird dir gute Dienste leisten. Aber viele Hexen bevorzugen ein aktiveres Ritual. Online und in Büchern – auch in meinen anderen Werken – findest du reichlich Vorschläge und Anleitungen für das Ziehen eines Kreises, aber selbstverständlich kannst du auch deine eigene Methode entwickeln. Tu das, wozu du dich inspiriert fühlst, was deine Sinne anspricht und deine Fantasie anregt. Du kannst auch unterschiedliche Methoden ausprobieren und auf diese Weise herausfinden, welcher Ansatz dir am besten gefällt. Halte in deinem Grimoire fest, was du getan hast, welche Werkzeuge du verwendet hast, ob noch jemand teilgenommen hat, was du gefühlt hast und welche Ergebnisse du erfahren hast.

Grundlegendes zum Ziehen eines Kreises

Du kannst ein ausgeklügeltes Ritual zum Ziehen eines Kreises entwickeln, du kannst aber genauso gut diese einfachen Schritte befolgen:

1. Stelle dich in das Zentrum des Raums, den du als deinen Kreis definieren möchtest.
2. Schaue Richtung Osten, richte deinen Zauberstab oder Athame nach außen auf die Stelle, an der du den Rand deines Kreises ziehen wirst. (Wenn du keinen Zauberstab oder Athame hast, tut es auch dein Finger. Über Zauberstäbe, Athame und andere Werkzeuge reden wir ausführlicher in Kapitel 15.)
3. Bündele deine persönliche Energie innerhalb deines Körpers. Dann erde deine Energie. Dazu stellst du dir vor, wie sie durch deine Füße in die Erde fließt und sich dort mit der Energie der Erde vereint.
4. Ziehe Energie aus der Erde hoch zu dir in deinen Körper. Leite sie in deine Hand und weiter in deinen Zauberstab oder Athame.
5. Lasse diese Energie bis zu dem Punkt fließen, wo du mit dem Ziehen deines Kreises beginnen möchtest.

6. Drehe dich langsam im Uhrzeigersinn, bis du an deinen Ausgangspunkt zurückgekehrt bist und sich der Energiefluss zu einem nahtlosen Ring vereint.
7. Stelle dir vor, wie sich der Ring erst verdickt und dann nach innen verjüngt, bis er sich über deinem Kopf und unter deinen Füßen trifft und eine perfekte Energiekugel bildet.
8. Senke deinen Zauberstab/Athame, um den Energiefluss zu unterbrechen.

Jetzt bist du bereit und kannst innerhalb des von dir geschaffenen Kreises einen Zauberspruch wirken oder ein Ritual durchführen.

Einen Kreis mit einem Schwert ziehen

Manche Hexen verwenden ein zeremonielles Schwert zum Ziehen eines Kreises. Halte das Schwert mit der Spitze nach außen. Beginne im Osten und gehe dreimal im Uhrzeigersinn um die Fläche, an der du arbeiten willst. Zeichne den äußeren Rand des Kreises mit der Schwertspitze nach. Chante dabei die folgende Beschwörungsformel (oder eine von dir selbst entwickelte):

»Dreimal um den Kreis ich gehe,
bis ich Böses nicht mehr sehe.
Diesen Spruch ich wirke mit der Kraft der Drei.
Wie ich es will, so es auch sei.«

Einen Kreis mit Pentagrammen ziehen

Wenn du deinen Kreis mit einem Zauberstab oder einem Athame ziehst, kannst du an jeder Himmelsrichtung (Osten, Süden, Westen und Norden) innehalten und vor dir ein Pentagramm in die Luft zeichnen. (Hast du keinen Zauberstab oder Athame, dann tut es auch deine Hand.) Das Pentagramm steht für Schutz, dieser zusätzliche Schritt bei diesem Ritual verstärkt also die Schutzwirkung des Kreises.

1. Halte deinen Zauberstab oder deinen Athame in der Hand, den Arm vor dir ausgestreckt und etwas nach oben weisend. Zeige nach außen.

2. Zeichne mit der Spitze deines Stabs/Athames ein Pentagramm in die Luft.
3. Stelle dir vor, wie Energie aus dem Kosmos in dein Werkzeug fließt, deinen Arm hinab durch deinen Körper und in den Boden.
4. Wiederhole dies bei allen Himmelsrichtungen.

Rufe die Himmelsrichtungen an, während du einen Kreis ziehst

Einige Hexen rufen die Himmelsrichtungen an, während sie einen Kreis ziehen. Während du den Kreis abgehst, halte an jeder Himmelsrichtung inne und rufe die Hüter der jeweiligen Himmelsrichtung an. Du kannst dir eine wortgewandte Anrufung überlegen oder einfache die folgende nutzen:

»Hüter der östlichen Sphäre.
Wir bitten dich jetzt um deine Präsenz hier.
Komme, Osten, komme.
Sei heute bei uns.«

Wiederhole dies bei jeder Himmelsrichtung (vergiss nicht, den Namen der jeweiligen Himmelsrichtung anzupassen). Du kannst auch an jedem Punkt eine Kerze anzünden. Wähle eine Farbe, die zur jeweiligen Richtung passt (siehe Kapitel 12).

Die Methode der vier Elemente

Hierbei werden die vier Elemente Erde, Luft, Feuer und Wasser zum Ziehen eines Kreises kombiniert.

1. Fülle eine Schale mit Salzwasser. Sie steht für die Elemente Erde und Wasser.
2. Beginne im Osten und gehe im Uhrzeigersinn. Versprenge dabei das Salzwasser auf dem Boden, um einen Kreis zu ziehen, und sage: »Mit Erde und Waser ziehe ich diesen magischen Kreis.«
3. Als nächstes entzündest du ein Weihrauchstäbchen. Das steht für Feuer und – durch den Rauch – für Luft.
4. Beginne erneut im Osten und gehe im Uhrzeigersinn durch den Kreis. Ziehe den wohlriechenden Rauch hinter dir her, während du sagst: »Mit Feuer und Luft ziehe ich diesen magischen Kreis.«

Wenn es dir lieber ist, kannst du dieses Ritual auch zusammen mit einer anderen Person durchführen. Die eine Person hält die Schale mit Salzwasser, die andere den brennenden Weihrauch.

> *»Bei der Hexerei definieren wir einen neuen Raum und eine neue Zeit, wann immer wir zu Beginn eines Rituals einen Kreis ziehen. Der Kreis existiert an den Grenzen des gewöhnlichen Raums und der gewöhnlichen Zeit. Er ist ›zwischen den Welten‹ des Sichtbaren und des Unsichtbaren … ein Raum, in dem alternative Realitäten aufeinandertreffen, in dem uns die Vergangenheit und die Zukunft offenstehen.«*
>
> – STARHAWK, *DER HEXENKULT* ALS *UR-RELIGION DER GROSSEN GÖTTIN*

Öffnen des Kreises

Hast du deinen Spruch oder dein Ritual abgeschlossen, musst du den Kreis wieder öffnen, um in deine gewöhnliche Existenz zurückzukehren. Nachdem du den »mentalen Zaun« entfernt hast, kann deine Magie in die Welt hinausströmen und sich manifestieren. Zusätzlich musst du gegebenenfalls die Wesen freigeben, die du heraufbeschworen hast. Das geht ganz einfach, indem du die Schritte, die du beim Ziehen des Kreises gemacht hast, in umgekehrter Reihenfolge zurück gehst. Anstatt im Uhrzeigersinn gehst du nun gegen den Uhrzeigersinn. Stelle dir dabei vor, wie sich der von dir aufgebaute Kreis hinter dir wieder auflöst.

Hast du die Hüter der vier Himmelsrichtungen angerufen oder andere körperlose Wesen eingeladen, Gast deines Spruchs oder Rituals zu sein? Dann danke ihnen jetzt für ihre Unterstützung und verabschiede dich von ihnen bis zum nächsten Mal. Halte in jeder Himmelsrichtung inne und sprich laut:

> *»Ich danke dir für deine Anwesenheit hier und für die Unterstützung, die du mir gewährt hast. Bis wir uns wiedersehen, sei gegrüßt, alles Gute und blessed be.«*

Hattest du in allen vier Richtungen Kerzen angezündet, dann lösche sie jetzt, während du die Geister der jeweiligen Richtung freigibst.

Das Ende deines Rituals oder Spruchs ist genauso wichtig wie der Beginn. Bist du fertig mit deiner Arbeit, halte alle Einzelheiten in deinem Grimoire fest. Beschreibe, welche Handlungen du während des Rituals vorgenommen hast. Schreibe die Beschwörungen, Invokationen oder Chants auf, die du verwendet hast. Wenn sich die Ergebnisse deines Spruchs oder Rituals zeigen, notiere, was geschehen ist, wie die Ergebnisse zustande gekommen sind, wie lange es gedauert hat, bis sich Resultate manifestierten, und alles andere, was du für bemerkenswert erachtest.

> *»Bei einem Zauberspruch geht es um Worte und Taten, die gewählt wurden, ein bestimmtes Ziel zu erreichen oder einen bestimmten Wunsch zu erfüllen. Vorangetrieben wird das Ganze vom Willen der Person, die den Spruch oder das Ritual abhält. Worte, Symbole und Hilfsmittel fügen sich zu einem Ritual zusammen. Macht wird geweckt und in das Universum hinausgesandt, um eine Aufgabe zu erfüllen.«*
>
> – Debbie Michaud, *The Healing Traditions & Spiritual Practices of Wicca*

MAGISCHE MUDRAS

Der Begriff »Mudras« kommt aus dem Sanskrit und steht für ein Siegel oder eine Geste und bezieht sich auf eine spezielle Bewegung während eines spirituellen Rituals. Du kennst das vielleicht aus der Meditation, dass manche Menschen Daumen und Zeigefinger zusammenpressen und die anderen Finger ausstrecken. Die Hände zum Gebet zu falten, ist ein anderes Beispiel für eine Mudra. Häufig verbinden wir Mudras mit östlichen Religionen, tatsächlich jedoch nutzen Hexen in allen Regionen der Welt sie für magische Arbeit und für Rituale.

Allgemein gesprochen sind Mudras Gesten oder Posen, die deine Absichten verdeutlichen. Puristen mögen sagen, dass sich der Begriff ausschließlich auf heilige Gesten bezieht, aber wir verwenden ständig »Mudras«, um unsere Absichten zu verdeutlichen – wenn wir einer Freundin zuwinken, als Glücksbringer die Daumen drücken oder wenn wir jemandem applaudieren. Eine Verkehrspolizistin dirigiert den Verkehr mit Gesten ihres Arms, ein Hundetrainer nutzt Handsignale, um seinem Tier Befehle zu geben. Streckst du die Hand mit offener Handfläche von dir, ist das ein klares »Stopp«-Signal. Diese und andere Gesten dienen als aktive Symbole. Außerdem erlauben sie es dir, bei einem Gruppenritual per Zeichensprache zu kommunizieren.

Hexen wissen: Wohin deine Aufmerksamkeit geht, dahin fließt auch Energie. Zeigst du mit dem Finger auf etwas, lenkst du deine Aufmerksamkeit (oder die einer anderen Person) in eine bestimmte Richtung. Das tust du auch, wenn du deine Hand ausstreckst, um einen Kreis zu ziehen. Bei manchen Mudras geht es um Gesten der Hand, bei anderen um den gesamten Körper. Probiere einige dieser Mudras aus, um Energie für magische Zwecke zu steuern:

- Zeichne mit der Hand ein schützendes Pentagramm in die Luft.
- Recke die Hände über deinen Kopf, um Energie vom Himmel herabzuziehen.
- Wenn du eine Gottheit beschwören möchtest, halte einen Arm ausgestreckt über deinen Kopf und leite dann die Energie in dich hinein, indem du die Hand in Richtung deines Herzzentrums ziehst.
- Strecke einen Arm nach oben aus und einen von deinem Körper weg, sodass sie die Form eines Halbmonds imitieren. Auf diese Weise invozierst du den Segen der Mondgöttin.
- Räume einen heiligen Ort frei, indem du mit deinen Armen und Händen Wischbewegungen machst und unerwünschte Energien zerstreust.
- Erde Energien, indem du dich bückst und deine Handflächen flach gegen den Boden drückst.
- Berühre mit deinem Zeigefinger dein drittes Auge, um die Intuition anzuregen.
- Stelle dich hin, strecke deine Arme an deinen Seiten aus, wobei die rechte Handfläche nach oben gewandt ist, um Energie aus dem Himmel zu ziehen, und die linke Handfläche nach unten gerichtet ist, um Energie aus der Erde zu ziehen. Kreuze dann beide Handflächen über deinem Solarplexus, um deinem Körper beide Energien zuzuführen.

- Schiebe unerwünschte Energien von dir. Dazu hältst du die Arme ausgestreckt vor dir, die Handflächen geöffnet und von dir weggewandt. Drehe dich einmal 360 Grad entgegen dem Uhrzeigersinn.
- Lege eine Hand über ein Körperteil oder ein Chakra, um heilende Energie zu senden.
- Bilde mit der Hand Futhark- oder Ogham-Runen (Tabellen zu den Runen findest du in Kapitel 5).

Zeichne die Mudras, die du genutzt hast, in dein Grimoire. Beschreibe, warum und wie du sie eingesetzt hast. Wie hast du dich gefühlt, als du diese magiegeladenen Bewegungen vollzogen hast? Hast du gespürt oder gesehen, wie sich in Verbindungen mit deinem Handeln Energie verlagert hat? Hast du noch etwas anderes erlebt? Was würdest du gegebenenfalls anders machen, um einen anderen Effekt zu erzeugen?

Du findest online und in zahlreichen Büchern viele Informationen über traditionelle Mudras. Überlege, ob und wie du sie in deine Meditationen einbauen kannst, dein Yoga, deine Atemübungen, dein Heilen und/oder andere Praktiken. Wenn du magst, kannst du auch eigene symbolische Gesten entwickeln, die für dich von Bedeutung sind.

MAGISCHER TANZ

Tanz ist möglicherweise eine der ältesten Formen der Magie. Bei den alten Kelten war der Tanz Bestandteil vieler Rituale und Feierlichkeiten. An Beltane um den Maibaum zu tanzen, war ein Symbol für Fruchtbarkeit und diente dazu, die Fruchtbarkeit zu steigern. Magier unserer Frühgeschichte tanzten, um Energie zu erzeugen, um unerwünschte Geisterwesen zu vertreiben, um Gottheiten um Unterstützung zu bitten, um sich auf eine Wellenlänge mit göttlichen Kräften zu bringen, um Heilung zu erleichtern und für vieles mehr. Bis heute tanzen moderne Hexen aus diesen und anderen Gründen. Bei der Gruppenarbeit stimuliert das Tanzen positive Energie und die Personen, die an dem Ritual beteiligt sind, kommen sich näher. Und bei alledem soll eines nicht vergessen werden: Tanzen macht Spaß!

»Der Tanz ist die verborgene Sprache der Seele und des Körpers.«
– Martha Graham

Mystische Bewegungen

Im klassischen indischen Tanz haben Mudras spezielle Bedeutung – durch Bewegungen von Hand und Körper vermitteln die Tanzenden eine Vielzahl von Ideen, sowohl mystischer als auch weltlicher Natur. Sufi-Tanz ermutigt zu Frieden und Harmonie, sowohl im Tänzer als auch in der Außenwelt. Der iranische Sufi-Tanz Samā enthält Bewegungen, die den Planeten entsprechen, dem Verlauf der Jahreszeiten, den Elementen und dem Streben der Menschheit nach Vereinigung mit dem Göttlichen. Auch im Bauchtanz spielen ausdrucksstarke Handbewegungen eine wichtige Rolle.

Bei den indigenen Völkern Nordamerikas stellt Tanzen häufig einen Weg dar, sich mit Mutter Erde und Vater Himmel zu verbinden. Der Tanz regt die Intuition an, die innere Weisheit und die Heilungskräfte. Will ein Tänzer ein Krafttier um Unterstützung bitten, führt er Bewegungen aus, wie sie das real existierende Tier vollführen würde. Schamanen tanzen auch, um Visionen zu bekommen oder in einen Trancezustand zu verfallen.

Der Spiraltanz

Bei dem unter Wicca-Anhängern als Spiraltanz bekannten Gruppentanz verknüpfen die Teilnehmenden ihre Energie miteinander, um ihr Zusammensein und ihre Kreativität zu feiern, um diejenigen zu ehren, die ins Jenseits übergegangen sind, und um den Kreislauf aus Leben, Tod und Wiedergeburt zu symbolisieren. Starhawk, Autorin des Bestsellers *Der Hexenkult als Ur-Religion der Großen Göttin* und Gründungsmitglied des Reclaiming Collectives, entwickelte die grundlegenden Bewegungen dieses Rituals. Erstmals öffentlich aufgeführt wurde der Spiraltanz 1979 in San Francisco.

Der rituelle Tanz wird an Samhain abgehalten, um das Hexen-Neujahr zu begehen und zu zeigen, dass sich das Rad dreht. Die Teilnehmenden halten sich an den Händen und winden sich im Uhrzeigersinn und gegen den Uhrzeigersinn. Die Bewegungen werden häufig von Trommeln, Musik und Chants begleitet und beschwören Macht für Rituale herauf. Du kannst dir auf YouTube ansehen, wie der Tanz abgehalten wird.

Du möchtest an einem Spiraltanz teilnehmen? Das kannst du. In vielen Teilen der Welt begehen Wicca-Anhänger und Neopaganisten dieses erbauliche Ritual. Möglicherweise findest du im Internet eine Gruppe, die diesen Tanz ganz in deiner Nähe abhält. Alternativ lernst du die Schritte und lädst ähnlich gesinnte Menschen dazu ein, gemeinsam mit dir diese Tradition aufleben zu lassen. Trage deine Erfahrungen in dein Grimoire ein.

MAGISCHE LABYRINTHE

Was fällt dir zu dem Begriff »Labyrinth« als erstes ein? Denkst du an die mythische Anlage in Kreta, die der Architekt Dädalus entwarf, um den Minotaurus gefangen zu halten, ein furchteinflößendes Biest, halb Mensch, halb Stier? Bei diesem verschachtelten und mit psychologischem Symbolismus überfrachteten Gefängnis handelte es sich in Wirklichkeit um einen Irrgarten, nicht um ein Labyrinth. Irrgärten sind Puzzle voller Irrgänge und Sackgassen. Labyrinthe dagegen sind magische, unikursale Systeme, die seit Jahrtausenden rund um die Welt als Hilfsmittel für spirituelle Weiterentwicklung genutzt werden.

Mitte der 1990er-Jahre machte die Geistliche Dr. Lauren Artress das aus dem 13. Jahrhundert stammende Labyrinth auf dem Fußboden der Kathedrale im französischen Chartres populär, als sie es in der Grace Cathedral in San Francisco nachbilden ließ. Labyrinthe gehen viele tausende Jahre zurück und erfüllten schon weit vor dem Auftauchen des Christentums mystische und magische Zwecke. Dieses uralte Muster hat einen einzelnen, gewundenen Pfad, der ins Zentrum des Kreises führt. Er steht für die Reise zu unserem eigenen Zentrum beziehungsweise der Quelle.

Der Gang durchs Labyrinth

Labyrinthe lassen sich überall auf der Welt finden und ihr Aufbau kann sich stark unterscheiden (siehe *Labyrinthe: antike Mythen und moderne*

Nutzungsmöglichkeiten von Sig Lonegren). Ein bei vielen Wicca-Anhängern und Neopaganisten beliebtes Labyrinth besteht aus sieben konzentrischen Kreisläufen. Jeder Kreislauf entspricht einer Farbe, einer Note auf der Tonleiter, einem Chakra und einem der mit bloßem Auge sichtbaren Himmelskörper.

Du kannst einen Gang durch ein Labyrinth als eine Form der Meditation vollziehen – er wird dich entspannen und dich ins Gleichgewicht bringen. Ein Labyrinth kann auch ein heiliger Ort sein, an dem du magisch arbeitest. Als kraftvoller Ort zum Senden und Empfangen kann ein Labyrinth Energien fokussieren, verstärken und übertragen. Absichten lassen sich aus seinem Zentrum mit mehr Kraft projizieren und du kannst Botschaften von Gottheiten, Geistwesen und anderen Wesen leichter empfangen.

Hast du im Freien ausreichend Raum für ein Labyrinth zur Verfügung, kannst du dir eines aus Steinen oder Pflanzen bauen oder das Muster in den Boden zeichnen. Du kannst auch ein Labyrinth auf ein großes Stück Papier oder Stoff zeichnen (möglicherweise wirst du mehrere Stücke zusammenkleben müssen). Diese tragbare Version erlaubt es dir, dein Labyrinth, wenn du es gerade nicht in Betrieb hast, zusammenzurollen und platzsparend zu verstauen.

Das Labyrinth-Ritual

Dieses aktive Gruppenritual hilft dir, in Kontakt mit astrologischer Energie zu gelangen und zu verstehen, wie sie sich auf dein eigenes Leben auswirkt. Gleichzeitig ist es eine wunderbare Methode, deine Verbindung zum Kosmos und zur Natur sowie zu anderen magisch Praktizierenden zu zelebrieren.

1. Wähle acht Personen aus, die Sonne, Mond, Merkur, Venus, Erde, Mars, Jupiter und Saturn darstellen. Es bringt mehr Spaß und steigert die Dramatik, wenn sich alle kostümieren oder Masken tragen, die für die Energien des jeweiligen Himmelskörpers stehen (mehr Informationen über die Macht der Planeten und Gestirne findest du in Kapitel 6).
2. Alle Personen stellen sich an den Eingang zu dem Kreislauf, der ihrem Himmelsgestirn entspricht (siehe Abbildung).
3. Alle Personen, die am Ritual teilnehmen, durchlaufen das Labyrinth. Wenn du zum Eingang eines Kreislaufs kommst, sagt die für dieses Gestirn »zuständige« Person einen Schlüsselbegriff, der sich auf das Wesen des Himmelskörpers bezieht. Die Person am Eingang zum Venus-Kreislauf beispielsweise könnte »Liebe« oder »Schönheit« sagen.
4. Während du den Kreislauf für dieses Gestirn durchläufst, denke über die Bedeutung des betreffenden Schlüsselbegriffs nach.
5. Während du dich dem Zentrum des Labyrinths näherst, denke darüber nach, wie du auf die Energie jedes Planeten reagierst. Wie

fühlt sich der Planet für dich an? Inwieweit betrifft er dich persönlich?

6. Mache so weiter, bis du sämtliche Kreisläufe absolviert und das Zentrum des Labyrinths erreicht hast.
7. Verbringe so viel Zeit im Mittelpunkt, wie du möchtest.
8. Auf dem Rückweg aus dem Labyrinth durchläufst du die Kreisläufe in umgekehrter Richtung. Denke dabei darüber nach, wie du die Energie jedes Planeten in der allgemeinen Welt ausdrückst. Wie wirkt er sich auf deine Beziehungen zu anderen Menschen aus? Wie kannst du besser mit den Herausforderungen umgehen, vor die dich jeder Himmelskörper stellt?
9. Nachdem alle Teilnehmenden Gelegenheit hatten, das Labyrinth zu durchlaufen, tauscht euch über eure Erfahrungen aus.

Vergiss nicht, die Ereignisse dieses Rituals in deinem Grimoire festzuhalten. Was hast du empfunden? Welche Erkenntnisse hast du gewonnen? Hattest du Visionen? Wie hast du auf die anderen Teilnehmenden an diesem Ritual reagiert? Sind dir innerhalb des Labyrinths irgendwelche Geistwesen aufgefallen? Hast du dich den Himmelskörpern und ihren Kräften näher gefühlt oder sie klarer erkannt?

Es gibt Menschen, die sagen, man könne sich die Energie eines Labyrinths zunutze machen, ohne es dafür durchlaufen zu müssen. Zeichne ein Labyrinthmuster in dein Grimoire und laufe die Kreisläufe langsam mit dem Finger ab, bis ganz hinein ins Zentrum und dann wieder zurück. Welche Erfahrungen hast du dabei gemacht?

Kapitel 14

MAGISCHE TRÄNKE

Greifen wir noch einmal den Kochbuch-Vergleich auf. In vielen Kochbüchern sind die Rezepte danach organisiert, welche Rolle sie bei einer Mahlzeit spielen, wie sie zubereitet werden oder wie man sie verzehrt. Es gibt ein Kapitel über Vorspeisen und ein anderes über Getränke. Auf diese Weise kann die Köchin rasch das finden, was ihren Absichten entspricht. Du kannst dein Grimoire ganz ähnlich organisieren, um es dir bequem zu machen.

Die meisten Hexen arbeiten mit einer Vielzahl unterschiedlicher Sprüche. Wir mischen Tränke und Lotionen, Salben und Balsame, wir produzieren Talismane und Amulette und vieles mehr. Dein Buch der Schatten nach dieser Methode zu organisieren, kann hilfreich sein, wenn es darum geht, Zutaten für einen Spruch zu sammeln oder zu kaufen. Gleichzeitig hilft es dir zu erkennen, welche Sprüche du aus dem Stand mit den Dingen, die du gerade zur Verfügung hast, erstellen kannst.

AUSWAHL DER KATEGORIEN

Erstelle eine Liste der Sprüche, die du regelmäßig einsetzt. Bist du eine Heilerin? Dann wird sich deine Arbeit in erster Linie auf Sprüche konzentrieren, die dazu dienen, Leiden zu heilen und das Wohlergehen zu steigern. Bist du eine grüne Hexe? Dann wirst du vermutlich in erster Linie auf pflanzliche Dinge setzen.

Als nächstes solltest du dir überlegen, wie du am liebsten arbeitest. Ich kenne beispielsweise eine Frau, die es mit dem Rat von Hippokrates hält: »Der Weg zur Gesundheit ist täglich ein Aromabad und eine duftende Massage.« Sie erstellt alle möglichen Arten wunderbarer Seifen und Badeprodukte mit ätherischen Ölen und anderen natürlichen Substanzen. Die medizinischen und magischen Eigenschaften ihrer Zutaten wirken sich positiv auf die Gesundheit aus.

Welche natürlichen Talente besitzt du? Vielleicht bist du eine wahre Zauberin in der Küche und stellst fabelhafte magische Mahlzeiten her. Oder du bist eine gute Näherin und entwirfst Traumkissen, Umhängetaschen oder Kleidung für Rituale. Eine befreundete Juwelierin stellt aus Edelsteinen und Metallen wundervollen magischen Schmuck her.

Einfluss auf deine Entscheidungen kann auch der Ort haben, an dem du mit Magie arbeitest. Hast du einen speziellen Raum oder Bereich für deine magischen Aktivitäten? Lebst du mit anderen Menschen zusammen, die deinen Glauben und deine Praktiken nicht verstehen oder unterstützen? Wie viel Raum steht dir für das Lagern von Materialien zur Verfügung?

Derartige Überlegungen können sich darauf auswirken, mit welchen Arten von Zaubersprüchen du arbeitest.

Und auch Faktoren wie deine finanzielle Lage, wie mobil du bist, wie alt, wie gesund du bist oder wie leicht du an bestimmte Zutaten kommst, können entscheidend dazu beitragen, welche Art von Sprüchen du durchführst. Wenn das ganze Thema Hexerei noch neu für dich ist, probierst du am besten alles einmal aus, damit du feststellen kannst, was dir am besten gefällt und worin deine Stärken liegen. Nach einer Weile wirst du vermutlich einige Arten bevorzugen und andere eher links liegen lassen. Die meisten von uns haben Lieblingssprüche, die wir regelmäßig einsetzen, und denen kannst du in deinem Grimoire einen »Ehrenplatz« einräumen. Andere kannst du zurückstellen oder ganz rauswerfen. Vergiss nicht: Dein Grimoire ist nicht nur dein magisches Journal, sondern auch dein Arbeitsbuch. Wenn du dich dafür entscheidest, etwas in dein Grimoire aufzunehmen, solltest du es auch nützlich, erfreulich, interessant oder wirksam finden.

TRÄNKE

Wenn es um legendäre Gebräue geht, stehen magische Tränke ganz weit oben auf der Liste. Wer erinnert sich nicht an den Zaubertrank, der Alice im Wunderland auf 25 Zentimeter Größe einschrumpfte? Oder den, den die kleine Meerjungfrau trank, damit ihr Fischschwanz sich in Beine verwandelt? Harry Potter und seine Freunde lernten in Hogwarts alle möglichen Tränke zu brauen, darunter auch einen namens »flüssiges Glück«.

Am beliebtesten sind natürlich Liebestränke, an ihnen sind Menschen mindestens seit der Antike interessiert. Plinius der Ältere, ein römischer Philosoph aus dem 1. Jahrhundert, empfahl ein Elixier, das als Zutaten Nilpferdschnauze und Hyänenaugen erforderte. Und Kleopatra hat angeblich in Essig aufgelöste Perlen geschlürft, um ihre sexuelle Ausstrahlung zu verstärken.

»Hab ich den Saft erst, so belausch ich, wenn sie schläft,
Titanien, und träufl' ihn ihr ins Auge.
Was sie zunächst erblickt, wenn sie erwacht,
Sei's Löwe, sei es Bär, Wolf oder Stier,
Ein naseweiser Aff, ein Paviänchen:
Sie soll's verfolgen mit der Liebe Sinn«

– William Shakespeare, *Ein Sommernachtstraum*

Love Potion Number 9

Der Name erklärt sich dadurch, dass du dafür neun Zutaten benötigst. Die magischen Eigenschaften der Zutaten verleihen dem Trank seine Macht.

WAS DU BENÖTIGST:

- einen Kessel
- Rotwein (alternativ: Apfelsaft)
- einen Tropfen Honig
- eine Prise gemahlener Ingwer
- eine Prise Cayennepfeffer
- einen Tropfen Vanille-Extrakt
- geriebene Schokolade
- ¼ Teelöffel gemahlene Rosenblüten (rot)
- einen Silberlöffel

1. Wenn du einen Kessel hast, nutze ihn für diesen Zauber. Alternativ kannst du einen schönen gläsernen Kelch ausspülen und diesen verwenden.
2. Ziehe einen Kreis um deine Arbeitsfläche.
3. Schütte den Wein (oder Apfelsaft) in den Kessel.

4. Gib Honig, Ingwer, Cayennepfeffer und Vanille hinzu.
5. Rasple ein wenig Schokolade oben auf die Flüssigkeit.
6. Sprenkle die Blütenblätter auf das Getränk.
7. Rühre das Ganze mit dem Silberlöffel drei Mal im Uhrzeigersinn, um die Zutaten zu vermischen.
8. Trinke den Trank, um für mehr Liebe in deinem Leben zu sorgen.
9. Öffne den Kreis.

Zutaten für Tränke

Bei »Zaubertränken« denken wir häufig an Flüssigkeiten, die eine Person trinkt, um einen gewünschten Zustand herbeizuführen. Weil diese Tränke konsumiert werden, musst du sehr sorgfältig darauf achten, ausschließlich unbedenkliche Zutaten zu verwenden. Der Geschmack ist hier nebensächlich – tatsächlich schmecken viele Tränke nicht gut. Heilende Tränke enthalten zumeist medizinisch wirksame Kräuter, andere Getränke setzen vor allem auf symbolische Entsprechungen, auch wenn manche Tränke Substanzen enthalten, die nachweislich physiologische Wirkung haben. Schokolade beispielsweise stimuliert die Freisetzung von Endorphinen im Gehirn und versetzt uns in eine Hochstimmung, die dem Verliebtsein ähnlich ist. Deshalb spielt Schokolade eine so prominente Rolle bei Liebeszaubern.

Wenn du einen Abschnitt deines Grimoires für Tränke reservieren möchtest, solltest du das Ganze noch einmal unterteilen, und zwar danach, welche Art von Sprüchen du am häufigsten nutzt – Liebe, Wohlstand, Heilung, Schutz und so weiter. Die folgende Liste enthält einige Zutaten, die du möglicherweise für diese Tränke auf Lager haben solltest.

HÄUFIG BENÖTIGTE ZUTATEN FÜR ZAUBERTRÄNKE		
Zweck	Kräuter und Gewürze	Andere Lebensmittel und Getränke
Liebe	Ingwer, Cayennepfeffer, Majoran, Vanille, Zimt, Rosmarin, Kardamom, Saffran	Rotwein, Äpfel, Aprikosen, Himbeeren, Erdbeeren, Honig, Ahornsirup, Zucker, Schokolade, Spargel, Kastanien, Austern

HÄUFIG BENÖTIGTE ZUTATEN FÜR ZAUBERTRÄNKE		
Zweck	Kräuter und Gewürze	Andere Lebensmittel und Getränke
Wohlstand	Minze, Zimt, Nelke, Petersilie, Dill	Champagner, Bier, Kaviar, Alfalfa, Gerste, Mais, Sonnenblumenkerne, Cashewnüsse, Pekannüsse, Hopfen, Spinat, Feigen
Schutz	Basilikum, Anis, Fenchel, Petersilie, Rosmarin, Salbei, Cayennepfeffer	Knoblauch, Pinienkerne, Hamamelis, Salz, Senf, Pilze, Zwiebeln, Cranberrys
Glück	Piment, Lorbeerblätter, Nelke, Zimt, Pfeffer, Muskatnuss	Haselnüsse, Cashewnüsse, Oliven, Sonnenblumensamen, Kaffee, Bambussprossen, Paprika, Kohl
Heilung	Kamille, Ingwer, Schafgarbe, Pfefferminze, Beinwell, Ringelblumen	Essig, Aloe, Kokosnuss, grüner Tee, Melasse, Lachs, Joghurt, Mandeln, Löwenzahn, Pak Choi, Wasserkresse

LOTIONEN, BALSAME UND SALBEN

Viele der heilenden Lotionen, Balsame und Salben enthalten Zutaten mit bekannten medizinischen Eigenschaften. Eukalyptus und Pfefferminze beispielsweise helfen bei verstopften Nebenhöhlen. Aloe beruhigt verbrannte Haut. Viele Hexen betätigen sich heilend, aber selbstverständlich mischen wir auch magische Dinge für andere Zwecke zusammen. In solchen Fällen stammt die Macht eines Spruchs normalerweise aus der symbolischen Natur seiner Bestandteile. (Kapitel 16 enthält hilfreiche Tabellen zu diesem Punkt.)

Wenn du Lotionen, Balsame oder Salben herstellen willst, achte darauf, keine giftigen Zutaten zu verwenden, die bei den Empfängern deiner Produkte zu unerwünschten Folgen führen können. Ätherische Öle solltest du in einem »Trägeröl« aus Oliven, Traubenkernen, Jojoba oder Kokosnuss verdünnen. Erkundige dich bei der Person, für die du den Zauber durchführst, ob sie gegen bestimmte Dinge allergisch ist, beispielsweise gegen Nüsse oder Weizen. Bevor du die Substanz großzügig aufträgst, solltest du sie immer erst einmal in einer kleinen Dosis ausprobieren.

Viele Lotionen sind dafür gedacht, dass man sich damit einreibt, aber manche können beim Umgang mit der Magie auch auf andere Gegenstände aufgetragen werden. Hexen verwenden Öle, um Kerzen einzureiben oder um magische Werkzeuge, Edelsteine, Kristalle, Talismane und Amulette zu salben. Gefällt dir ein ätherisches Öl besonders gut, kannst du natürlich auch einen Tropfen auf eine Seite deines Grimoires träufeln.

Wohlstandsöl

Diese magische Lotion kann sehr vielseitig eingesetzt werden – für sich allein oder in Verbindung mit anderen Sprüchen, die dazu dienen, Geld oder andere Formen von Überfluss anzulocken. Mische sie während eines zunehmenden Monds, vorzugsweise an einem Donnerstag.

WAS DU BENÖTIGST:

- eine grüne Glasflasche mit Deckel oder Verschluss
- 120 ml Öl (Olive, Mandel, Traubenkern)
- einige Tropfen ätherisches Pfefferminzöl
- goldenen oder silbernen Glitter
- ein kleines Stück Tigerauge oder Aventurin

1. Säubere Flasche und Edelstein mit milder Seife und Wasser, trockne sie anschließend ab.
2. Ziehe einen Kreis um die Fläche, in der du arbeiten wirst.
3. Gieße das Öl in die Flasche.
4. Gib das ätherische Pfefferminzöl und den Glitter hinzu
5. Gib das Tigerauge oder Aventurin zur Mischung hinzu, verschließe die Flasche dann und schüttele sie dreimal, um den Trank aufzuladen.
6. Öffne den Kreis.

Halte in deinem Grimoire fest, wie du dieses Wohlstandsöl verwendest. Natürlich solltest du auch aufschreiben, welche Erfolge jede Nutzung gebracht hat. Waren die Ergebnisse besser, als du das Öl auf deinen Körper aufgetragen hast? Oder auf Kerzen oder Edelsteinen? Hast du es damit versucht, etwas auf dein Portemonnaie zu träufeln? Hast du es in Kombination mit anderen Sprüchen eingesetzt? Wenn ja, mit welchen? Was ist geschehen?

RITUELLE BÄDER

Bist auch du, wie Hippokrates, der Meinung, dass ein Aromabad eine feine Sache ist? Seit Jahrtausenden baden Menschen aus therapeutischen Gründen und daran hat sich bis heute nicht viel geändert. Rund um die Welt gibt es Spas, die alle nur denkbaren herrlichen Anwendungen anbieten, bei denen du dich in einen Pool, eine Quelle oder eine Wanne voller Wasser legst, das geheimnisvolle heilende Eigenschaften aufweist.

Es gibt Hexen, die Wasserkuren gut finden, also das Eintauchen in mineralienhaltige natürliche Quellen oder in eine Wanne, bei der das Badewasser ätherische Öle enthält. Aber wir baden auch aus esoterischen Gründen. Ein rituelles Bad bedeutet mehr, als Schmutz und Keime abzuwaschen – es erlaubt dir gleichzeitig, den Stress (und externe Störquellen) des Tages abzubauen, zu entspannen und dich auf magische Arbeit einzustimmen. Es ist ein wenig wie beim Säubern deines geheiligten Orts von schlechten Stimmungen. Der »Tempel« ist in diesem Fall dein Körper. Bei manchen Liebeszaubern muss man vor dem Arbeiten mit Magie ein rituelles Bad mit seinem Partner nehmen.

Du könntest dein Reinigungsritual um die folgenden Schritte ergänzen:

- Zünde dir Kerzen an und/oder spiele sanfte Musik ab.
- Stelle an jede Ecke deiner Wanne Zitrinkristalle. (Goldfarbenes Zitrin verfügt über säubernde Eigenschaften.)
- Gib Badesalze und/oder ätherische Öle, die deinen Absichten entsprechen, ins Wasser: Rose für Liebe, Minze für Wohlstand, Lavendel für Seelenfrieden.
- Gib Blütenblätter, die für deine Absichten stehen, ins Badewasser.

- Lade die Undinen oder deine liebste Wassergottheit (Oshun, Mami Wata, Aphrodite, Anuket, Thalassa, Eurybia, Poseidon, Ganga, Nymue) dazu ein, sich dir anzuschließen.

Halte anschließend deine Erfahrungen in deinem Grimoire fest. Was hast du deinem rituellen Bad hinzugegeben? Was hast du gespürt, gesehen, gefühlt? Trug das rituelle Bad zur anschließenden magischen Arbeit bei? Auf welche Weise?

Reinigendes Bade-Peeling

Probiere dieses wohlriechende Peeling vor einem Ritual oder einem Zauberspruch aus. Nimm warmes – kein heißes – Wasser und wende das Peeling nicht im Gesicht an. Bei sensibler Haut solltest du die Kräuter und ätherischen Öle besser mit dem Öl vermischen und das Salz weglassen. Reibe das Öl sanft vor dem Bad in die Haut ein und spüle es dann gründlich ab.

WAS DU BENÖTIGST:

- zwei Teelöffel Lavendelblüten (frisch oder getrocknet)
- zwei Teelöffel Kamillenblüten (frisch oder getrocknet)
- eine halbe Tasse Meersalz oder Bittersalz
- ein verschließbares Glas
- eine kleine Glasschale
- eine halbe Tasse Pflanzenöl (etwa Süßmandel, Olive, Traubenkern oder Jojoba)
- drei Tropfen ätherisches Lavendelöl
- drei Tropfen ätherisches Weihrauchöl
- einen feuchten Waschlappen

1. Reinige zunächst sämtliche Zutaten. Stelle dir dazu vor, wie sie in weißes Licht gebadet sind.
2. Mahle die Blüten ganz fein, während du laut erklärst, dass sie deinen Körper, deinen Geist und deine Seele säubern und reinigen werden.
3. Gib das Salz in das Glas.
4. Vermische die Öle in der Schale.
5. Gib die Mischung zum Salz, verschließe das Glas und schüttele gründlich, damit sich alles vermischt.

6. Öffne das Glas und streue die Kräuter über die Öl-Salz-Mischung. Schließe das Glas erneut und schüttele es ein letztes Mal.
7. Gib etwa einen Teelöffel dieser Mischung in die Mitte eines sauberen, feuchten Waschlappens oder auf deine Handfläche. Reibe die Salze sanft in deine Haut ein. Stelle dir vor, wie sie alles an negativer Energie lösen, was an dir haften mag. Spüre, wie die reinigenden Zutaten deinen Körper durchnässen, wie sie deine Aura säubern und deinen Geist beruhigen.
8. Wenn du dich ausreichend gesäubert fühlst, tauche in das Badewasser ein und spüle das Salzpeeling zusammen mit allen negativen Energien fort.
9. Steige aus dem Bad und trockne dich sanft mit einem sauberen Handtuch ab. Wenn du möchtest, lege rituelle Kleidung an, bevor du mit deiner magischen Arbeit beginnst.

TALISMANE, AMULETTE UND FETISCHE

Hast du etwas, das du zu deinem Schutz oder als Glücksbringer trägst? Dann reihst du dich in eine jahrtausendealte Tradition ein. Schon die alten Ägypter legten den Särgen ihrer Herrscher Glücksbringer bei, die dafür sorgen sollten, dass die Seelen der Verstorbenen unbeschadet ins Jenseits wechseln. Bei den alten Griechen zogen Soldaten mit Schutzamuletten in die Schlacht. Ein Amulett oder Talisman kann ein einzelner Gegenstand sein, der für seinen Träger besondere Bedeutung hat, es kann aber auch eine Kombination aus mehreren Gegenständen sein – Edelsteine, pflanzliche Stoffe, magische Bilder und dergleichen, das Ganze verpackt in einem Medizinbeutel, der für einen speziellen Zweck entwickelt wurde. Der Talisman beziehungsweise das Amulett beziehen Kraft aus der Energie der Zutaten und daraus, dass du an ihre magischen Fähigkeiten glaubst.

> *»Hexerei ist mehr als eine Praktik, es ist eine Art zu leben. Eine Art, das Körperliche und das Spirituelle als kollaborative Quelle der Manifestation zu betrachten.«*
>
> – Dacha Avelin, *Embracing Your Inner Witch*

Amulette

Viele Personen verwenden die Begriffe »Amulett«, »Talisman« und »Glücksbringer« synonym, dabei unterscheiden sich diese drei Formen tragbarer Magie. Jeder Gegenstand erfüllt seinen eigenen, individuellen Zweck und hat seinen eigenen Anwendungsbereich.

Der Begriff »Amulett« kommt vom lateinischen *amuletum*, was so viel wie »Glücksbringer« bedeutet – insofern ist es natürlich kein Wunder, dass viele Menschen das eine mit dem anderen verwechseln. Bei den Griechen hießen Amulette *amylon*, »Essen«. Diese Definition impliziert, dass die Menschen den Göttern und Göttinnen Lebensmittel opferten, um im Gegenzug ihren Schutz zu erhalten. Vielleicht haben sie als eine Art Amulett etwas von der Opfergabe gegessen oder bei sich getragen. Die alten Griechen trugen beispielsweise Blätter bei sich, auf denen zum Schutz vor Flüchen der Name der Athene geschrieben stand. Und wir alle kennen natürlich die Gepflogenheit, zur Abwehr von Wesen, die uns Böses wollen, Knoblauch aufzuhängen.

Hexen verwenden Amulette vor allem als Schutzmaßnahme. Ein Amulett wehrt Gefahren ab und schützt den Träger vor allem möglichen Schaden – vor Krankheiten, Angriffen, Unfällen oder Verletzungen, Diebstahl, Naturkatastrophen, bösen Absichten oder schwarzer Magie. Amulette bleiben passiv, bis eine externe Quelle es erfordert, dass sie ihre Energie einsetzen. Insofern kann sich die in einem Amulett schlummernde Macht über einen sehr langen Zeitraum hinweg halten.

Amulette und der Mond

Normalerweise ist der abnehmende Mond die beste Zeit für die Herstellung von Amuletten. Ebenfalls empfehlenswert ist die Zeit, wenn Sonne und/oder Mond im Zeichen Steinbock stehen, oder an einem Samstag.

Amulette kannst du aus allen möglichen Materialien herstellen, aus Stein, aus Metall oder aus gebündeltem Pflanzenstoff. Selbst ein Symbol, das du auf ein Stück Papier gezeichnet hast, kann ausreichen. Sorge einfach dafür, dass alles, was du deinem Amulett mitgibst, deine Absichten widerspiegelt.

Besonders beliebt sind seit jeher Edelsteine, das galt für unsere Vorfahren ganz genauso wie für die heutige Zeit. Amulette wurden manchmal wegen ihrer Form ausgewählt oder wegen ihres Fundorts. Ein Stein mit einem Loch darin beispielsweise sollte Schutz vor boshaften Feen bieten (weil diese sich in dem Loch verfangen würden). Fand man einen Kristall im Umfeld einer heiligen Quelle, die für ihre gesundheitsförderlichen Eigenschaften bekannt war, so galt dieser Kristall als positiv für das Wohlergehen. Hexen greifen als Schutzmaßnahme auch zu Pflanzen. Einige botanische Amulette enthalten Kräuter, die für ihre heilende oder reinigende Wirkung geschätzt werden, andere setzen auf deren symbolische Kraft.

Die Magier der Antike haben präzise Anweisungen zur Herstellung von Amuletten gegeben. Die grundsätzlichen Bestandteile müssen genau organisiert und abgemessen werden und Arbeiten sind in einer streng vorgegebenen Reihenfolge durchzuführen. Angenommen, du möchtest für eine kranke Person ein Heilamulett herstellen. Dein Grundmaterial wäre dann Kupfer. Zunächst würdest du ein Emblem für Erholung auftragen, weil es dein Hauptziel ist, dass sich die Person erholt. Anschließend könntest du noch ein Symbol für fortwährenden Schutz hinzufügen, damit die Krankheit nicht zurückkehren kann.

Schutzamulett

Findest du, dass etwas zusätzlicher Schutz eine gute Sache für dich wäre? Dieses Amulett hilft, dich vor Verletzungen oder Krankheiten zu schützen. Führe den Zauberspruch während des abnehmenden Monds durch, vorzugsweise an einem Samstag.

WAS DU BENÖTIGST:

- ein Stück Türkis
- schwarze Farbe oder Nagelpolitur
- ätherisches Rosmarinöl
- Kiefern-Weihrauch
- ein Räuchergefäß
- Streichhölzer/Feuerzeug
- Salzwasser

1. Reinige den Türkis mit Wasser und milder Seife, tupfe ihn anschließend trocken.

2. Ziehe einen Kreis um den Bereich, in dem du deinen Zauberspruch wirken wirst.

3. Zeichne mit der Farbe oder der Nagelpolitur die Schutzrune Algiz (siehe Kapitel 5) auf den Stein.

4. Reibe die andere Seite des Steins mit etwas ätherischem Rosmarinöl ein.

5. Lege den Weihrauch in das Gefäß und zünde ihn an.

6. Besprenkle den Stein mit Salzwasser und halte ihn dann einige Augenblicke in den Rauch, um ihn aufzuladen.

7. Öffne den Kreis.

8. Trage das Edelstein-Amulett ständig bei dir, damit es dich vor Schaden bewahrt, beziehungsweise gib es der Person, die du beschützen möchtest.

TALISMANE

Talismane nehmen aktiv teil an magischer Arbeit. Amulette bleiben inaktiv, bis eine Kraft von außen auf sie einwirkt und ihre Energie weckt, wohingegen Talismane Zustände anstoßen. Heutzutage ist ein Talisman alles, was speziell in der Absicht erschaffen wurde, ein erwünschtes Ergebnis herbeizuführen oder zu aktivieren – Liebe, Wohlstand, Erfolg und so weiter.

Wann stellt man Talismane her?

In den meisten Fällen sollten Talismane bei zunehmendem Mond hergestellt oder erworben werden. Berücksichtige bei der Herstellung von Liebes-Talismanen die Position der Venus. Bei einem Talisman für Glück oder Fülle ist die Position von Jupiter von Bedeutung.

Anders als Amulette können Talismane auch über größere Entfernungen hinweg Wirkung entfalten. Ein Liebes-Talisman beispielsweise kann einen Partner vom anderen Ende der Welt anlocken. Talismane sind – zumindest was die Reichweite ihrer Energie anbelangt – machtvoller als Amulette, dafür schwindet ihre Energie in den meisten Fällen aber auch rasch, da sie sie ständig abstrahlen und nicht warten, bis sich die Notwendigkeit ergibt, die Energie einzusetzen.

Genau wie Amulette müssen Talismane Materialien enthalten, die für ihre Funktion geeignet sind. Bei einem Liebes-Talisman etwa könntest du mit Rosenquarz arbeiten, mit Rosenblättern, kleinen herzförmigen Symbolen oder anderen Dingen, die für Liebe stehen. Ein wirksamer Talisman kann ganz einfach sein, etwa ein einzelner Edelstein, oder etwas Komplexes, das aus zahlreichen sorgfältig ausgewählten Einzelteilen besteht. (In Kapitel 16 findest du eine Auflistung, welche Dinge für was stehen.) Während du einen Talisman herstellst, solltest du Affirmationen oder Beschwörungen rezitieren und den Talisman anweisen, deine Absichten umzusetzen. Du lädst ihn auf, indem du ihn mit Salzwasser besprenkelst oder in den Rauch von brennendem Weihrauch hältst.

Die Lampe des Aladin

Es gibt viele alte Geschichten von Geistern, die in Talismanen leben und von Zauberern dazu gebracht werden, ihre Wünsche zu erfüllen. Auch die Lampe des Aladin war eine Art Talisman. In ihr lebte ein mächtiger Flaschengeist, ein sogenannter Dschinn.

So verwendest du Talismane und Amulette

Die meisten Menschen tragen Talismane und Amulette am Leib, aber du kannst sie auch auf andere Weise einsetzen:

- Du kannst den Talisman oder das Amulett auf deinen Altar stellen.
- Du kannst den Talisman oder das Amulett auf deinen Schreibtisch in die Nähe deines Computers stellen.
- Du kannst einen Talisman oder ein Amulett über den Eingang zu deinem Zuhause hängen.
- Kennst du dich mit Feng-Shui aus? Dann platziere den Talisman oder das Amulett in den Abschnitten deines Zuhauses, die deinen Absichten entsprechen.

- Lege dir einen Talisman oder ein Amulett nachts unter das Kopfkissen.
- Lege einen Talisman oder ein Amulett in das Handschuhfach deines Wagens.
- Bringe einen Talisman oder ein Amulett am Halsband deines Haustiers an.
- Vergrabe den Talisman oder das Amulett in deinem Garten.
- Lege an deinem Arbeitsplatz einen Talisman oder ein Amulett in deine Ladenkasse.

FETISCHE

Der Begriff stammt möglicherweise vom lateinischen *facticius* (»künstlich«) und wurde über das portugiesische *feitico* und das französische *fétiche* zum deutschen »Fetisch«. Jeder Gegenstand kann ein Fetisch sein, solange die Person, die ihn trägt, eine starke emotionale Verbindung zu dem Objekt verspürt oder ihn als Stellvertreter einer höheren Autorität (wie einem Geist oder einer Gottheit) erachtet.

Ein Fetisch steht für eine einzige Aufgabe – du würdest niemals einen einzelnen Fetisch tragen, der gleichzeitig für Liebe, Schutz und Erfolg zuständig ist. Viele Fetische dienen als »Einmal-Zauber« und wann immer du Hilfe benötigst, brauchst du einen anderen Fetisch. Eine Hexe kann auf einen Schlag einen Schwung Fetische herstellen, die allesamt demselben Zweck dienen. Sie könnte beispielsweise eine Reihe Fetische herstellen, die zu künstlerischen Aktivitäten stimulieren. Dazu würde sie Lorbeerblätter (sie stehen für den Sonnengott Apoll) in gelbes Tuch wickeln (die Farbe der Kreativität) und diese Päckchen durch eine Beschwörung aufladen. Wann immer sie ein wenig Inspiration benötigt, kann sie eines der Päckchen verwenden.

Fetische zur Einmalnutzung aktivierst du, indem du sie trägst, sie verbrennst, sie vergräbst oder sie in fließendem Wasser schwimmen lässt. Beim Verbrennen werden deine Wünsche freigesetzt und die Energie zerstreut sich am Himmel. Das Vergraben hilft der Energie zu wachsen. Das Schwimmen im Wasser transportiert die Energie dorthin, wo sie erwünscht ist oder benötigt wird.

Halte in deinem Grimoire Informationen über die Amulette, Talismane und Fetische fest, die du erschaffen hast. Wann hast du sie gemacht? Hast du sie für dich hergestellt oder für eine andere Person? Was hast du dabei gefühlt, gespürt, gesehen oder erlebt? Schreibe auf, welche Zutaten du verwendet hast, wie du bei der Arbeit mit Sprüchen vorgegangen bist, welche Beschwörungen du eingesetzt hast und was sonst noch bedeutsam war. Schreibe die Ergebnisse auf, wie lange es gedauert hat, bis sich eine Wirkung zeigte, und was du in Zukunft anders machen könntest.

Kapitel 15

MIT MAGISCHEN GERÄTSCHAFTEN ARBEITEN

Auf jedem Gebiet verlassen sich Praktiker auf bestimmte Werkzeuge und Hilfsmittel, um ihre Aufgaben möglichst gut zu bewältigen. Gärtner arbeiten mit Schaufel und Hacke, Zimmermänner brauchen Hämmer und Sägen, in der Küche geht es nicht ohne Töpfe und Pfannen. Auch bei der Arbeit mit der Magie kommt besonderes Werkzeug zur Anwendung – Werkzeug, das das Unterbewusstsein auf eine Weise anspricht, die die magische Arbeit fördert. Die Form eines Werkzeugs, das Material, aus dem es hergestellt ist, und andere Aspekte können Hinweise auf den Symbolismus eines Geräts und damit auf seine Rolle in der Magie liefern.

Natürlich benötigst du nicht wirklich Zubehör, um Zaubersprüche zu formulieren und anzuwenden – das wichtigste »Werkzeug« von allen ist dein Geist. Der Inhalt eines Hexen-Werkzeugkastens stellt allerdings eine gute Hilfe bei der Arbeit mit Magie dar. Die Geräte unterstützen dich dabei, deine Konzentration zu schärfen. Magisches Gerät bei einem Zauberspruch oder Ritual einzusetzen, ist zudem auch gut für Dramatik und Spannung, was wiederum der Magie etwas zusätzlichen Schub verleihen kann.

Wenn du – wie die meisten Hexen – bei deiner Arbeit magische Gerätschaften einsetzen möchtest, solltest du deine Gedanken dazu in deinem Grimoire festhalten. Woher hast du dein Werkzeug? Hast du es gekauft oder selbst hergestellt? Beschreibe, wie du das Werkzeug geweiht und magisch aufgeladen hast. Wie arbeitest du mit deinem Werkzeug? Schreibe auf, bei welchen Zaubersprüchen und Ritualen du welches Gerät einsetzt. Wie fühlst du dich dabei? Wie beeinflussen die

Werkzeuge deine Arbeit? Du kannst in deinem Buch der Schatten auch einen besonderen Abschnitt für jedes Werkzeug und die damit verbundenen Sprüche und Rituale anlegen.

> *»Magie … nutzt alle Formen von Realität, die Welt selbst, als ihr Medium.«*
>
> – Bill Whitcomb, *The Magician's Companion*

DIE ROLLE DES SYMBOLISMUS

Wir haben viel über Symbole und ihre Rolle in der magischen Arbeit gesprochen. Nutzt du das Werkzeug einer Hexe, nutzt du auch dessen Symbolismus. Besitzt du bereits eine Auswahl an magischen Hilfsmitteln, ist dir vermutlich bekannt, wofür sie stehen. Besitzt du noch keine Gerätschaften, nimm dir die Zeit, dich mit ihren Verbindungen und ihren Aufgaben bei der Magie vertraut zu machen.

Maskuliner und femininer Symbolismus

Die Form magischer Werkzeuge entspricht dem menschlichen Körper. Die fünf Punkte des Pentagramms stehen für die fünf »Punkte« des Körpers – Kopf, Arme und Beine. Zauberstab und Athame symbolisieren männliche Kraft oder Yang-Energie und sehen fraglos phallisch aus. Dasselbe gilt für das Ritualschwert und den Stab (oder Knüppel). Kelch und Kessel sind geformt wie der Schoß und stehen für weibliche oder Yin-Energie. Genauso Glocken und Schüsseln. Hexen setzen Zauberstab und Athame häufig dazu ein, Energie zu projizieren, wohingegen Kessel und Kelch Energie aufnehmen und fördern.

Elementarer Symbolismus

Die vier wichtigsten Werkzeuge entsprechen darüber hinaus auch den vier Elementen Feuer, Wasser, Luft und Erde. Der Zauberstab steht für das Element Feuer, der Kessel für das Element Wasser, der Athame für die Luft und das Pentagramm für die Erde. Du weißt vielleicht, dass diese Hilfsmittel im Tarot als die vier Farben der Kleinen Arkana auftauchen: Stäbe, Schwerter (oder Dolche, also Athame), Kelche (oder

Pokale) und Münzen (oder Pentagramme). Diese vier Farben beschreiben fundamentale Lebensenergien und Wege, mit der Welt zu interagieren. Diese Zusammenhänge solltest du im Hinterkopf behalten, wenn du die Tarotkarten legst, wenn du einen Zauberspruch wirkst oder ein Ritual durchführst.

> *»Die vier Elemente … sind die zentralen Bausteine aller materiellen Strukturen und organischen Gesamtheiten. Jedes Element steht für eine zentrale Art der Energie und des Bewusstseins, das in jedem von uns aktiv ist.«*
>
> – Stephen Arroyo, *Astrologie, Psychologie und die vier Elemente*

DER ZAUBERSTAB

Hexen tippen jemanden mit ihrem Zauberstab an und verwandeln die Person in eine Kröte oder machen sich selbst mithilfe ihres Zauberstabs unsichtbar. Derartige Ideen sind weit verbreitet, aber völlig falsch. Hexen nutzen den Zauberstab, um damit Energie zu steuern. Du kannst mit dem Stab entweder Energie anziehen oder senden. Halte ihn in den Himmel gerichtet, um kosmische Macht anzuziehen und in die materielle Welt zu holen. Richte ihn auf eine Person, einen Ort oder eine Sache, um Energie in diese Richtung zu schicken. Du kannst deinen Zauberstab auch dazu verwenden, einen magisches Kreis zu ziehen.

Wie wählst oder baust du deinen eigenen Zauberstab?

Traditionell haben Menschen, die mit Magie arbeiteten, ihren Zauberstab aus Holz hergestellt, wobei dieses Holz mit einem einzigen Schlag vom lebenden Ast eines Baums abgeschlagen wurde (zuvor bat man den Baum um Erlaubnis und brachte ihm eine Gabe zum Dank dar). Die Druiden bevorzugten Eibe, Haselnuss, Weide und Eberesche, aber es steht dir frei, ein Holz zu verwenden, das dir lieber ist. Du musst auch nicht zu Holz greifen, sollte dir ein anderes Material besser gefallen – es gibt ganz fantastische Zauberstäbe aus Kristall, Metall oder edelsteinbesetztem Glas. Du kannst das Ende deines Zauberstabs auch mit einem Quarzkristall bestücken, um seine Kraft zu verstärken.

Du kannst deinen Zauberstab personalisieren und deine Beziehung zu ihm vertiefen, indem du ihn mit elementarem Symbolismus dekorierst:

- Befestige Gegenstände aus Messing, Eisen, Bronze oder Gold daran, aus Metallen also, die zum Element Feuer passen.
- Male ihn in Feuerfarben wie rot, orange oder golden an.
- Dekoriere ihn mit den Glyphen für die astrologischen Feuerzeichen Widder, Löwe und Schütze oder dem Elementarsymbol für Feuer (ein nach oben weisendes Dreieck).
- Graviere den Zauberstab mit Worten der Macht und/oder Runen (wie Teiwaz), die deine Absichten widerspiegeln.
- Knüpfe rote, orange oder goldene Bänder an deinen Zauberstab.
- Bringe feurige Edelsteine daran an – Rubin, Goldtopas, Karneol, Blutjaspis, Tigerauge.

Beschreibe in deinem Grimoire, was du für ein Verhältnis zu deinem Zauberstab hast. Hast du ihn selbst hergestellt? Warum hast du gerade diesen Zauberstab gekauft, hergestellt oder auf andere Weise erworben? Wie hast du ihn personalisiert? Hast du ihn mit Zeichen und Symbolen verziert? Welche Erfahrungen hast du während dieses Prozesses gemacht? Auf welche Weise beabsichtigst du mit deinem Zauberstab zu arbeiten?

Wie lang sollte der Zauberstab sein?

Die Tradition besagt, ein Zauberstab sollte so lang sein wie die Strecke vom Unterarm seines Besitzers bis zur Spitze des Mittelfingers. Das mögen manche Menschen für unhandlich halten. Du solltest einen Zauberstab wählen, der mindestens 15 Zentimeter lang ist, aber er sollte nur so lang und dick sein, wie er für dich angenehm zu verwenden ist.

So weihst du deinen Zauberstaub und lädst ihn auf

Bis du deinen Zauberstab weihst und ihn mit deinen Absichten auflädst, ist er einfach nur ein Stück Holz oder ein lebloses Stück Metall oder Glas. Das Ritual, bei dem du deinen Zauberstab mit deiner persönlichen Energie tränkst, kann einfach oder komplex sein. Das hängt von deiner Persönlichkeit und deinen Zielen ab. Vielleicht möchtest du eine geliebte Gottheit um ihre Unterstützung bitten oder die als Salamander bekannten Feuer-Elementare um ihre Anwesenheit ersuchen. Vielleicht überlegst du dir eine persönliche Beschwörung oder andere Methode, deinen Stab aufzuladen.

Bevor du beginnst, reinige deinen Zauberstab zunächst von allen unerwünschten atmosphärischen Energien. Ich empfehle, ihn in den Rauch von brennendem Weihrauch oder eines rituellen Feuers zu halten und auf diese Weise zu reinigen. Ziehe einen Kreis und beginne dann mit dem Ritual, das du dir überlegt hast. Du kannst deinen Stab mit ätherischem Öl salben – Zimt, Sandelholz, Zeder und Weihrauch sind gut geeignet. Vielleicht willst du deinen Zauberstab mit einem Chant oder einer Beschwörung dazu bringen, deinen Wünschen zu folgen. Dazu kannst du dir eine poetische Anweisung überlegen, du kannst aber auch etwas ganz Einfaches sagen: »Ich weihe diesen Zauberstab nun für die Aufgabe, die Arbeit von Göttin und Gott zu tun, und lade ihn auf, damit er mich bei meiner magischen Arbeit unterstützt, im Einklang mit dem göttlichen Willen, meinem eigenen wahren Willen und zum Wohle aller Betroffenen.«

Werkzeug und Element sollten passen

Manche Hexen entwickeln Rituale, die das Element einbauen, das zu dem jeweiligen Werkzeug passt. Ein Beispiel: Du könntest deinen Kelch aufladen, indem du ihn in einen Teich mit heiligem Wasser eintauchst. Genauso kannst du ein Pentagramm unter einem altehrwürdigen Baum vergraben oder deinen Zauberstab in die Sonne legen, damit die Strahlen der Sonne ihn aufladen.

Hast du das Ritual beendet und den Kreis geöffnet, schreibe in dein Grimoire, wie du deinen Zauberstab geweiht und aufgeladen hast. Welche Schritte hast du unternommen, um ihn mit deiner Energie zu tränken? War ein Gott oder eine Göttin beteiligt? Wenn du deinen Zauberstab mit einem ätherischen Öl gesalbt hast, kannst du einen Tropfen davon auf die Seite geben, auf der du dein Ritual beschreibst. Wenn du einen magischen Spruch gewirkt hast, schreibe ihn hier nieder. Wie hast du dich während des Vorgangs gefühlt? Was hast du gespürt, gesehen, intuitiv gewusst oder auf andere Weise erlebt?

Das Pentagramm

Das Pentagramm ist das Werkzeug, das am häufigsten mit der Hexerei in Verbindung gebracht wird. Es steht für das Element Erde. Bei der Arbeit mit Magie wird es mit Schutz assoziiert und viele Wicca-Anhänger tragen Pentagramme als Schutz-Amulette. Ein Pentagramm wird üblicherweise als fünfzackiger Stern mit einem Kreis darum dargestellt, man sieht ihn allerdings auch als fünfzackigen Stern ohne den Kreis. (In Texas, wo ich lebe, sieht man praktisch überall Pentagramme, auch wenn die meisten Menschen darin den »Stern von Texas« sehen. Die Texas Rangers haben Abzeichen in Pentagramm-Form getragen und ich frage mich häufig, wie viele Leben diese magischen Embleme wohl gerettet haben.)

So wählst oder erschaffst du dein Pentagramm

Wahrscheinlich wirst du dir keinen eigenen Pentagrammschmuck schmieden (oder bist du zufällig Kunstschmiedin?), aber es gibt wirklich entzückende Pentagramm-Anhänger, -Ohrringe und -Ringe zu kaufen. Viele Hexen tragen Pentagramme aus Silber – das Metall wird mit der Göttin, dem Mond und weiblicher Energie assoziiert –, aber das bleibt selbstverständlich dir überlassen. Vielleicht gefällt dir etwas mit Edelsteinen, die eine Verbindung zur Erde haben, etwa Jade, Moosachat, Aventurin, Onyx oder Türkis.

Du kannst ein Pentagramm tragen und du kannst zusätzlich eines für deinen Altar erstehen. Du kannst eines zum Schutz in der Nähe des Eingangs zu deinem Haus aufhängen und du kannst eines als Sicherheitsmaßnahme in deinem Auto aufbewahren. Wenn du gut nähen kannst, könntest du deine Ritual-Kleidung und/oder Tücher für deinen Altar mit Pentagrammen verzieren. Einige Hexen lassen sie sich sogar auf den Körper tätowieren.

Zeichne auf eine der ersten Seiten deines Grimoires (oder direkt auf das Cover) ein Pentagramm, um auf diese Weise deine Geheimnisse vor allzu neugierigen Blicken zu schützen. Beschreibe in deinem Buch der Schatten, wie du dein Pentagramm ausgewählt hast. Wie wirst du es einsetzen? Wenn du ein fertiges Pentagramm erstanden hast, hast du es in irgendeiner Form personalisiert? Welche Erfahrungen hast du dabei gemacht?

So weihst du dein Pentagramm und lädst es auf

Abhängig von deinen Wünschen kann das Ritual, mit dem du dein Pentagramm weihst und es auflädst, ganz einfach oder sehr komplex ausfallen. Zunächst allerdings solltest du dein Pentagramm von allen unerwünschten atmosphärischen Störungen befreien. Am einfachsten gelingt das, indem du es unter fließendes Wasser hältst und dir dabei vorstellst, wie es frei von allen schädlichen, störenden oder aus dem Gleichgewicht geratenen Energien wird. Ziehe dann einen Kreis und fahre mit dem von dir geplanten Ritual fort. Du kannst dein Pentagramm mit ätherischem Öl salben. Nimm dazu ein Öl, das zu dem Erd-Element passt und/oder schützend wirkt – Rosmarin, Kiefer oder Basilikum sind gut geeignet.

Aktiviere dein Pentagramm mit einer einfachen Beschwörung: »Ich weihe nun dieses Pentagramm für die Aufgabe, die Arbeit von Göttin und Gott zu tun, und lade es auf, damit es mich bei meiner magischen Arbeit unterstützt, im Einklang mit dem göttlichen Willen, meinem eigenen wahren Willen und zum Wohle aller Betroffenen.« Selbstverständlich kannst du eine elegantere und passgenauer auf dich zutreffende Beschwörung ausarbeiten. Wenn du möchtest, kannst du auch eine Gottheit, die du magst, zu diesem Ritual hinzubitten.

Wenn das Ritual beendet ist und du den Kreis wieder geöffnet hast, halte in deinem Grimoire fest, wie du dein Pentagramm geweiht und geladen hast. Wie hast du es mit deiner Energie getränkt? War eine Göttin beteiligt? Wenn du dein Pentagramm mit einem ätherischen Öl gesalbt hast, kannst du ein wenig davon auf die Seite tupfen, auf der du das Ritual beschreibst. Hast du einen Zauberspruch gewirkt, schreibe ihn hier ebenfalls nieder. Wie hast du dich während des Vorgangs gefühlt? Was hast du gespürt, gesehen, intuitiv gewusst oder sonst wie erlebt?

DER ATHAME

Die Ursprünge des Worts »Athame« sind verlorengegangen. Es gibt die Theorie, dass es von *Arthana* kommt, so wurde in dem frühen Grimoire *Claviculus Salomonis* ein Messer genannt. Dieses Ritualmesser ist üblicherweise zweischneidig und etwa 10 bis 15 Zentimeter lang. Einige Wicca-Anhänger bevorzugen sichelförmige Athames, die für den Mond stehen. Der Athame muss nicht scharf sein, weil du normalerweise nichts Physisches damit schneiden wirst, sondern höchstens Symbole in Kerzen ritzt. Eine der Hauptaufgaben besteht darin, symbolisch negative Energien zu entfernen. Du kannst damit auch – wiederum symbolisch – Hindernisse zerschneiden und Verbindungen durchtrennen. Wenn du möchtest, kannst du auch mit einem Athame anstatt einem Zauberstab einen Kreis ziehen. Und sollte jemand im Verlauf eines Rituals den Kreis verlassen müssen, kannst du mit dem Athame eine Tür »ausschneiden«, die den Durchgang erlaubt.

So wählst oder erschaffst du deinen Athame

Wenn du dich nicht im Schmieden auskennst, wirst du dir vermutlich eher einen fertigen Athame kaufen. Die Tradition besagt, dass sich alle ihren Athame selbst beschaffen müssen und dass ein Athame niemals von anderen Personen verwendet werden darf. Steht dir der Sinn danach, dir für deine magische Arbeit einen alten Dolch zuzulegen, solltest du unbedingt sicherstellen, dass er in der Vergangenheit niemals Blut vergossen hat. Einige Magier vertreten die Ansicht, dass, sollte ein Athame einer anderen Person körperlichen Schaden zugefügt haben, er niemals wieder für magische Zwecke zu gebrauchen sein wird. Allerdings haben Hexen in uralten Zeiten spezielle Ritual-Messer häufig mit Blut »gefüttert«. Bevor du ein Werkzeug für magische Zwecke einsetzt, musst du es von sämtlichen Energien säubern, die nicht von dir stammen.

Genauso wie der Zauberstab repräsentiert der phallusförmige Athame die maskuline Kraft. Er steht auch im Einklang mit dem Element Luft, insofern kannst du seinen Griff mit entsprechenden Symbolen verzieren, etwa mit denen für die Sternzeichen Zwillinge, Waage und Wassermann oder dem Elementsymbol für Luft (ein aufwärts zeigendes Dreieck mit einer horizontalen Linie durch die Mitte).

Zum Personalisieren kannst du:

- deinen magischen Namen auf den Griff gravieren.
- Runen, Sigillen oder andere Bilder und Begriffe hinzufügen, die für dich von Bedeutung sind.
- den Athame mit Edelsteinen dekorieren, die zum Element Luft passen: klarer Quarz, Aquamarin, Granat oder Zirkonium.

- Bänder in gelb – der Farbe, die mit dem Element Luft assoziiert wird – an den Griff binden.
- Federn am Griff anbringen.

Halte in deinem Grimoire fest, wie du zu deinem Athame gekommen bist. Wie beabsichtigst du, damit zu arbeiten? Wie hast du ihn personalisiert? Wie dekoriert? Hast du Zeichen und Symbole gewählt und wenn ja, warum diese? Welche Erfahrungen hast du während des Prozesses gemacht?

So weihst du deinen Athame und lädst ihn auf

Bevor du beginnst, mit deinem Athame zu arbeiten, solltest du ihn reinigen und von allen unerwünschten Energien befreien. Wasche ihn zunächst mit milder Seife und warmem Wasser und trockne ihn anschließend. Halte ihn dann in den Rauch von brennendem Weihrauch. Du kannst dir ein komplexes Ritual zum Weihen und Aufladen deines Athames überlegen, du kannst es aber auch ganz simpel halten. Wenn du möchtest, bitte Gottheiten oder Geistwesen um ihre Unterstützung. Überlege dir eine besondere Beschwörung oder Affirmation, die auf deine Zwecke abgestimmt ist. Wenn du dein Athame mit ätherischem Öl salbst, wähle ein Öl, das zum Element Luft passt. Das sind beispielsweise Nelke, Gewürznelke oder Ingwer.

Wenn das Ritual abgeschlossen ist, schreibe in dein Grimoire, wie du deinen Athame geweiht und aufgeladen hast. Hat ein Gott oder eine Göttin an dem Ritual teilgenommen? Wenn du deinen Athame mit einem ätherischen Öl gesalbt hast, kannst du ein wenig davon auf die Seite tupfen, auf der du dein Ritual beschreibst. Hast du einen Zauberspruch eingesetzt, solltest du ihn ebenfalls niederschreiben. Beschreibe, wie du dich während des Vorgangs gefühlt hast. Was hast du gespürt, gesehen, intuitiv gewusst oder auf andere Weise erlebt?

DER KELCH

Welches ist der berühmteste Kelch von allen? Das ist natürlich der Heilige Gral. Viele Menschen glauben, dass er heute im englischen Glastonbury in der »Kelchquelle« (Chalice Well) liegt. Hexen trinken bei Ritualen und Riten häufig einen feierlichen Schluck aus einem Kelch. Das ist auch der Grund, weshalb viele Kelche über lange Stiele verfügen – damit man sie einfach weiterreichen kann. Wenn du den Kelch mit Mitgliedern deines Covens teilst, ist das ein Zeichen von Verbundenheit und einheitlichen Zielen. Du kannst aus deinem Kelch auch selbst zubereitete Zaubertränke zu dir nehmen.

So wählst oder erschaffst du deinen Kelch

Der Kelch ist ein Symbol weiblicher Macht, seine Form steht ganz klar für den Schoß. Deshalb ist das vom Mond bestimmte Silber ein gutes Material für deinen magischen Kelch. Manche Menschen bevorzugen allerdings Kristall, blaues oder indigofarbenes Glas oder Kelche aus Porzellan. Was du nimmst, bestimmst ganz allein du. Eine schnelle Online-Suche wird dich zu Bildern vieler berühmter Kelche und Pokale führen und manche dieser Gefäße sind bereits über 1000 Jahre alt. Der Kelch steht für das Element Wasser, Wasser wiederum ist verbunden mit Emotionen, Intuition, Fantasie und Träumen. Insofern kannst du deinen Kelch auch als Wiege der Gefühle ansehen, als Gefäß, das deine Hoffnungen und Träume aufnimmt und nährt.

Zum Personalisieren kannst du deinen Kelch mit Symbolen des Elements Wasser verzieren, beispielsweise solchen für die Sternzeichen Krebs, Skorpion und Fische oder mit dem Glyphen für Wasser (ein nach unten weisendes Dreieck). Du kannst ihn auch mit »Wasser-Edelsteinen« wie Mondsteinen, Perlen oder Saphiren verzieren. Vielleicht möchtest du deinen Kelch so bemalen, dass er einer Blume ähnelt, etwa den blau-orangenen Krokus, den die Mitglieder der Hermetic Order of the Golden Dawn bevorzugen. Denk daran, keine bleihaltige Farbe zu verwenden!

Trage in dein Buch der Schatten ein, wie du deinen Kelch ausgewählt hast und was du mit ihm vorhast. Hast du ihn in irgendeiner Form persönlich gestaltet? Was hast du dabei erlebt? Halte alles fest, was dir von Bedeutung erscheint.

So weihst du deinen Kelch und lädst ihn auf

Wasche deinen Kelch mit milder Seife in warmem Wasser (alternativ mit Essig und Wasser), bevor du ihn für magische Zwecke einsetzt. So säuberst du ihn nicht nur von Schmutz, sondern auch von unerwünschten atmosphärischen Energien, die deinen Absichten in die Quere kommen könnten.

Das Ritual, mit dem du deinen Kelch weihst und aufladst, kann komplex sein oder ganz schlicht. Das hängt ganz davon ab, was für dich am besten funktioniert. Vielleicht reicht dir eine kurze Segnung, aber wenn dir danach ist, deinen Kelch einen Mondmonat lang in eine heilige Quelle zu tauchen, dann nur zu. Alternativ kannst du ihn auch mit »heiligem« Wasser aus einer Quelle, einem Teich oder einem See von besonderer Bedeutung für dich besprenkeln. Vielleicht möchtest du eine bestimmte Gottheit wie Oshun, Mami Wata oder Poseidon zu deiner Zeremonie einladen. Chante, singe oder sage eine besondere Beschwörung auf, um deinen Kelch der Göttin und deiner magischen Arbeit zu widmen. Willst du deinen Kelch mit einem atmosphärischen Öl salben, solltest du eines wählen, das zum Element Wasser passt, also beispielsweise Jasmin oder Ylang-Ylang. Achte darauf, dass das von dir verwendete Öl ungiftig ist.

Nach Abschluss des Rituals solltest du in dein Grimoire eintragen, auf welche Weise du deinen Kelch geweiht und geladen hast. War ein Gott oder eine Göttin an dem Ritual beteiligt? Hast du deinen Kelch mit einem ätherischen Öl gesalbt? Dann könntest du einen Tropfen davon auf die Seite geben, auf der du das Ritual beschreibst. Wenn du mit einem Zauberspruch gearbeitet hast, schreibe ihn doch ebenfalls hier auf. Beschreibe, wie du dich während des Vorgangs gefühlt hast. Was hast du gespürt, gesehen, intuitiv gewusst oder auf andere Weise erlebt?

ANDERE WERKZEUGE FÜR MAGISCHE ZWECKE

Die vier Werkzeuge, die wir gerade besprochen haben, sind die wichtigsten Hilfsmittel bei der Magie, aber selbstverständlich kannst du deine Sammlung auch um andere Gegenstände ergänzen. Bist du noch unerfahren im Umgang mit der Magie, würde ich dir empfehlen, es langsam anzugehen und bevor du einen Großeinkauf machst, zunächst einmal nüchtern deine Bedürfnisse, deine Absichten und deinen Erfahrungsgrad einschätzen. Manche Dinge sind günstig und leicht zu erstehen, Kerzen beispielsweise. Andere – Kristallkugeln zum Beispiel – sind nicht nur kostspielig, sondern bringen mächtige Kräfte in dein Umfeld und du musst auch bereit sein, die Verantwortung für derartige Kräfte zu übernehmen.

Hier eine kurze Liste einiger bei Hexen beliebter Hilfsmittel, die vielleicht auch für dich geeignet sind:

- Kessel: großartig dafür, magische Tränke und Gebräue herzustellen, Mahlzeiten für feierliche Anlässe zu kochen und um kleine rituelle Feuer darin zu entzünden.
- Schwert: Nutze es, um Kreise zu ziehen, um (symbolisch) Hindernisse zu zerschlagen oder beim Bannen.
- Glocke: Markiert bei einem Ritual oder einer Meditation die Schritte und kann eine Gottheit oder einen Geist heraufbeschwören.
- (Reisig)Besen: Fegt unerwünschte Energien aus einem heiligen oder rituellen Raum fort.
- Kristalle: Verstärken die Macht von Sprüchen, helfen beim Wahrsagen und Meditieren, unterstützen beim Heilen und vieles mehr.
- Klangschalen: Stimmen die Chakren ein und ziehen harmonische kosmische Energien für Rituale, Magie und Rückführungen an.
- Schnüre und Bänder: Besiegeln Sprüche, fesseln unerwünschte Wesen und binden Energie zur künftigen Verwendung.
- magischer Spiegel oder Kristallkugel: Erlaubt es dir, Dinge zu sehen, die deinem normalen Blick versperrt sind.
- Orakel (Tarotkarten, Runen, Pendel und dergleichen): Sagen die Zukunft voraus, helfen im Hier und Jetzt und verstärken Sprüche und Rituale.

Mit wachsender magischer Erfahrung wirst du möglicherweise feststellen, dass Gegenstände, die für dich früher ganz gewöhnlich waren, nun mystischen Zwecken dienen. Die Werkzeuge, die du in deine magische Arbeit einbaust, solltest du als die geheiligten Geräte erachten, die sie sind. Respektiere und pflege sie wie gute Freunde und sie werden dir ein Leben lang dienen.

Der Keine-Sorgen-Spruch

Durch Sorgenmachen ist noch nie etwas besser geworden, ganz im Gegenteil: Es kann eine beunruhigende Situation sogar verschlimmern. Also, nimm dir dein magisches Werkzeug und verscheuche beunruhigende Gedanken. Wende diesen Spruch um Mitternacht während des abnehmenden Monds an.

WAS DU BENÖTIGST:

- eine dunkelblaue Kerze
- einen Kerzenhalter
- Streichhölzer oder Feuerzeug
- eine Handtrommel oder einen Gong
- einen Athame
- eine Glocke

1. Ziehe einen Kreis um den Bereich, in dem du deinen Spruch wirken willst.
2. Stecke die Kerze in den Halter, stelle ihn auf den Altar (oder eine andere Oberfläche, auf der die Kerze gefahrlos brennen kann) und entzünde die Kerze.
3. Schlage die Trommel oder den Gong, um negative Gedanken und Schwingungen zu vertreiben. Spüre, wie der Klang durch dich hindurchgeht und wie er deine Kraft und deine Zuversicht anregt. Spiele, solang du magst.
4. Wenn du so weit bist, chante die folgende Beschwörungsformel laut. Und mit »laut« meine ich wirklich laut – man soll dich auch hören:

»Ängste und Sorgen, kommt mir nicht nah. Am neuen Morgen seid nicht mehr da. Mit diesem Zeichen [zeichne vor dir mit dem Athame ein Pentagramm in die Luft] heiße ich euch weichen. Ich bin stark, den ganzen Tag. Meine Sorgen schwinden durch Magie. Ich läute die Glocke [jetzt läutest du die Glocke], um den Spruch zu binden. Sorgen werden mich nicht finden.«

5. Stelle dir beim Chanten vor, wie sich dich deine Ängste in die Dunkelheit zurückziehen und an Stärke verlieren. Wenn du so weit bist, lösche die Kerze und öffne den Kreis wieder.

Kapitel 16

ZUTATEN FÜR SPRÜCHE

Krötenauge und Froschzehen sind Zutaten, die heute nur noch in den allerwenigsten Zaubersprüchen Verwendung finden. Hexen greifen mittlerweile viel eher zu alltäglichen Zutaten, wie man sie in jedem Supermarkt oder New-Age-Geschäft findet – oder besser noch: in der Natur. Dinge aus der Natur zu verwenden, ist eine wunderbare Methode, deine Verbindung zu Mutter Natur und die Kraft deiner Zaubersprüche zu verstärken, indem du sie um die Energie aus Pflanzen, Steinen und anderen natürlichen Dingen ergänzt.

Seit uralter Zeit haben sich Hexen, Schamanen, Zauberer und andere Magietreibende ihre Zutaten für Zaubersprüche aus der Natur geholt. Aus Kräutern und Blumen haben sie heilsame Tränke, Salben, Umschläge und Tonika hergestellt. Edelsteine und Kristalle sorgten für Schutz, verstärkten persönliche Kräfte und führten Segnungen herbei. Die Natur hält ein Füllhorn an Pflanzen, Mineralien und anderen Schätzen bereit, die du in deine magische Arbeit einbauen kannst.

SYMPATHIEZAUBER

Der grundlegende Gedanke hinter Sympathiezaubern ist einfach: Gleich und gleich gesellt sich gern. Für die Magie bedeutet dies, dass ein Gegenstand ein Vertreter oder Ersatz für einen Gegenstand sein kann, der ihm auf gewisse Weise ähnelt. Gleichzeitig bedeutet dies, dass die Ähnlichkeiten nicht zufällig sind, sondern eine Verbindung zwischen den beiden signalisieren, sei diese nun physischer, spiritueller, energetischer oder sonstiger Natur. Eine Ginsengwurzel beispielsweise ähnelt dem menschlichen Körper und einige Heiler glauben, dass dies zu den medizinischen Eigenschaften von Ginseng beiträgt.

Bei Zaubersprüchen kannst du die Verbindungen zwischen Gegenständen dazu nutzen, die Wirksamkeit der Sprüche zu erhöhen. In einigen Fällen sind dir diese Verbindungen vermutlich bewusst, in anderen findet das Verständnis auf einer unterbewussten Ebene statt.

Die bestehenden Ähnlichkeiten machen es möglich, dass du bei einem Spruch schon mal eine Zutat durch eine andere ersetzen kannst. Ein Beispiel: Wir haben bereits darüber gesprochen, dass die Farbe Pink der Energie der Liebe entspricht. Wenn du also an einem Liebeszauber arbeitest, kannst du eine pinkfarbene Rose verwenden oder ein Stück Rosenquarz – beide enthalten liebevolle Schwingungen. Die Energie der Blume ist schneller, die des Steins dafür dauerhafter.

KERZEN

Für frühzeitliche Zivilisationen, die die Sonne anbeteten, war Feuer die irdische Verkörperung des Göttlichen. Diese Verbindung illustriert die altgriechische Geschichte des Prometheus. Der Titan Prometheus stahl Zeus das heilige Feuer vom Olymp und brachte es der Menschheit. Prometheus musste für diese Tat einen furchtbaren Preis bezahlen, aber sein Geschenk verhalf den Menschen zu einem besseren Leben. Heute assoziieren Hexen die Sonne mit dem Gott und den Mond mit der Göttin und sie zünden Kerzen als Ausdruck der Kraft des Feuer-Elements an.

Wohl kein anderer Gegenstand ist bei Zaubersprüchen und magischen Ritualen dermaßen beliebt wie eine Kerze. Kerzen sind nicht nur praktisch – sie liefern Licht, das es dir ermöglicht, deinen Aufgaben nachzugehen –, sondern sind auch in esoterischer Hinsicht bedeutsam, denn sie inspirieren oder erwecken die Energie deines Zauberspruchs und erweitern dein Verständnis. Kerzen dienen dazu, deine Aufmerksamkeit zu fokussieren und deinen Geist zu beruhigen. Und ihr sanft flackerndes Licht sorgt für eine Atmosphäre, die dir hilft, deine gewöhnliche Existenz abzuschütteln.

Licht im Dunkel

Der englische Begriff für Kerze, »candle«, stammt von dem lateinischen Wort *candere*, »leuchten«. Kerzen stehen für Hoffnung, für ein Licht im Dunkel, für ein Leuchtfeuer, das den Weg zu Sicherheit und Bequemlichkeit weist. Vor 5000 Jahren begannen die Ägypter, Bienenwachs zu Kerzen zu formen, die den heutigen ganz ähnlich waren. In den Grabstätten ägyptischer Herrscher fand man Bienenwachskerzen mit Schilfdochten. Möglicherweise wurden sie dort platziert, um die Reise der Seele in das Jenseits zu beleuchten.

Magie mit Kerzen

Wenn du eine Kerze für einen magischen Zweck weihst, tränkst du sie mit deinen Absichten und verwandelst sie dadurch von etwas Weltlichem in etwas Magisches. Das Entzünden der Kerze verbindet dich mit dem Göttlichen. Der brennende Docht verzehrt das Wachs, ein Sinnbild dafür, dass die Gottheiten die materielle Welt mit ihrer Macht tränken, um ein gewünschtes Ergebnis herbeizuführen.

Hexen haben üblicherweise Kerzen unterschiedlicher Farben auf Vorrat. Beim Wirken von Zaubersprüchen ist es wichtig, diese Farbverbindungen im Hinterkopf zu behalten (siehe die Tabelle in Kapitel 12). Bei einem Liebeszauber beispielsweise solltest du eine rote oder rosafarbene Kerze anzünden, denn diese Farben stehen für Leidenschaft, Zuneigung und das Herz. Sprüche, die für Wohlstand sorgen sollen, erfordern grüne, goldene oder silberfarbene Kerzen, denn das sind die Farben von Geld.

Kerzen können praktisch jeden Spruch verbessern. Viele Praktizierende stellen sich Kerzen auf ihren Altar – weiße, rote oder goldene für männliche Energie (Yang/Gott), schwarze, blaue oder silberne für weibliche Energie (Yin/Göttin). Bei einigen formellen Ritualen werden Kerzen sehr sorgfältig an bestimmten Stellen aufgestellt und sie müssen nach vorgegebenen Mustern bewegt werden, manchmal über einen Zeitraum von Tagen oder Wochen hinweg.

Ein Zauberspruch mit Kerzen, der deinen Einfluss steigert

Beginne diesen Spruch während des zunehmenden Mondes, vorzugsweise an einem Sonntag. Er verstärkt das Licht, das du in die Welt ausstrahlst, und rückt dich gleichzeitig »ins Scheinwerferlicht«.

WAS DU BENÖTIGST:

- eine Kerze (in einem Kerzenständer), sie steht für dich
- sieben Kerzen (in Kerzenständern), jede in einer unterschiedlichen Farbe des sichtbaren Spektrums
- Streichhölzer oder ein Feuerzeug

1. Platziere die Kerze, die für dich steht, auf dem Altar.
2. Arrangiere die anderen Kerzen dicht um »dich« herum in einem Kreis.
3. Entzünde alle Kerzen und lasse sie mehrere Minuten lang brennen – bis deine Aufmerksamkeit zu erlahmen beginnt – und lösche sie dann wieder.
4. Rücke die sieben Kerzen am nächsten Tag ein wenig ab und erweitere auf diese Weise den Kreis auf deinem Altar und auf symbolische Weise deinen Einflusskreis. Entzünde alle Kerzen und lasse sie einige Minuten brennen, bevor du sie wieder löschst.
5. Wiederhole dies sieben Tage lang. Lasse am letzten Tag die Kerzen vollständig herunterbrennen.

Du kannst mit Kerzen auch einen Kreis ziehen, in dem du Zaubersprüche und Rituale abhältst. Platziere Kerzen rund um den Bereich, in dem du magisch arbeiten willst, und entzünde sie vom östlichsten Punkt aus im Uhrzeigersinn. Wenn du fertig bist und den Kreis wieder öffnen möchtest, gehst du beim Löschen der Kerzen umgekehrt vor.

Kerzen gravieren

Bei vielen Sprüchen heißt es, du sollst Kerzen mit Symbolen gravieren, die deinen Absichten entsprechen. Wähle ein Symbol (oder mehrere), das dich anspricht – Runen, Sigillen, astrologische Glyphen, Namen, Zahlen oder was auch immer – und den Zweck deines Spruchs abbildet. Es empfiehlt sich, diese Bilder im Vorfeld in deinem Buch der Schatten zu üben. Beim Gravieren von Kerzen lassen sich Fehler nicht ausradieren!

Bist du bereit, nimm die Kerze in die Hand und schließe deine Augen. Visualisiere, wie deine Gedanken das Wachs durchdringen und eins mit der Kerze selbst werden. Nimm dann einen Kugelschreiber, Zahnstocher oder Nagel und zeichne das Symbol ins Wachs. (Wenn du sehr sorgfältig bist, kannst du auch deinen eigenen Athame verwenden.) Beschäftige dich nicht zu sehr damit, wie künstlerisch gelungen die Darstellung wird. Der wichtigste Aspekt bei dieser Arbeit sind deine Absichten, Zeichenkünste sind hier weniger gefragt. Die Magie liegt darin, diese Prozedur vorzunehmen und die Kerze mit deinen Absichten zu tränken.

Bist du fertig mit dem Gravieren, kannst du die Kerze entweder salben oder sie direkt so, wie sie ist, entzünden. Das brennende Wachs setzt deine Absichten in die Atmosphäre frei, von wo aus sie mit dem Manifestieren beginnen können.

Kerzen ölen

Wenn du Kerzen ölst oder salbst, verleihst du deinem Spruch damit etwas mehr »Wumms«, indem du den Geruch (und die natürliche Energie) ätherischer Öle hinzufügst. Das Salben impliziert zudem, dass du etwas weihst.

Du solltest ein Öl wählen, das zu deinen Absichten passt. Für Liebeszauber könntest du Rose, Ylang-Ylang oder Patschuli nehmen, Pfefferminze für den Bereich Geld, Zimt oder Sandelholz für Zauber, die Erfolg bringen sollen. (Siehe beispielsweise den Spruch für eine Gehaltserhöhung in Kapitel 4.) Trage das Öl in der Mitte der Kerze auf und arbeite es dann schrittweise in beide Richtungen ein, damit die Polarität der beiden Enden gewahrt bleibt – »wie im Himmel, so auf Erden«. Stelle dir vor, wie deine Bitten oder deine Absichten aufsteigen, während du das Öl in Richtung Kerzenspitze einreibst. Und während du das Öl in Richtung Kerzenende einreibst, stelle dir vor, wie das Endergebnis in die Realität herabsteigt und sich auf der Erde materialisiert. Atme das Aroma tief ein und lasse davon inspiriert vor deinem geistigen Auge Eindrücke davon vorbeiziehen, wie sich dein Spruch auswirken wird.

Trage eine dünne, gleichmäßige Schicht auf und lasse das Öl in die Schnitzereien einsickern. Du willst deine Kerze noch weiter verzieren? Besprenkle die Oberfläche mit etwas Glitter – oder vermische es bereits vorher mit dem Öl. Das Öl wird dafür sorgen, dass die Glitzerelemente an der Kerze haften bleiben.

Wenn du möchtest, kannst du den Spruch mit einer Beschwörung bindend machen. Du kannst für die Beschwörung den folgenden Text verwenden oder, besser noch, selbst einen improvisieren:

> *»Gesegnet seist du, Kreatur aus Wachs. Erschaffen von der Kunst der Hand, verwandelt durch die Magie. Nicht länger nur eine Kerze, sondern [hier fügst du deine Absicht ein]. Gesegnet durch die Lieblichkeit der Göttin, geweiht durch meinen Willen und meine Hand, bist du nun an diese Aufgabe gefunden. Zur Stärkung des Allgemeinwohls, zur Manifestierung der Absichten auf Erden, im Auftrag der dreifaltigen Göttin. Geladen mit der Kraft der drei Mal drei. Möge mein Willen es geschehen lassen.«*

Wie du deine Kerze entzündest, wird davon abhängen, was für eine Art Spruch du durchführen möchtest. Einige Kerzen sollten vollständig und an einem Stück herunterbrennen. Für solche Fälle sind kleine Kerzen und kleine Votivkerzen in Glasbehältern am besten geeignet. Bei anderen Sprüchen musst du jeden Tag zu einer bestimmten Zeit eine Kerze für eine bestimmte Zeitspanne entzünden. Für derartige Aufgaben sind Stumpenkerzen bestens geeignet. Wachskerzen können für jeden Zauber und jedes Ritual die Stimmung bereiten, so wie ihr liebliches sanftes Licht eine Bereicherung für ein festliches Abendessen ist.

Safety first!

Vergiss nicht, dass man eine brennende Kerze niemals unbeaufsichtigt lassen sollte. Willst du eine Kerze an einem Stück herunterbrennen lassen, musst aber deinen Altar verlassen, dann könntest du die Kerze in eine Feuerstelle mit geschlossener Tür stellen oder sie in die Mitte deiner Badewanne setzen (vergiss nicht, den Duschvorhang aus dem Weg zu nehmen). Das solltest du aber nur tun, wenn du keine herumtobenden Haustiere oder Kinder hast, die aus Neugier oder beim Spielen die Kerze umwerfen oder sonst wie stören könnten.

Nach Beendigung deines Spruchs solltest du in dein Grimoire eintragen, was du getan hast. Welche Farbe hatte die verwendete Kerze und warum diese Farbe? Welche Symbole hast du eingraviert? Welches Öl hast du zum Salben ausgewählt? Hast du mit einer Beschwörungsformel gearbeitet und/oder hast du eine Gottheit angerufen? Du kannst etwas Kerzenwachs auf die Seite geben, auf der du den Spruch verzeichnet hast, und zur Erinnerung kannst du noch einen Tropfen des ätherischen Öls hinzufügen. Du kannst auch das Symbol, das du in die Kerze geschnitzt hast, im weichen Kerzenwachs wiederholen. Natürlich solltest du auch die Ergebnisse deines Spruchs und alle weiteren Erlebnisse von Belang aufzeichnen.

Mit Kerzen wahrsagen

Beim Wahrsagen nutzt du dein zweites Gesicht, um zu erkennen, was du mit deinen Augen nicht sehen kannst. Das kann bedeuten, dass du einen Blick in die Zukunft wirfst oder etwas erblickst, das sich an einem fernen Ort zuträgt. Häufig verbinden wir mit dem Begriff »Wahrsagen« eine Hexe, die in eine Kristallkugel blickt, aber das ist keineswegs die einzige Methode. Du kannst auch in die Wolken schauen, in eine Wasserfläche – oder in eine Kerzenflamme. Das geht so:

1. Entzünde in einem dunklen Raum eine Kerze (stelle sie auf deinen Altar oder einen anderen Ort, wo sie sicher brennen kann).
2. Blicke in die flackernde Flamme, erlaube ihr, deine Gedanken zu beruhigen und dich in einen Zustand der Entspannung zu versetzen.
3. Während du in die Flamme schaust, lasse deinen Blick »unscharf« werden – blicke also nicht intensiv oder allzu direkt in die Flamme. Vielleicht hilft es dir, wenn du knapp an der Flamme vorbeiblickst und nicht direkt hineinschaust.
4. Wenn Bilder in den Flammen aufsteigen, lasse zu, dass sie sich nach ihren eigenen Wünschen entwickeln, ohne dass du versuchst einzugreifen. Schaue einfach zu, als würdest du dir einen Film ansehen.
5. Blicke in den Rauch, der von der Flamme aufsteigt. Siehst du auch dort Bilder? Lasse zu, dass sie sich vor dir entfalten. Versuche nicht, sie zu kontrollieren oder womöglich einen Sinn dahinter zu erkennen.

6. Achte auf alle Gefühle, Empfindungen oder Eindrücke, die du hast – prickelt es in deinem Nacken, flattert dein Herz, nimmst du plötzlich einen unbekannten Geruch wahr?
7. Schaue so lange, wie du magst, oder solange du Bilder wahrnimmst in die Kerzenflamme oder den Rauch.
8. Wenn du so weit bist, lösche die Kerze und kehre langsam in die gewöhnliche Realität zurück.

Schreibe deine Erfahrungen in dein Grimoire. Was hast du in der Flamme und/oder dem Rauch gesehen? Hast du in den Bildern etwas erkannt, das im Zusammenhang steht mit deinem Alltag oder mit dem Zweck, für den du dich für Visionen geöffnet hast? Was bedeuteten die Bilder für dich? Beschreibe, was du sonst gespürt oder gefühlt hast. Schreibe auch Einzelheiten auf, die dir unbedeutend vorkommen, denn sie könnten später noch von Bedeutung sein. Sieh dir den Eintrag im Grimoire später noch einmal an und trage nach, was deiner Ansicht nach zu dem passt, was dir während des Wahrsagens enthüllt wurde. Übe diese Methode regelmäßig. Das stärkt deine »übersinnlichen Muskeln« und ermöglicht es dir, leichter Einblick zu bekommen.

Wachspuppen

Aus Wachs lassen sich menschliche oder tierische Formen nachbilden, sogenannte Wachspuppen. Üblicherweise erschafft eine Hexe eine Puppe als Vertretung für eine Person, der sie – gerne über größere Entfernungen hinweg – magische Energie zukommen lassen möchte. Was auch immer du mit der Puppe tust, symbolisiert das, was du mit der Person tun möchtest, für die die Puppe steht. Angenommen, du stellst eine Puppe her, die für ein geliebtes Haustier steht, und wickelst sie zum Schutz vorsichtig in weißes Tuch ein, wird das Tier in den Genuss dieses Schutzes gelangen.

Wachsherz-Spruch

Dieser Spruch soll das Herz der Person, die du liebst, zum Schmelzen bringen. Setze ihn während des zunehmenden Monds ein, vorzugsweise dann, wenn Sonne oder Mond im Zeichen Waage stehen oder an einem Freitag.

WAS DU BENÖTIGST:

- einen Kugelschreiber (oder etwas anderes zum Gravieren)
- eine rote Kerze
- eine rosafarbene Kerze
- ein ätherisches Öl, das zu Liebe passt und das du angenehm findest
- Streichhölzer oder ein Feuerzeug
- Aluminiumfolie

1. Schreibe mit dem Stift deinen Namen auf eine Kerze und den der geliebten Person auf die andere Kerze.
2. Reibe beide Kerzen mit dem ätherischen Öl ein.
3. Entzünde beide Kerzen und halte sie dann beide schief, damit das schmelzende Wachs auf die Folie tropft und einen einzelnen Wachshügel bildet.
4. Wenn du ausreichend Wachs hast, um damit etwas zu formen, lasse es etwas abkühlen, aber nicht hart werden. Forme dann aus dem Wachs ein Herz.
5. Lege das Wachsherz auf deinen Nachttisch. Wenn du möchtest, stecke einen Docht in das noch verformbare Wachsherz, damit du es als Kerze nutzen und auf diese Weise deine Romanze befeuern kannst.

PFLANZLICHE STOFFE

Mit ziemlicher Sicherheit wurde jede Pflanze zum einen oder anderen Zeitpunkt der Menschheitsgeschichte schon einmal für magische Arbeit eingesetzt. In der griechischen Mythologie heißt es, die Töchter der Hekate (eine der Schutzgöttinnen der Hexerei) hätten Hexen unterrichtet, wie sie Pflanzen zum Heilen und für magische Zwecke verwenden können. Für die Druiden waren Bäume heilig. In der grünen Hexerei heißt es, dass sämtliche Pflanzen Geister enthalten. Wer wirksam mit Pflanzen arbeiten möchte, muss mit ihnen auf spiritueller Ebene kommunizieren, nicht nur auf physischer. Selbst die Seiten des Grimoires, in das du schreibst, sind aus pflanzlichem Material.

Um mit Pflanzenmagie arbeiten zu können, musst du wieder in Einklang mit der Natur gelangen. Wenn du zu etwas keine enge Verbindung verspürst, kannst du es auch nicht ehren, und solange du kein harmonisches Verhältnis zu Pflanzen hast, musst du dich gar nicht erst um die Unterstützung der Pflanzengeister bemühen. Wenn du in einem Betondschungel lebst, wird das nicht ganz einfach sein, aber selbst im Herzen einer Großstadt findest du normalerweise Parkanlagen, botanische Gärten, Treibhäuser oder Gartenzentren, wo du mit Pflanzen kommunizieren kannst.

Erdgeister in Findhorn

Anfang der 1960er-Jahre gründeten Eileen und Peter Caddy gemeinsam mit Dorothy Maclean eine spirituelle Gemeinde in Findhorn, einer wilden und windumtosten Region im nördlichen Schottland. Der Boden dort bestand größtenteils aus Sand und das Klima war unwirtlich, dennoch wurde Findhorn berühmt für seine fantastischen Gärten, die tropische Blumen und 42 Pfund schwere Kohlköpfe hervorbrachten. Wie konnte das sein? Dorothy sagt, die Geister der Pflanzen – sie beschrieb sie als »lebende Kräfte kreativer Intelligenz, die hinter den Kulissen wirken« – leiteten die Gründer von Findhorn an, als es darum ging, die unglaublichen Gärten zu bepflanzen und zu unterhalten. In dem Buch *Faces of Findhorn* schreibt Professor R. Lindsay Robb von der Soil Organisation:[1] »Die Vitalität, Gesundheit und Blüte der Pflanzen in diesem Garten mitten im Winter auf nahezu ödem Boden und pulvrigem Sand lässt sich nicht erklären …« Nun, zumindest nicht durch gewöhnliches Denken.

Magisches Arbeiten mit pflanzlichen Stoffen

Jede Pflanze ist einzigartig und besitzt ihre eigene Energie und ihre eigenen Verwendungszwecke. Eberesche über dem Türsturz beispielsweise bewahrt dein Zuhause vor Schaden. Beifuß verbessert die psychische Sensibilität. Das Heilen spielt bei der Arbeit vieler Hexen eine wichtige Rolle und sie greifen dabei häufig auf die Kräfte pflanzlicher Stoffe zurück. Seit Tausenden Jahren verlassen sich die Menschen auf Kräutermedizin, um von Erkältungen bis hin zu einem gebrochenen Herzen alles zu heilen. Du kannst aber die magi-

---

[1] Anm. d. Übers.: Eine wohltätige britische Organisation, die sich für ökologische Landwirtschaft stark macht.

schen Eigenschaften von Pflanzen auch für andere Dinge einsetzen, beispielsweise:

- Presse schöne Blumen und Kräuter in deinem Buch der Schatten.
- Beobachte das Verhalten von Pflanzen und achte dabei auf Omen und Zeichen.
- Mische Blätter und Blüten zu magischen Tränken.
- Nutze pflanzliche Stoffe für Amulette und Talismane.
- Mische pflanzliche Stoffe Weihrauch und Kerzen bei.
- Vermische Kräuter für Umschläge und Heiltees.
- Gib Öle von Heilpflanzen Lotionen, Salben und Wundsalben bei.
- Dekoriere deinen Altar mit Blumen.
- Pflanze Blumen in einem magischen Garten an, um Naturgeister anzuziehen.
- Erstelle wohlriechende Potpourris für deine Schränke und Schubladen.
- Stelle an unterschiedlichen Stellen deines Zuhauses oder Garten Pflanzen auf, die förderlich für persönliches Wachstum und Wohlergehen sind.

Rotklee

Rosmarin

Manche Pflanzen werden als Gabe oder zur Reinigung in rituellen Feuern verbrannt. Salbei gehört hierbei zu den beliebtesten Pflanzen. Auch im Weihrauch (Stäbchen, Kegel, Spirale), den du bei Zaubern oder Ritualen verbrennst, finden sich viele pflanzliche Stoffe. Du kannst einen Kräutertee zubereiten, indem du Wasser zum Kochen bringst und die Pflanzen mehrere Minuten im nicht mehr kochenden Wasser ziehen lässt. Wenn du willst, kannst du Blumen ins Wasser legen und sie in der Sonne »einweichen« lassen. Die Essenz der Blumen wird sich auf das Wasser übertragen. Zum Konservieren gib einen winzigen Schuss Alkohol (beispielsweise Brandy oder Wodka) zum Wasser hinzu. Mit dem Blumenwasser kannst du einen Raum besprühen, um ihn zu reinigen, oder du träufelst ein wenig auf ein Amulett oder einen Talisman, um ihn aufzuladen.

Jeder gute Koch wird dir bestätigen, dass es bei gutem Essen auf die Zutaten und die Zubereitung ankommt. Dasselbe gilt für Sprüche. Stell dir einen Zauberspruch als eine Art magisches Rezept vor und du wirst begreifen, warum die einzelnen Teile (also die Zutaten) so wichtig sind. Misst du sie nicht korrekt ab und vermengst du sie nicht zur richtigen Zeit und lässt du ihnen nicht ausreichend Gelegenheit, anständig zu »garen«, dann wird das Ganze nichts.

So wählst du pflanzliche Stoffe für Zaubersprüche aus

Was also macht eine gute Zutat für einen Zauberspruch aus? Alles, was für das Rezept von entscheidender Bedeutung ist – alles, was die Energie bis zum richtigen Punkt bringt. Alle Zutaten müssen auf metaphysischer Ebene ineinandergreifen. Natürlich ist und bleibt die Hexe der zentrale Baustein eines jeden Spruchs. Sie fügt hier ein Wort hinzu, da eine Berührung, dort einen Wunsch.

Bei der Auswahl von Pflanzen solltest du nach Möglichkeit auf Bio-Qualität achten. Du willst doch nicht, dass die giftigen Schwingungen von Pestiziden deine magische Arbeit durchsetzen. Wenn du deine Kräuter kaufst und nicht weißt, unter welchen Bedingungen sie gezüchtet wurden, dann solltest du sie gründlich waschen, um mögliche chemische Rückstände zu entfernen. Wenn du eine Pflanze erntest, die du selbst gezüchtet hast oder die du in der Natur gefunden hast, dann bitte sie zunächst um ihre Erlaubnis und danke ihr für ihre Hilfe.

Die magischen Eigenschaften von Pflanzen

- Akazie: Für Meditation, zum Abwehren von Bösem, zum Anziehen von Geld und Liebe
- Aloe: lindert Verbrennungen oder Hautprobleme, für die Verdauung und innere Reinigung
- Angelika: zur Mäßigung, zum Schutz vor Bösem
- Anis: zum Schutz, verbrenne Samen als Weihrauch bei Meditationen
- Basilikum: zum Schutz, Ausgleichen, Reinigen, Weissagen
- Beifuß: für Wahrsagungen, psychische Entwicklung und psychisches Bewusstsein, gut zum Waschen von Kristallen
- Beinwell: zum Schutz, für Säuberung und Ausdauer
- Cayennepfeffer: um Mut, sexuelle Gelüste oder Begeisterung anzufachen
- Eisenkraut: zum Schutz, für Weissagungen, Kreativität, Selbstbewusstsein, zum Beseitigen negativer Energie
- Fenchel: zum Schutz
- Fingerhut: zur Verstärkung der Sexualität (Vorsicht, giftig!)
- Fingerkraut: zur Anregung des Erinnerungsvermögens, zur Verbesserung der Kommunikation, für Weissagung oder psychische Träume
- Gänseblümchen: um Glück anzulocken
- Gewürznelke: für Erfolg, Wohlstand, um Negativität zu beseitigen, als Schmerzstiller
- Helmkraut: zur Entspannung vor magischer Arbeit
- Holunder: zum Schutz, für Heilrituale
- Ingwer: für Liebe, Ausgeglichenheit, Säuberung, zur Beschleunigung von Manifestationen
- Jasmin: für Liebe, Leidenschaft, Frieden, Harmonie, um eine Situation oder eine Beziehung zu versüßen
- Kamille: zur Entspannung, für Seelenfrieden, zur Unterstützung der Verdauung, um eine Person, einen Ort oder eine Sache zu segnen
- Katzenminze: für Erkenntnis, Liebe, Freude
- Kava-Kava: zur Steigerung des psychischen Bewusstseins, um Ängste zu lindern

- Klee: für Liebeszauber, psychisches Bewusstsein, Glück
- Klette: zur Reinigung, zum Schutz, für psychisches Bewusstsein, zur Abwehr von Negativem und als Aphrodisiakum
- Knoblauch: zum Schutz und Heilen, gegen Depressionen
- Lavendel: zur Entspannung, für spirituelle und psychische Entwicklung und Reinigung
- Lorbeer: für Erfolg und Triumph, zur Reinigung, Weissagung, für die geistige Entwicklung und ein höheres Bewusstsein
- Majoran: um grundlegende Veränderungen der Lebensumstände akzeptieren zu können
- Melisse: zur Linderung emotionaler Schmerzen und zur Reduzierung von Ängsten
- Minze: für Wohlstand und damit Ergebnisse schneller eintreten
- Myrrhe: zum Schutz, Heilen und Weihen
- Nessel: um heikle Situationen (Gerüchte, Neid) zu lindern
- Petersilie: für Wohlstand, Schutz, Gesundheit
- Ringelblume: für Glück, psychisches Bewusstsein, Erfolg in Rechtsangelegenheiten
- Rosmarin: für Schutz, Liebe, Gesundheit, zum Verbessern des Erinnerungsvermögens
- Sandelholz: zum Weihen, für spirituelle Kommunikation, Reisezauber, Erfolg
- Schafgarbe: zur Weissagung, für Liebe, Schutz, Steigerung der psychischen Fähigkeiten
- Thymian: zum Bündeln von Energie und zur Vorbereitung auf magische Arbeit
- Weide: für Liebe, Schutz, das Heraufbeschwören von Geistern, Heilung und Wünschelrutengehen
- Weihrauch: zur Unterstützung bei Meditation, psychische Visionen, mentale Erweiterung, Reinigung
- Weinraute: zum Schutz, zur Stärkung der Willenskraft, für schnellere Erholung von Krankheit und nach Operation, zum Vertreiben von Negativität
- Weißdorn: für Erfolg, Glück, Fruchtbarkeit, Schutz
- Wermut: für die Kommunikation mit Geistern, zur Steigerung der psychischen Fähigkeiten (entwickelt beim Verbrennen giftige Dämpfe!)

- Zeder: für Wohlstand, Überfluss, Erfolg
- Zimt: für finanziellen und beruflichen Erfolg, Liebeszauber, geistige Klarheit

> *»Und betrachte vor allen Dingen mit glänzenden Augen die Welt um dich herum, denn die großartigsten Dinge verstecken sich immer an den Orten, wo man sie am wenigsten vermutet. All jene, die nicht an Magie glauben, werden sie niemals erleben.«*
>
> – Roald Dahl, *Das Konrädchen bei den Klitzekleinen*

EDELSTEINE

Heute tragen die Menschen Edelsteine und Halbedelsteine vor allem deshalb, weil sie so schön aussehen. Hexen hingegen wissen, dass Kristalle und Edelsteine auch für Zaubersprüche, zum Weissagen, für schamanische Reisen, Meditationen und das Wünschelrutengehen eingesetzt werden können. Edelsteine spielen darüber hinaus beim Heilen eine wichtige Rolle und alle sieben zentralen Chakren des Körpers entsprechen abhängig von ihrer Farbe und Schwingung (mindestens) einem Edelstein.

Edelsteine und Juwelen sind seit Langem als Talismane und Amulette beliebt. In China beispielsweise schätzt man Jade und trägt ihn, damit er Gesundheit, Stärke und Glück bringt. Während der Kreuzzüge gaben die Damen Soldaten Opale mit, damit sie in der Schlacht geschützt seien. Früher trugen die Menschen auch Geburtssteine, die ihre eigenen persönlichen Eigenschaften verbesserten, ins Gleichgewicht brachten oder mäßigten. Geburtssteine schwingen mit den Eigenschaften ihrer jeweiligen Tierkreiszeichen mit. Übrigens solltest du, wenn du deinen wahren Geburtsstein herausfinden möchtest, auf dein Sternzeichen schauen, nicht auf den Monat deiner Geburt. Als Wassermann beispielsweise ist dein Geburtsstein ein Granat, egal, ob du im Januar oder im Februar zur Welt gekommen bist.

»Trägst du bestimmte Edelsteine zu deiner Linken, kannst du Stressfaktoren aus deiner Umwelt bewusst kontrollieren und verändern … Trägst du Edelsteine zu deiner Rechten, können sie deine Produktivität unterstützen.«

– Dorothee L. Mella, *Stone Power*

Zaubersprüche mit Edelsteinen

Genau wie Pflanzen sind auch Kristalle und Edelsteine lebendige Wesen, auch wenn sie so langsam schwingen, dass die meisten Menschen dies nicht wahrnehmen können. Dank ihrer langsamen, konzentrierten Energie kann ihre Magie jedoch über lange Zeiträume hinweg wirken. Edelsteine und/oder Kristalle kannst du praktisch jedem Zauberspruch hinzufügen und auf diese Weise die Wirkung deines Spruchs verstärken, fokussieren, stabilisieren oder feinstellen. Hier einige Vorschläge:

- Trage sie, um dein persönliches Energiefeld auszuweiten.
- In Amuletten oder Talismanen verstärken sie deine Absichten.
- Platziere sie als Schutzmaßnahme in der Nähe von Fenstern und Türen deines Zuhauses.
- Meditiere mit ihnen.
- Füge sie magischen Tränken hinzu.
- Nutze zum Wünschelrutengehen einen Edelstein oder ein Pendel aus Kristall.
- Stelle sie auf deinem Altar aus, um positive Energie anzulocken.
- Biete sie Gottheiten oder Naturgeistern als Geschenk für ihre Unterstützung an.
- Blicke in sie, um die Vergangenheit oder die Zukunft zu erkennen.

So wählst du Edelsteine für Zaubersprüche aus

Du hast es dir gewiss gedacht: Unterschiedliche Steine besitzen unterschiedliche Qualitäten und dienen bei dem Arbeiten mit Magie unterschiedlichen Zwecken. Als Faustregel gilt, dass klare Steine für mentale und spirituelle Aufgaben geeignet sind, durchscheinende oder milchige Steine für emotionale Situationen und undurchsichtige Steine für physische Angelegenheiten. Um die von dir gewünschten Ergebnisse herbeizuführen, kannst du Edelsteine einzeln oder in Kombination mit anderen Substanzen anwenden.

Die Farbe oder das Muster eines Steins lassen Rückschlüsse auf seine Fähigkeiten zu. Rosafarbene Steine wie Rosenquarz oder Morganit sind perfekt für Liebeszauber. Jade, Aventurin und andere grüne Steine können bei Geldzauber von Vorteil sein. Seit uralten Zeiten schätzen die Menschen Steine mit augenähnlichen Markierungen als Schutzzauber gegen den »bösen Blick« und alle möglichen Formen von Pech.

Nachfolgend ein Leitfaden mit Empfehlungen, welche Steine du bei Zaubersprüchen einsetzen kannst. Mit der Zeit wirst du eigene Vorstellungen entwickeln, welche Steine aus deiner Sicht am besten für welche Sprüche geeignet sind. Vergiss nicht, dein Wissen in deinem Grimoire festzuhalten.

STEINE UND IHRE MAGISCHEN EIGENSCHAFTEN	
Amethyst	für Meditationen, um Träume zu erweitern und besser zu behalten, zum Beruhigen von Gefühlen, zur Steigerung psychischer Fähigkeiten
Aquamarin	für Klarheit und mentale Aufmerksamkeit, zum Ermutigen spiritueller Erkenntnisse, zum Stimulieren der Kreativität
Aventurin	um Wohlstand oder Überfluss anzulocken
Bernstein	für den Schutz von Leib und Seele
Blutstein	für Heilung, Stärke und körperlichen Schutz
Citrin	um etwas von Schwingungen anderer Steine und Kristalle zu reinigen
Diamant	um, insbesondere in einer Liebesbeziehung, Einsatz und Vertrauen zu stärken, um Energien und Schwingungen zu absorbieren und zu speichern, für Stärke und Sieg
Hämatit	zum Erden, um beim Stabilisieren von Gefühlen zu helfen

STEINE UND IHRE MAGISCHEN EIGENSCHAFTEN	
Jade	für Wohlstand, zur Steigerung von Schönheit und Gesundheit
Jaspis	roter Jaspis ist gut dafür geeignet, bei Liebeszaubern die Leidenschaft zu entfachen; brauner Jaspis eignet sich hervorragend für Heilungszwecke; Leopardenjaspis bricht Blockaden auf, die verhindern, dass Energie durch den Körper zirkuliert
Karneol	um die Leidenschaft, sexuelle Energie, den Mut und die Initiative anzuregen
Koralle	um Liebe anzulocken oder herzliche Gefühle zu verstärken, um das Selbstwertgefühl zu verbessern, um die Gefühle zu beruhigen
Lapislazuli	zum Öffnen psychischer Kanäle, für den Umgang mit Kindern, zum Stimulieren der oberen Chakren
Moldavit	verstärkt psychisches Talent, beschleunigt die spirituelle Entwicklung, öffnet die oberen Chakren. Moldavit gilt als nicht-irdischer Stein, weil er vor knapp 15 Millionen Jahren entstand, als die Erde mit einem Meteor kollidierte.
Mondstein	verstärkt die Lebendigkeit von Träumen und die Fähigkeit, sich an Träume zu erinnern, beruhigt Emotionen
Onyx	um negative Energie zu verbannen und zu absorbieren, zum Erden und Stabilisieren, um beim Ablegen tiefsitzender Gewohnheiten zu helfen
Opal	zum Schutz, zum Fördern psychischer Fähigkeiten und Visionen, um Liebe anzulocken
Perlmutt	um das Selbstwertgefühl zu stärken, um Liebesbeziehungen ins Gleichgewicht zu bringen, um die Weiblichkeit zu erhöhen
Quarz (Kristall)	um Informationen zu speichern, um die Energie anderer Steine zu verstärken, um Ideen und Energie zu übertragen, für mehr psychisches Bewusstsein

STEINE UND IHRE MAGISCHEN EIGENSCHAFTEN	
Rauchquarz	für Ausdauer, um Probleme zurückzudrängen, bis du bereit bist, sich ihrer anzunehmen
Rosenquarz	um Liebe und Freundschaft anzulocken, für emotionale Heilung und emotionales Gleichgewicht, zur Verstärkung psychischer Energie
Rubin	um Gefühle zu stimulieren, Leidenschaft, Liebe, um dein Herz für göttliche Liebe zu öffnen
Saphir	zur Steigerung des spirituellen Wissens, um die Verbindung zum Göttlichen zu verbessern, für Weisheit, Erkenntnis und prophetische Vision. Sternsaphire geben Hoffnung und einen klarer umrissenen Zweck.
Smaragd	um beim Hellsehen und Weissagen zu unterstützen, um Heilung, Wachstum, mentales und emotionales Gleichgewicht zu fördern
Tigerauge	für Überfluss, Selbstvertrauen, die Freiheit, den eigenen Weg zu gehen
Türkis	für Schutz, Heilung, Wohlstand, zum Lindern mentaler Anspannung und von Angstgefühlen
Turmalin	grüner und schwarzer Turmalin sind gut für Reinigung, Heilung und das Absorbieren negativer Schwingungen; in rosa und Wassermelone ziehen Turmaline Freundschaft, Liebe und Erfüllung an; setze sie ein, um Botschaften und Energie zu übermitteln

Du kannst mehrere Steine kombinieren, um unterschiedliche Aspekte eines Spruchs abzudecken. Nehmen wir an, du möchtest eine Arbeit finden, die gut bezahlt ist und bei der du interessante Menschen kennenlernst – Aventurin und Wassermelonen-Turmalin sollten dabei von Nutzen sein. Bei einem Liebeszauber bist du vielleicht auf der Suche nach Leidenschaft und Zuneigung. In diesem Fall solltest du Karneol und Rosenquarz wählen. Nach einer Weile wird dir deine Intuition sagen, welche Steine richtig für deine Absichten sind. Steine spielen eine ausgesprochen wichtige Rolle in der Magie, insofern tust du gut daran, dich mit ihren vielen besonderen Eigenschaften vertraut zu machen. Judy Hall erklärt in ihren Büchern sehr ausführlich, wie du Steine für eine Vielzahl von Zwecken einsetzen kannst.

So pflegst du deine Steine

Edelsteine speichern Gedanken, Gefühle und Informationen über einen langen Zeitraum hinweg, teilweise über Jahrhunderte. Du hast bestimmt schon vom Hope-Diamanten gehört, einem 45-karätigen blauen Diamanten, der angeblich über ein Jahrhundert lang einen Fluch in sich trug, der seinen Besitzern Tod und Unglück brachte. Von Steinen, die du erwirbst, solltest du eigentlich nichts zu befürchten haben, aber es kann in keinem Fall schaden, sie zu säubern und aufzubereiten, bevor du magisch mit ihnen arbeitest.

Wasche sie unter fließendem Wasser, gerne auch mit milder Seife, und stelle dir dabei vor, wie die Steine von reinem weißen Licht gereinigt werden. Du kannst Edelsteine auch energetisch säubern, indem du sie sanft mit einem Stück goldenen Citrin abreibst.

Alternativ kannst du auch eine der folgenden Methoden zum Säubern von Steinen anwenden:

- Lasse sie für eine gewisse Zeit im Sonnenlicht oder Mondlicht liegen. Ob 24 Stunden oder eine Woche, das hängt von dir ab. Wähle den Zeitraum, den du für erforderlich hältst.
- Begrabe sie für eine Weile in einer kleinen Schale unter Erdboden oder Sand.
- Halte den Stein in den Rauch von brennendem Salbei oder reinigendem Weihrauch.
- Tauche den Stein eine Zeit lang unter Wasser. Wenn du ihn unter fließendes Wasser oder in die Wellen des Meeres hältst, wird seine Reinigung schneller vonstattengehen, aber genauso gut kannst du ihn in eine kleine Schüssel mit Wasser legen. Keine Sorge, die dem Stein eigene Energie entfernst du auf diese Weise nicht, insofern ist eine »zu starke« Reinigung, die den Stein seiner Kraft beraubt, nicht möglich.

Wann immer du den Stein für magische Zwecke einsetzt, solltest du ihn vor der nächsten Verwendung unbedingt säubern. Du solltest deine

Steine auch säubern, wenn jemand anderes sie in der Hand hatte – du willst doch nicht, dass die Energie dieser Person deine Energie stört.

Führe in deinem Grimoire ein Verzeichnis aller Steine, die du bei deinen Sprüchen einsetzt. Stellst du bei unterschiedlichen Steinen unterschiedliche Schwingungen fest? Fühlst du dich einigen Steinen stärker verbunden als anderen? Hast du Edelsteine und andere Dinge bei einem Spruch vermischt? Falls ja, wie hat das funktioniert? Hast du das Gefühl, dass bestimmte Steine die Kräfte anderer Steine verstärken? Nutzt du bestimmte Steine für Heilungszwecke, andere zum Meditieren, wieder andere zum Hellsehen und so weiter? Schreibe alle Eindrücke, Erkenntnisse, Empfindungen oder sonstigen Reaktionen auf, die du bei der Arbeit mit Edelsteinen und Kristallen registrierst. Manchmal können diese ausgesprochen erstaunlich ausfallen. Damit sie dich an die Sprüche erinnern, für die du diese Steine genutzt hast, oder als dekoratives Element für dein Buch der Schatten (oder aus beiden Gründen) kannst du winzige Edelsteine an den Seiten deines Grimoires anbringen.

Kapitel 17

SYMBOLE BEIM ZAUBERN

Wir haben viel über Symbole und die Bedeutung symbolischer Assoziierung in der Magie gesprochen. Symbole sind als magisches Werkzeug mächtig, weil sie uns auf einer unterbewussten Ebene ansprechen, in den Kern unserer Psyche vordringen und dort verborgene Wahrheiten, Urbilder, Gefühle und spirituelle Qualitäten wachrufen. Das hat zur Folge, dass wir häufig tiefer gehende Gefühle in Verbindung mit diesen Symbolen spüren. Man sehe sich nur an, wie patriotische Menschen auf ihre Landesflagge und Christen auf das Kreuz reagieren oder wie Nazis auf das Hakenkreuz reagiert haben. Die Macht von Symbolen ist an vielen Stellen zu beobachten.

Wir reagieren kollektiv auf Symbole, aber auch persönlich. Viele Symbole sind universell und erscheinen in der Kunst und in Artefakten zahlreicher Kulturen aus unterschiedlichen Zeiten und Geografien. Die Spirale als Symbol für Lebensenergie ist so ein Beispiel. Darüber hinaus verfügen wir alle über unsere eigenen Symbole, die nur für uns besondere Bedeutung besitzen. Wenn du bei der Magie ein Symbol einsetzt, greifst du auf die Energie dessen zu, wofür es steht. Gleichzeitig projizierst du deine Absichten durch dieses Symbol, um in der physischen Welt ein Ergebnis herbeizuführen.

> *»Hexerei fördert die Vorteile davon, neuen Symbolismus zu erlernen und ihn auf die eigene Psyche anzuwenden. Das ist der Hexencode.«*
>
> – Gede Parma, *Spirited: Taking Paganism Beyond the Circle*

Welche Symbole sprechen dich an? Führe in deinem Grimoire eine Liste der Symbole, denen du dich auf besondere Weise verbunden fühlst. Schreibe deine persönlichen Symbole auf und was sie dir bedeuten.

Zeichne Symbole in deinem Buch der Schatten und verwende Zeit darauf, über sie nachzusinnen und zuzulassen, dass ihre Geheimnisse in dein Bewusstsein einsickern. Meditiere über unterschiedliche Symbole, um ihre tiefere Bedeutung zu erspüren. Wie fühlst du dich, wenn du vor deinem inneren Auge ein bestimmtes Symbol betrachtest? Welche Erkenntnisse gewinnst du? Findest du dieses Symbol in der materiellen Welt wieder? In deinem eigenen Leben?

Kompliziert oder einfach?

Komplizierte Formen verstärken die Konzentration und deine Fähigkeit, Einzelnes, Schönes und Komplexes wahrzunehmen. Einfache Formen erlauben es deinem Geist, sich vorzustellen, was hinter dem Muster liegt.

FORMEN ALS SYMBOLE

Du kennst den Spruch »Wie im Himmel, so auf Erden«. Er bedeutet, dass alles im Geisterreich hier auf der Erde ihr Gegenstück hat. Spirituelle Energie manifestiert sich in der irdischen Welt als Formen. Hexen verstehen das, deshalb können sie diese Energien für ihre eigenen Zwecke nutzen.

Zahlen, Buchstaben oder geometrische Formen sind Symbole, die häufig vorkommen und uns in unserem Alltag begleiten, wobei wir normalerweise nicht groß einen Gedanken an sie verschwenden. Der gewöhnliche Mensch erkennt nur die offensichtlichen Bedeutungen dieser vertrauten Bilder, doch verfügt jemand über okkultes Wissen, enthüllen diese Symbole eine viel tiefere Bedeutung.

> *»Eine Idee, im höchsten Sinne dieses Worts, lässt sich nur über ein Symbol ausdrücken.«*
>
> – Samuel Taylor Coleridge

Die Formen der Dinge

Geometrische Formen besitzen einen Symbolismus, der Ort und Zeit überdauert. Das Kreuz beispielsweise ist kein rein christliches Symbol, es war den alten Kelten, den Ägyptern und auch amerikanischen Ureinwohnern bekannt. Dieses einfache, aber mächtige Bild steht für die Verbindung der archetypischen männlichen Energie oder des Himmels (die vertikale Linie) mit der weiblichen Energie oder Erde (der horizontalen Linie). Die Linien schneiden sich und stehen damit auch für die vier Himmelsrichtungen, die die vier Viertel produzieren, über die wir bereits gesprochen haben.

Der Stern ist ein weitverbreitetes Symbol der Hoffnung, der Kreis ein bekanntes Symbol für Ganzheit. Spiralen stehen in vielen Kulturen für Lebensenergie, Dreiecke für Dreifaltigkeit, sei es Vater, Sohn und Heiliger Geist, Jungfrau, Mutter und alte Frau, Vergangenheit, Gegenwart und Zukunft oder ein anderes Konzept, das mit der Drei arbeitet. In der folgenden Liste findest du die symbolische Bedeutung simpler geometrischer Formen:

FORM	BEDEUTUNG
Pfeil	Kriegerenergie, Richtung, Bewegung, das Ziel treffen
Kreis	Verbindung, Einheit, Lebenszyklen, Vollmond, Eindämmung
Kreis mit Schnitt	Verweigerung, Verbannung
Kreuz	Schnittstelle von männlich/weiblich, Himmel/Erde, Geist/Materie, die vier Ecken der Schöpfung
Spirale	Lebensenergie, der spirituelle Pfad, der nach innen und außen führt
Quadrat	Fundament, Stabilität, Leistung, Wahrheit und Richtigkeit
Stern	Hoffnung, Wünsche und Träume, Schutz
Dreieck (Spitze nach unten)	Weibliche Energie, das Element Wasser
Dreieck (Spitze nach oben)	Männliche Energie, das Element Feuer

Grüne Hexen sagen, die Form von Dingen aus der Natur liefert uns die Blaupause dafür, wie dieser Gegenstand in der Magie zu verwenden ist. Ein Stein oder ein Blatt mit Herzform beispielsweise kann bei Zaubersprüchen eingesetzt werden, bei denen es um Angelegenheiten des Herzens geht. Siehst du ein Herz, denkst du an Liebe – und dieser Gedanke produziert positive Energie, die dich bei deinen Absichten unterstützt.

Symbole der Elemente

In der Alchemie werden die vier Elemente, über die wir in früheren Kapiteln gesprochen haben, mithilfe von Dreiecken dargestellt. Zeigt ein Dreieck nach oben in Richtung Himmel und Geist, symbolisiert es die maskuline Kraft. Ein einfaches Dreieck steht für das Element Feuer, wird es von einer horizontalen Linie gekreuzt, steht es für das Element Luft. Ein nach unten zeigendes Dreieck zeigt auch auf die Erde und irdische Dinge. Solche Dreiecke stehen für die weibliche Kraft und die Elemente Wasser und Erde. Beim Zeichen für Erde läuft eine Linie horizontal durch den Mittelpunkt des Dreiecks, beim Zeichen für Wasser ist diese Linie nicht vorhanden.

Historisch weisen Symbole eine Bedeutung für die Allgemeinheit auf und eine dahinterliegende, tiefere Bedeutung für die Eingeweihten. Der Davidstern ist ein gutes Beispiel. Für die meisten Menschen ist der sechszackige Stern etwas, das sie mit dem jüdischen Glauben verbinden. Betrachtet man ihn allerdings als Schnittstelle von zwei Dreiecken – einem nach oben weisenden und einem nach unten weisenden –, stellt er die Verbindung von Männlichem und Weiblichem dar, von Geist und Materie. Aus der Verschmelzung dieser beiden Energien entsteht Leben.

Im uralten Grimoire *Claviculus Salomonis* (siehe Kapitel 1) heißt es, der Erzengel Michael habe König Salomon einen Ring mit magischen Kräften gegeben. Seine Kraft lag in dem Symbol, das in den Ring eingraviert war – das Salomonssiegel – und das es dem König erlaubte, Dämonen in Glasgefäßen einzufangen, sodass sie keinen Schaden mehr anrichten konnten. Geometrisch stellt dieses Symbol die Verbindung aller vier Elemente dar.

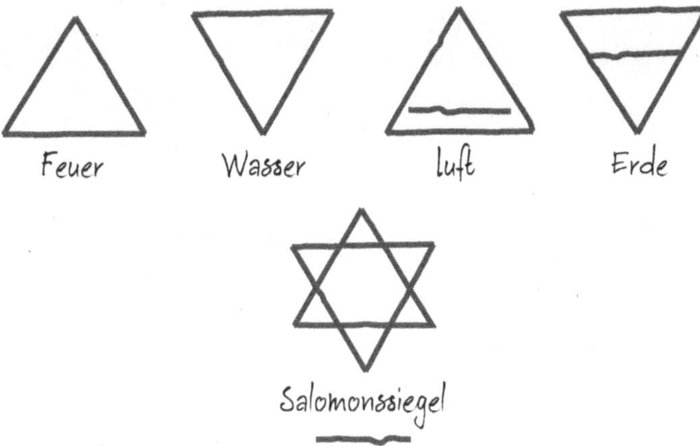

Magische Zahlen

Das Zahlensystem, das bis heute in Gebrauch ist, führen wir in erster Linie auf den griechischen Mathematiker und Philosophen Pythagoras zurück, der im sechsten Jahrhundert vor unserer Zeitrechnung lebte. Gematrie, das Studium der Zahlen, basiert auch auf dem esoterischen Judaismus und der Kabbala. Bei der Gematrie wird jedem Buchstaben in einem Wort ein Zahlenäquivalent zugewiesen (siehe Kapitel 5). Auf diese Weise betrachtet enthält jedes Wort eine geheime Bedeutung, die auf dem Zahlenwert seiner Buchstaben sowie seiner äußeren Bedeutung beruht.

Zusätzlich besitzt jede Zahl bestimmte Eigenschaften oder Resonanzen, wie die folgende Liste darlegt:

ZAHL	BEDEUTUNG
0	Ganzheit, alles oder nichts
1	Anfänge, Individualität, Initiative
2	Polarität, Partnerschaft, Dualität, Gleichgewicht
3	Kreativität, Selbstentfaltung, Erweiterung
4	Form, Stabilität, Dauerhaftigkeit, Ordnung
5	Wandel, Instabilität, Kommunikation
6	Geben und Nehmen, Zusammenarbeit, Schönheit, Harmonie

ZAHL	BEDEUTUNG
7	Rückzug, Einkehr, Ausruhen, Spiritualität
8	Das Materielle meistern, Manifestation, Verantwortung, Aufrichtigkeit, praktische Angelegenheiten
9	Übergang, Vervollständigung, Erfüllung, Überfluss
11	Menschlichkeit, höheres Wissen, Erkenntnis
22	Spirituelle Kraft, Weisheit, Meisterhaftigkeit über die physische Welt hinaus

Du kannst die Zahlen innewohnenden Eigenschaften anzapfen, um einen Zauberspruch zu erweitern, zu aktivieren, bindend zu machen oder auf andere Weise zu beeinflussen. Hexen verwenden häufig die Zahl Drei, um einen Spruch abzuschließen. Diese Zahl steht dafür, einer Absicht eine feste Form zu verleihen und sie *drei*dimensional zu machen.

FORMEN UND ZAHLEN IN SPRÜCHEN UND RITUALEN

Wenn du den Symbolismus begreifst, der Formen und Zahlen innewohnt, kannst du sie für Zaubersprüche und Rituale einsetzen, um bestimmte Energien oder Absichten zu verstärken. Wie du weißt, ziehen Hexen einen Kreis um den Ort, an dem ein Zauberspruch oder ein Ritual abgehalten wird. Der Kreis steht für eine Verbindung, für Ganzheit, für den Kreislauf des Lebens, für den Vollmond und für Eindämmung. Tarotkarten bilden auf wunderbare Weise eine Vielzahl Symbole ab, darunter auch Zahlen. Wir haben darüber gesprochen, wie man Kerzen Symbole einritzt, wie man Runen und astrologische Glyphen bei Talismanen und Amuletten anwendet und wie man seine eigenen Symbole entwirft, die sogenannten Sigillen. Nehmen wir nun an, du möchtest einen Kerzenzauber wirken, um einen romantischen Partner anzulocken.

Zwei ist die Zahl der Partnerschaft, aus diesem Grund würdest du zwei Kerzen entzünden, die für dich und deinen künftigen Partner stehen. Wenn du einen Wohlstands-Talisman herstellst, könntest du acht Gegenstände in einem Medizinbeutel platzieren oder den Beutel mit einem Band verschließen, in das du acht Knoten knotest. Die Acht steht für einen meisterhaften Umgang mit dem Materiellen und für Manifestierung. Du kannst Symbole nach Belieben kombinieren, um einen Spruch an deine jeweiligen Bedürfnisse anzupassen. Wie das geht, zeigt das folgende Beispiel. Wichtig ist, dass deine Vorstellungskraft beteiligt ist, denn denk daran: Vor dem Manifestieren kommt das Visualisieren.

Kerzenzauber für Wohlstand

Bei diesem Spruch wirken Zahlensymbolismus, Bildsymbolismus, Pflanzensymbolismus, Formensymbolismus und Farbsymbolismus zusammen, um dir den Weg zu mehr Wohlstand zu weisen und deine finanziellen Aussichten zu erhellen. Beginne den Spruch acht Tage vor dem Vollmond.

WAS DU BENÖTIGST:

- acht grüne oder goldene Kerzen
- acht Kerzenhalter
- einen Kugelschreiber (oder ein anderes spitzes Instrument)
- Streichhölzer oder ein Feuerzeug
- ätherisches Pfefferminzöl

1. Schreibe mit dem Stift ein Symbol oder ein Wort, das für dich für Wohlstand steht, in jede Kerze. Du kannst ein einziges Symbol für alle acht Kerzen wählen oder mehrere unterschiedliche nehmen.
2. Gib ein wenig ätherisches Öl auf deine Hand und reibe es in die Kerzen ein. Bedecke sie vollständig bis auf den Docht.
3. Stelle die Kerzen in den Kerzenhalter und platziere sie auf deinem Altar so, dass sie ein quadratisches Muster bilden, das für die vier Himmelsrichtungen, die vier Viertel und Stabilität steht.
4. Entzünde die Kerzen und blicke in die Flammen.
5. Sage laut: »Während diese Kerzen brennen, strömt aus allen Richtungen Wohlstand auf mich ein, im Einklang mit dem göttlichen Willen, meinem eigenen wahren Willen und zum Wohle aller.«
6. Lasse die Kerzen einige Minuten brennen und lösche sie dann wieder.
7. Wiederhole dieses Ritual acht Tage in Folge. Schließe den Spruch am Tag des Vollmonds ab.

Nach Abschluss des Spruchs solltest du den gesamten Vorgang in deinem Grimoire festhalten. Welche Bilder hast du in die Kerzen eingeritzt? Wie hast du dich beim Wirken des Spruchs gefühlt? Waren deine Erfahrungen an den unterschiedlichen Tagen anders? Welche Erkenntnisse hast du gewonnen? Wie waren die Resultate und wie lange dauerte es, bis sie sich manifestierten?

Experimentiere ruhig mit Symbolen in deiner magischen Arbeit und probiere unterschiedliche Kombinationen, um zu sehen, welche dir am besten gefallen. Schreibe auf, welche Variationen du verwendet hast, und beschreibe deine Erfahrungen in deinem Buch der Schatten.

DIE MAGIE VON DATEN

Wir haben darüber gesprochen, dass es wichtig sein kann, für bestimmte magische Arbeit einen bestimmten Wochentag auszuwählen. Aber wie sieht es eigentlich mit Daten aus? Ein Datum enthält Zahlen und diese Zahlen können für die magische Arbeit von Bedeutung sein. Der erste Tag eines Monats beispielsweise könnte ein guter Zeitpunkt sein, einen Zauberspruch für ein neues Vorhaben zu wirken.

> *»Wer sich in das vertieft, was im pythagoreischen Sinne als ›Studium der Zahlen‹ bezeichnet wird, wird durch den Symbolismus der Zahlen zu einem Verständnis von Leben und der Welt gelangen.«*
>
> – Rudolf Steiner, *Begründer der Anthroposophie und der Waldorf-Schulen*

Die Nummer deiner Lebenszahl

Dein Geburtsdatum stellt eine sehr wichtige persönliche Nummer dar und ihre Energie beeinflusst dich dein Leben lang. Numerologen sprechen von der »Lebenszahl«, denn sie erlaubt Rückschlüsse auf deine Richtung oder Rolle in diesem Leben. Auf diese mächtige Zahl kommst du, indem du die Quersumme von Tag, Monat und Jahr deiner Geburt berechnest. Diese Summe reduzierst du, bis du eine einstellige Zahl hast. (Hinweis: Die Zahlen 11 und 22, die sogenannten Meisterzahlen, lässt man häufig stehen, anstatt sie weiter zu reduzieren.) Nehmen wir an, dein Geburtstag ist der 21. August 1986, dann berechnest du deine Lebenszahl so:

$$2 + 1 + 8 + 1 + 9 + 8 + 6 = 35.$$

Diese Quersumme reduzierst du weiter: $3 + 5 = 8$.

Eine kurze Beschreibung der Lebensrollen, für die jede Zahl spricht:

ZAHL	BEDEUTUNG
1	Anführer, Veranlasser, Pionier, jemand, der neue Pfade betritt
2	Diplomat, Vermittler, Vertreter, Mittelsmann, der andere unterstützt
3	Künstler, Musiker, Schöpfer, jemand, der Schönheit in die Welt bringt
4	Erbauer, Handwerker, Techniker, jemand, der praktische, nützliche Dinge herstellt
5	Lehrer, Autor, Kommunikator, jemand mit vielen Ideen
6	Kümmerer, Familienfürsorger, Landwirt, jemand, der sich um das Wohl anderer sorgt und sie ernährt
7	Wahrheitssucher, religiöser Führer, Philosoph, Mystiker, Weiser
8	Geschäftsmann, Manager, Industrieller, jemand, der Geld und Ressourcen praktisch einsetzt
9	Menschenfreund, Sozialarbeiter, Heiler, jemand, der dazu beiträgt, dass es allen besser geht
11	Erfinder, Visionär, Avatar, jemand, der mit positivem Beispiel vorangeht
22	Meister, der in großem Stil Menschen, Nationen oder Einrichtungen organisiert

Errechne deine Lebenszahl und schreibe sie in dein Grimoire. Trifft sie auf dich zu? Erfüllst du den Zweck, für den du geboren wurdest? Wie wirken sich die Eigenschaften dieser Zahl auf dein Leben aus? Und wie auf dein spirituelles und magisches Wirken?

Lebenszyklen

Unser Leben ist niemals statisch. Tatsächlich ist Wandel für persönliches Wachstum unerlässlich. Verstehst du die Einflüsse, die auf dich einwirken, kannst du dich an ihnen ausrichten und sie zu deinem Vorteil nutzen. Numerologen untersuchen, was sie als »Lebenszyklen« bezeichnen, die auf deinem Geburtsdatum basieren. Anhand dessen bestimmen sie, was du in einem beliebigen Jahr voraussichtlich für Erfahrungen machen wirst. Wenn du mit diesen Zyklen arbeitest, kann das Erfolg und Zufriedenheit in deinem Leben steigern. Auch deine magische Arbeit wird davon profitieren, weil du sie mit den Energien in Einklang bringen kannst, die dich beeinflussen.

Sehen wir uns den als »persönliches Jahr« bezeichneten numerologischen Zyklus an. Dieser ändert sich von Jahr zu Jahr und verrät dir, welche Kräfte während eines bestimmten Zwölf-Monats-Zeitraums in deinem Leben agieren. Um das Jahr auszurechnen, addierst du den Tag und Monat deines Geburtstags mit dem Jahr, in dem du zuletzt Geburtstag hattest. Nehmen wir an, du wurdest an einem 16. Mai geboren und möchtest wissen, welchen Zyklus dein persönliches Jahr zwischen 16. Mai 2016 und 15. Mai 2017 durchlaufen wird:

$$1 + 6 + 5 + 2 + 0 + 1 + 6 = 21$$

Die Quersumme reduziert du auf einen einstelligen Wert: 2 + 1 = 3.

Deine persönliche Jahreszahl für diesen Zeitraum ist also die 3. Das heißt, du wirst voraussichtlich Dinge tun wollen, die zur Schwingung einer 3 passen – Spaß haben, mehr Freizeit genießen, deine Kreativität ausdrücken und deinen Horizont körperlich und geistig erweitern.

In der folgenden Tabelle gehen wir kurz auf die Essenz der neun jährlichen Zyklen ein und legen dar, auf welche Bereiche du in diesen Jahren vermutlich dein Hauptaugenmerk legen wirst.

PERSÖNLICHER JAHRESZYKLUS	DEIN HAUPTAUGENMERK FÜR DAS JAHR
1	Neuanfänge, Aktivität, Unabhängigkeit, Eigeninteresse

PERSÖNLICHER JAHRESZYKLUS	DEIN HAUPTAUGENMERK FÜR DAS JAHR
2	Zusammenarbeit, Partnerschaft, Gleichgewicht, Pläne machen
3	Expansion, Reisen, Kreativität, Gelegenheiten, persönliches Wachstum
4	Stabilität, Aufbauen, Organisieren, finanzielle Angelegenheiten, Sicherheit
5	Kommunikation, Wandel, Bewegung, Ideen teilen
6	Geben und Nehmen, Gleichgewicht, Häuslichkeit, Liebe, Komfort, Schönheit
7	Ruhen, Rückzug, Zuflucht suchen, Einkehr, Heilung
8	Manifestieren, Verantwortung, Macht, Ressourcen managen
9	Erfüllung, Vervollständigung, Abschlüsse, Übergang, Weisheit

Zusätzlich zu deinen persönlichen Jahreszyklen durchläufst du persönliche Monatszyklen. Du kannst die Energie dieser kürzeren Abschnitte für dein magisches Wirken und andere Bereiche deines Lebens nutzbar machen. Um deinen persönlichen Monat zu finden, addierst du die Zahl deines persönlichen Jahrs mit der Nummer für den laufenden Monat (beziehungsweise den Monat, über den du mehr herausfinden möchtest). Angenommen, dieses Jahr ist eine 7 für dich und du möchtest wissen, was der März für dich bereithält:

Addiere 7 + 3 (die Zahl für den März) = 10.

Die Quersumme berechnest du weiter: 1 + 0 = 1.

Der März ist für dich ein »1-Monat«, insofern solltest du Dinge in diese Zeit legen, die zu einer 1-Schwingung passen. Ziehe die Tabelle von vorhin zu Rate, in der die Eigenschaften persönlicher Jahre aufgeführt sind – die Energien für die Monate sind ähnlich, aber von kürzerer Dauer. Auf diese Weise kannst du bestimmen, wie du aus deinen persönlichen Zyklen bestmöglich Kapital für deine magische Arbeit und dein Leben schlägst.

Halte in deinem Grimoire fest, was du während dieser monatlichen und jährlichen Zyklen erlebst, sowohl im Alltag als auch bei deiner magischen Arbeit. Auf was hast du deine Energie fokussiert? Welche Sprüche und Rituale hast du gewirkt? Welche Interessensbereiche haben dich angesprochen? Welches Wissen und welche Erkenntnisse hast du erhalten? Schreibe alles nieder, was du für bedeutsam erachtest: deine Gefühle, Ideen, Sorgen, Erfolge und Rückschläge, Interaktionen mit anderen Menschen, Träume und so weiter. Zu einem späteren Zeitpunkt kannst du die jetzigen Geschehnisse mit späteren Ereignissen abgleichen.

TIERE ALS SYMBOLE

Auch Tiere haben für uns eine symbolische Bedeutung. Ein Rotkehlchen gilt als Vorbote des Frühlings. Ein Löwe steht für Mut, ein Hund für Loyalität. Keltische und alteuropäische Clans waren der Meinung, dass bestimmte Tier-Gottheiten für ganze Gruppen von Menschen verantwortlich waren. Irische Clans nannten ihre Mitglieder Greife, Wölfe, Hirsche und so weiter und einzelne Personen übernahmen von diesen Tieren ihre Namen. Tiere erfüllten zahlreiche Aufgaben für einen Clan, unter anderem schützten sie die Krieger im Kampf.

Auf vielen Wappen sind Tiere zu sehen und diese Tiersymbole vermitteln unterschiedliche Bedeutung. Auf dem Familienwappen der Rothschilds beispielsweise – einer der mächtigsten Familien der Welt – sieht man einen Löwen, einen Phönix und ein Einhorn. Eine Abwandlung dieser Symbolsprache sehen wir heute bei unseren Sportteams. Die Denver Broncos, die Boston Bruins, die Miami Dolphins, die St. Louis Cardinals und die Chicago Bulls sind nur einige der vielen Dutzend Profi-Teams, die nach Tieren benannt sind.[1]

Sowohl in der westlichen als auch der chinesischen Astrologie werden die Sternzeichen mit Tieren assoziiert. Du hast möglicherweise einige Eigenschaften mit dem Tier aus deinem Sternzeichen gemein-

---

[1] Anm. d. Übers.: Ein *bronco* ist ein halbwildes Pferd, ein *bruin* ein Braunbär und mit dem *cardinal* ist der Vogel Kardinal gemeint.

sam. Als Widder wirst auch du dich vielleicht Schritt für Schritt durchkämpfen, um in große Höhen vorzustoßen. Als Löwe trittst du möglicherweise ähnlich majestätisch auf und nimmst voller Stolz deine Rolle als Anführer ein.

> *»Tiere sind heilig. Sie sind lebender Ausdruck des göttlichen Prinzips – die Göttin und der Gott manifestieren sich in lebender Form.«*
>
> – Timothy Roderick, *The Once Unknown Familiar*

Magie mit Tieren

Vielleicht hast du den Begriff »Familiar« schon einmal gehört. In der Magie handelt es sich bei einem Familiar um ein Tier, das gemeinsam mit einer Hexe arbeitet. Erinnerst du dich an Harry Potters Eule? Schwarze Katzen werden seit Langem mit Hexerei in Verbindung gebracht. Raben, Schlangen und andere Kreaturen nehmen in der Magie und der Folklore ebenfalls einen besonderen Platz als weise Wesen ein. Auch wenn du vielleicht gerne mit einem Familiar arbeiten möchtest, solltest du dir klarmachen, dass nicht jedes Tier für eine derartige Beziehung geeignet ist. Dein Bello oder deine Mieze mögen die allerbesten Begleiter sein, aber das bedeutet nicht unbedingt, dass er oder sie auch dein Familiar sein können. Häufig verspürt eine Hexe eine starke psychische Verbindung zu ihrem Familiar. Dein Familiar kann als Wächter fungieren, als Führer oder als Heiler. Er kann dir helfen, eine tiefere Verbindung zur natürlichen Welt und deiner Intuition zu erfahren. Die Hexe und ihr Familiar sind Verbündete bei der Arbeit – dein Familiar gehört dir nicht, es handelt sich um ein freies Wesen, dem du mit einem Maximum an Respekt und Dankbarkeit begegnen solltest.

Auch wenn du nicht mit einem lebenden Tier arbeiten solltest, so kannst du doch immer noch Tiersymbolismus in deine Magie einarbeiten. Denke über unterschiedliche Kreaturen und ihre jeweiligen Qualitäten nach. Geparden sind für ihre Geschwindigkeit und als exzellente Jäger bekannt. Füchse sind schlau und Experten darin, Schwierigkeiten zu entkommen. Welche Charaktereigenschaften welcher Tiere helfen dir hier und jetzt am besten weiter?

Tiergottheiten

In Indien beten Menschen zum elefantenköpfigen Gott Ganesha, dass er ihnen die Stärke verleihe, Schwierigkeiten zu überwinden. Viele Ureinwohner Nordamerikas suchen beim Geist des Bären um Schutz nach.

Schutzspruch mit Totemtier

Den Schamanen zufolge wachen Totemtiere über uns und stehen uns in dieser und der nächsten Welt zur Seite. Denke an ein Wesen, das für dich Schutz repräsentiert. Hast du einen tierischen Helfer gewählt, suche dir ein Foto, eine kleine Figur oder ein anderes Symbol dieses Tiers.

WAS DU BENÖTIGST:

- eine schwarze Kerze
- eine weiße Kerze
- zwei Kerzenhalter
- Streichhölzer oder ein Feuerzeug
- ein Foto, Figürchen, Gemälde oder sonstiges Bild des Tieres, das du um Hilfe ersuchen möchtest

1. Ziehe einen Kreis um den Bereich, in dem du deinen Spruch abhalten wirst.
2. Setze die Kerzen in die Halter und stelle sie auf deinen Altar (oder eine andere Oberfläche, etwa eine Tischplatte). Mit Blick auf den Altar sollte die schwarze Kerze links stehen und die weiße rechts.
3. Entzünde die Kerzen und platziere das Bild des Tieres dazwischen. Blicke auf das Bild. Spüre die Präsenz des Tiers in deiner Nähe, des Geistwesens, das dich jederzeit und überall hin begleiten wird.
4. Atme tief und langsam, versetze dich in die Qualitäten, die du von diesem Tier zu bekommen erhoffst – Stärke, Mut, Geschwindigkeit, Cleverness oder was auch immer. Spüre, wie deine Ängste schwinden, verdrängt von dem Wissen, dass dein Totemtier da ist und sich um dich kümmert.
5. Bitte dieses Tier, dir alles an Ratschlägen mitzugeben, was dir helfen könnte. Lausche sorgfältig auf eine Antwort – vielleicht kommt sie als Vision, als Erkenntnis, als Gefühl, als Ton, als Geruch oder als inneres Wissen.

6. Du kannst mit deinem Totemtier so lange kommunizieren, wie du es wünschst. Wenn du das Gefühl hast, bereit zu sein, lösche die Kerzen, nimm das Bild deines Totemtiers und öffne den Kreis.
7. Trage das Bild als Schutz und zur Beruhigung bei dir.

Schreibe in dein Grimoire, welche Ergebnisse dein Spruch gebracht hat. Welches Tier hast du gewählt und warum? Wie hat das Tier dir geholfen, dein Problem zu lösen? Beschreibe auch deine Erfahrungen – deine Gefühle, Gedanken, Eindrücke, Erkenntnisse und so weiter.

Weissagen mit Tieren

Traumforscher vertreten die Ansicht, dass ein Tier, das in deinen Träumen erscheint, eine Botschaft für dich bereithält. Manchmal sieht man draußen ein Tier, das man normalerweise nicht in seiner Nachbarschaft erwarten würde. Das könnte eine Botschaft an dich sein. Vielleicht siehst du einen Widder. Dann denke darüber nach, was er aus deiner Sicht bedeutet. Macht? Kühnheit? Aggressivität? Wettbewerbsdenken? Solltest du eine Angelegenheit wie ein Rammbock direkt angehen? Sollst du es kraftvoll und direkt mit einem Widersacher aufnehmen? Bist du zu aggressiv oder nicht aggressiv genug?

Wenn etwas Derartiges geschieht, mache dir Notizen zu deiner Reaktion. Trage deine Erfahrungen in dein Grimoire ein. Wann und wo ist dir das Tier erschienen? Welchen Bezug hat es zu den Ereignissen in deinem Leben? Welche Botschaft hat es dir vermittelt? Wie kannst du von seinen Eigenschaften profitieren? Zeichne oder kopiere Bilder des Tiers in dein Buch der Schatten. Vielleicht magst du sogar eine Sigille mit dem Bild des Tiers entwerfen. Wenn du mehr über Weissagen mit Tieren erfahren und verstehen möchtest, wie man Tiere als Symbole begreift, empfehle ich dir mein Buch *The Secret Power of Spirit Animals.*

Kapitel 18

TRÄUME UND MAGIE

Einige unserer größten Inspirationen erleben wir im Schlaf. Im Dunkel der Nacht nehmen Gedanken Form und Bedeutung an. Flirrende Träume materialisieren als Energie, die scheinbar einer nicht ersichtlichen Quelle entspringt. Wenn wir auf dem Fluss der Träume reisen, ist unser Geist ungebunden, unzensiert, frei von den gewöhnlichen Erwartungen des Wachzustands. Egal ob sie beruhigend sind oder uns Angst machen, die Bilder fließen frei in einer endlosen Abfolge lebhafter Möglichkeiten. Dein Grimoire ist der perfekte Ort dafür, deine Träume aufzuzeichnen, denn häufig enthalten Träume Anleitungen und Erkenntnisse. Wenn du ein Traum-Tagebuch führst, hat das zudem den Vorteil, dass du dir die Einträge immer wieder einmal vornehmen kannst, um ein tieferes Verständnis zu erlangen.

Mithilfe von Träumen können wir erkunden, was unter der Oberfläche liegt, die unausgesprochene Welt der Urbilder und Mysterien, die üblicherweise brach liegt, aber stets bereit, sich zu erheben und ihre Präsenz in unserem Leben spürbar zu machen. Der Psychoanalytiker Carl Jung sprach in diesem Zusammenhang vom kollektiven Unterbewussten. Die Göttin sucht dich in Träumen möglicherweise durch Symbole und Zeichen auf. Sie reist von einem Ort jenseits unserer Welt an, der sowohl innerhalb als auch außerhalb der Zeit liegt. Betrittst du ihren Tempel, dann tue das in der Absicht, sie kennenzulernen und dein Unterbewusstsein für ihre Präsenz, ihre Worte und ihre Lehren zu öffnen.

BLOSS EIN TRAUM?

Seit Anbeginn der Zeit faszinieren Träume die Menschen und stellen sie vor Rätsel. Warum träumen wir überhaupt? Woher kommen die Träume? Was bedeuten sie? Sind sie nur das Ergebnis chemischer Prozesse im Gehirn, wie es einige Studien vermuten lassen, oder sind sie Vehikel für göttliche Kommunikation?

Quellen der Weisheit

In der Literatur und der Mythologie sämtlicher Kulturen nehmen Träume einen zentralen Platz ein. Das 4000 Jahre alte *Gilgamesch-Epos* erzählt von Tempeln, die Mamu errichtet wurden, der mesopotamischen Göttin der Träume. Die alten Ägypter glaubten, die Götter schenkten den Menschen Träume, deshalb wurden in Memphis dem ägyptischen Gott der Träume Serapis viele Tempel gebaut. Die alten Griechen errichteten Asklepios, dem Gott der Heilung, Tempel. Kranke verbrachten darin die Nacht und erhielten in ihren Träumen Anweisungen der Götter. Die Priester schrieben die Heilmethoden dann auf die Tempelwände.

In uralten Texten der Ägypter und Hindus und auch im Alten Testament werden Träume diskutiert. Seit Jahrtausenden also wenden sich Menschen auf der Suche nach Anleitung, nach Prophezeiungen, Weisheit und Inspiration der Welt der Träume zu. Muslime glauben, der Koran sei Mohammed in einem Traum übermittelt worden. Sowohl die amerikanischen Ureinwohner als auch die keltischen Schamanen erklären in ihren Lehren, dass das Reich der Träume ein Paralleluniversum ist, ein Ort, an den wir im Schlaf reisen – und der genauso real ist wie unsere Wachwelt.

In seinem Buch *Dreamlife* schreibt David Fontana: »Wir schlafen zum Teil auch, um zu träumen. Schlaf [...] könnte der Diener des Traums sein.« Und möglicherweise hast du schon einmal von Edgar Cayce gehört, dem »schlafenden Propheten«. Cayce, der nicht lange zur Schule gegangen war und keinerlei medizinische Ausbildung besaß, konnte sich in eine schlafähnliche Trance versetzen und Kuren für Tausende Kranker entdecken, die ihn um Hilfe baten. Er griff psychisch auf die gesammelte Weisheit zu, die große Denker vor ihm in das kosmische Netz gestellt hatten (manchmal auch als Akasha-Chronik bezeichnet), und lud sich quasi die benötigten Informationen herunter.

Welche Geheimnisse und welche Weisheiten wollen dir deine Träume vermitteln? Ist es der Versuch eines Geistes oder einer Gottheit, mit dir per Traum zu kommunizieren? Wenn du lernst, die Bedeutung deiner Träume zu entschlüsseln, wirst du dich mit mehr Leichtigkeit und Geschick durch unsere Welt und die Welt der Magie bewegen.

Zeichne deine Träume auf

Viele Menschen führen ein Traum-Tagebuch, um sich besser an ihre Träume zu erinnern und sie besser zu verstehen. Du kannst deine Träume aber natürlich auch im Buch der Schatten festhalten. Auf diese Weise wirst du Verbindungen zwischen dem Reich der Träume und dem Reich der Magie möglicherweise einfacher erkennen.

Mache es zum Teil deines Morgenrituals, sofort nach dem Aufwachen deine Träume niederzuschreiben. Auf diese Weise kannst du flüchtige Bilder besser festhalten, bevor sie in den Äther verschwinden oder in der Geschäftigkeit des Tags verblassen. Vielleicht fühlst du dich morgens noch groggy oder schlaftrunken und was du aufschreibst, kommt dir so zusammenhanglos und ungewöhnlich vor wie der Traum selbst, aber das ist überhaupt kein Problem, ganz im Gegenteil: Genau darum geht es! Es ist gar nicht gut, wenn dein Kopf schon auf Hochtouren läuft, denn du möchtest ja genau die Bilder und Symbole einfangen, die in den schattigen Ecken hinter dem rationalen Denken lauern. Es ist egal, ob du in ganzen Sätzen schreibst oder nur Stichpunkte festhältst. Du willst jetzt nicht erklären, unterhalten oder deine Gedanken analysieren, sondern einfach nur aufzeichnen, was du fühlst, was du spürst oder woran du dich erinnerst.

Versuche, im Stile eines Bewusstseinsstroms zu schreiben und die Bilder ungehindert kommen zu lassen. Versuche, das auf Papier festzuhalten, was deinem träumenden Geist so leicht fällt. Bewerte nicht, was du schreibst, zensiere nicht, sei einfach ehrlich. Schreibe die dominanten Bilder auf, die offensichtlichen Symbole, Gefühle und sonstigen Dinge, die sich in deinem Traum zugetragen haben. Achte auf kleine Dinge, die auf den ersten Blick keine große Bedeutung zu haben scheinen, denn sie können sich später noch als wichtig erweisen. Während du schreibst, steigen möglicherweise Ideen an die Oberfläche deines Bewusstseins und verlangen deine Aufmerksamkeit. Halte fest, was auch immer dir in den Sinn kommt, selbst wenn du es nicht gleich verstehst.

Mache es zum Teil deines Abendrituals, den Tag in einigen Zeilen in deinem Grimoire festzuhalten. Hatte dein Traum Bezug zu irgendetwas, was in der Zeit, in der du wach warst, geschehen ist? Wo siehst du Bezüge zwischen den Ereignissen des Tags und deinen Träumen? Vergiss nicht, zu deinen Einträgen das Datum dazu zu schreiben und andere Einzelheiten zu notieren, die relevant sein könnten, astrologische Einflüsse etwa oder gesundheitliche Dinge. Ist dies zu einem festen Ritual in deinem Alltag geworden, wirst du möglicherweise feststellen, dass dein Unterbewusstsein dir bereitwillig mehr und mehr Informationen anbietet und dass es dir leichter fällt, mit deinen Träumen zu arbeiten.

Der früheste Traum

Der älteste bekannte erhaltene Traum wurde von König Thutmosis IV. geträumt und in eine Stele eingetragen, die zwischen den Pfoten der Sphinx liegt.

TRAUMSYMBOLE

Niemand kann mit letzter Sicherheit erklären, warum Menschen träumen, aber Wissenschaftler und Psychotherapeuten sind sich grundsätzlich einig darin, dass unsere Träume uns etwas sagen wollen, das uns im Wachzustand von Nutzen sein kann. Traumbotschaften werden zumeist in symbolischer Form und nicht in offenkundiger Form übermittelt. Es gibt Symbole, die vielen Menschen im Traum erscheinen, andere finden sich nur bei einzelnen Personen.

Für die häufigsten Traumsymbole haben sich mit der Zeit allgemeine Interpretationen herausgebildet. Die Bedeutung deiner persönlichen Symbole wiederum kannst nur du verstehen. In der folgenden Liste sind einige vertraute Symbole aufgeführt, die in den Träumen der meisten Menschen das eine oder andere Mal auftauchen, daneben steht die allgemein akzeptierte Bedeutung.

BILD	DEUTUNG
Haus	Du und dein Leben. Der Keller steht für das Unterbewusste, das Erdgeschoss für deine alltägliche Lebenssituation, der Dachstuhl oder die oberen Stockwerke für deine mentale oder spirituelle Seite.
Auto	Dein Körper und dein Weg durchs Leben. Die Person am Steuer »steuert« dein Leben. Der Zustand des Wagens lässt Rückschlüsse auf deine Gesundheit und körperliche Beschwerden zu.
Wasser	Gefühle. Die Art von Wasser (tief, schlammig, kalt, aufgewühlt und so weiter) spricht für die Qualität deiner Gefühle.
Sex	Verschmelzung deiner maskulinen und deiner femininen Seite; Aufnehmen der Qualitäten einer anderen Person.
Tod	Übergang oder Wandel. Etwas tritt aus deinem Leben.
Geburt	Eine Neuausrichtung, Perspektive oder Unternehmung. Kreativität. Möglichkeit.
Schule	Lektionen lernen. Eine Prüfung steht dafür, dass man in einem Bereich seines Lebens auf die Probe gestellt wird.
Ungeheuer	Dinge, die du fürchtest, oder Teile von dir, mit denen du nicht in Einklang stehst.

Träume von Edelsteinen

Es heißt, wer von Edelsteinen träumt, erhält eine Botschaft des Göttlichen. Um die Botschaft zu verstehen, berücksichtige die Bedeutungen, die mit dem jeweiligen Stein einhergehen (siehe Kapitel 16).

Führe in deinem Grimoire eine Liste der Symbole, die dir in deinen Träumen unterkommen, und beschreibe, was sie dir bedeuten. Tauchen einige regelmäßig auf? Erscheinen sie üblicherweise in ähnlichen Szenarien oder auf unterschiedliche Weise? Wie fühlst du dich, wenn dir in einem Traum ein bestimmtes Symbol erscheint? Nach einer Weile wirst du möglicherweise bestimmte Symbole ausmachen können, die nur dir etwas bedeuten oder für dich eine andere Bedeutung besitzen, als es gemeinhin üblich ist. Auf diese Symbole solltest du ganz besonders achten.

TRÄUME INTERPRETIEREN

Wenn wir uns einig sind, dass unsere Träume versuchen, uns etwas mitzuteilen, dann tun wir gut daran zu lernen, die Träume zu deuten. Ob Traumerkenntnisse nun aus dem Unterbewussten kommen oder ob Wesen aus dem Reich der Geister sie uns schicken, ändert nichts daran, dass sie wertvolle Informationen enthalten können, die uns in unserem Alltag und bei unserem magischen Wirken von Nutzen sein können. Jede Nacht, wenn du die Welt der Träume betrittst, hast du Gelegenheit, Gebiete zu erkunden, die dir im Wachzustand möglicherweise nicht zur Verfügung stehen.

Träume laufen nur selten logisch und leicht verständlich ab, aber mit etwas Geduld kannst du lernen, ihre Symbolsprache zu entschlüsseln. Stelle dir Träume als deinen persönlichen Spielfilm vor, der exklusiv für dich produziert wurde. Aus diesem Grund sind deine eigenen Eindrücke auch wichtiger als das, was in den Lehrbüchern steht.

Die folgenden Ratschläge können dir helfen, zum Kern deiner Träume vorzustoßen:

- Versuche, deinem Traum einen Titel zu geben, der sich auf das bezieht, was dir am lebhaftesten in Erinnerung geblieben ist. Der Titel kann sich auf das stärkste Ereignis innerhalb des Traums beziehen, um die »Haupthandlung«, um die sich die Ereignisse in deinem Traum drehten.
- Schreibe auf, was um dich herum passierte, was dir geschehen ist oder wegen dir. Es ist dabei egal, ob die Umstände innerhalb oder außerhalb deiner Kontrolle gelegen haben.
- Achte auf Wegscheiden oder die Punkte innerhalb des Traums, ab denen die Dinge sich verändern, entweder zum Positiven oder zum Negativen. Hat sich dein Traum in die Höhe geschraubt oder abwärts, hin zu erfreulichem Vergnügen oder ist er zu einem Albtraum geworden?
- Ist die Situation auf irgendeine Weise gelöst worden? Wenn ja, wie?
- Wie hast du dich während des Traums gefühlt? Glücklich, traurig, verängstigt, wütend, zuversichtlich, friedlich? Wie hast du dich nach dem Aufwachen gefühlt?

- Wer war noch in deinem Traum? Handelte es sich um Personen, die du kennst? In welchem Verhältnis stehst du zu ihnen? Wenn du diese Personen nicht aus deinem normalen Leben kennst, wofür (oder für wen) stehen sie?
- Wie hast du mit diesen Figuren interagiert? Was lief im Traum zwischen ihnen und dir ab?
- Sind auch Tiere Teil deines Traums gewesen? Welche Verbindungen hast du zu diesen Tieren?
- Welche Bilder, Handlungen oder Szenen stachen am meisten hervor?
- Kam dir irgendetwas in dem Traum vollkommen fantastisch oder unrealistisch vor? Oder lief das Ganze in einer vergleichsweise realistischen Art und Weise ab?

Worte haben viele Bedeutungen, sowohl buchstäblicher als auch symbolischer Natur, und Träume spielen häufig mit Worten, um etwas zu verdeutlichen. Ich habe einmal geträumt, dass ich mit vielen anderen Menschen an einem Langstreckenrennen teilnahm und obwohl ich keine ausgebildete Läuferin bin, konnte ich mit der Spitzengruppe mithalten. Später gewann ich einen Preis und mir wurde klar, dass es in dem Traum darum gegangen war, dass ich »im Rennen« um die Auszeichnung gewesen war. Achte auf Worte und Sätze in deinen Träumen und halte sie in deinem Grimoire fest – sie könnten einen verborgenen Sinn enthalten oder ein Wortspiel, das Erkenntnisse enthält.

Die Magie führt dich in die geheimen Winkel des Geistes und schärft dein Bewusstsein, was Verbindungen zu anderen Ebenen der Realität anbelangt. Träume ermöglichen uns Zugang zu diesen Realitäten. Indem du ein Verzeichnis deiner Träume anlegst, arbeitest du an einem besseren Verständnis deiner inneren Abläufe und der Dinge, die unterhalb deiner üblichen gedanklichen Prozesse vor sich gehen. Im Traumzustand könntest du sogar das gesammelte Wissen der sogenannten Akasha-Chronik anzapfen, das große kosmische »Internet« im Universum, wo nach Ansicht vieler das Wissen aus allen Zeiten gespeichert ist.

»Wer nach außen schaut, träumt. Wer nach innen schaut, erwacht.«

– C.G. Jung

Wiederkehrende Träume

Von besonderer Bedeutung sind Szenarien und Bilder, die wiederholt in deinen Träumen auftauchen. Wenn du wiederkehrende Träume hast, legt sich dein Unterbewusstsein möglicherweise gerade sehr ins Zeug, um dir eine Botschaft zu übermitteln. Ein Beispiel: Viele von uns träumen regelmäßig, dass wir im Klassenzimmer sitzen und einen Test ablegen müssen, auf den wir überhaupt nicht vorbereitet sind. Wenig überraschend haben wir diesen Traum häufig an Wendepunkten in unserem Leben, wenn wir vor neuen Herausforderungen stehen oder in einen neuen Lebensabschnitt eintreten.

Achte sorgfältig auf deine wiederkehrenden Träume. Läuft der Traum jedes Mal größtenteils nach demselben Muster ab oder fallen dir Abweichungen auf? Prüfe sämtliche Änderungen am Narrativ, dem Rahmen oder den teilnehmenden Personen – daran wirst du ablesen können, wie sich die Situation entwickelt. Hast du die Botschaft des Traums verstanden und dich mit der Situation befasst, wirst du diesen Traum vermutlich auch nicht mehr haben.

Problemlösung im Traum

Träume führen dich in ein Reich, in dem Wahrnehmung anders abläuft als im Wachzustand. Deshalb kannst du dort Antworten auf Fragen finden, an denen du dir im Alltag die Zähne ausbeißt. Viele berühmte Persönlichkeiten haben Träume zum Lösen ihrer Probleme eingesetzt. Albert Einstein, Thomas Edison, Harry Truman und Benjamin Franklin waren bekannt dafür, bei einem Problem oder vor einer wichtigen Entscheidung »noch einmal darüber zu schlafen«.

Ein bekanntes Beispiel ist Elias Howe, der im 19. Jahrhundert eine frühe Nähmaschine entwickelte und sich patentieren ließ. Zehn Jahre lang mühte sich Howe damit ab, das Gerät zu perfektionieren, dann träumte er eines Nachts, er sei von Kannibalen entführt worden, die ihm sagten, er werde auf furchtbare Weise sterben, sollte er das Problem nicht lösen. Während er in einem großen Kochtopf hockte und darauf wartete, bei lebendigem Leib gekocht zu werden, blickte er auf die Speere der Kannibalen und stellte fest, dass sie nahe der Spitze Löcher hatten. Howe hatte seine Antwort gefunden. Er brachte das Öhr in der Nähe der Nadelspitze an und erfand auf diese Weise die Nähmaschine.

Einige Forscher, darunter Dr. Michael Newton, Autor von *Die Abenteuer der Seelen*, vertreten die Ansicht, dass uns Geister oder körperlose Wesenheiten über Träume Information zukommen lassen wollen. Andere glauben, unser Unterbewusstsein kenne die Antwort auf eine Frage bereits, doch diese Antwort sei noch nicht bis zu unserem bewussten Denken durchgedrungen. Wenn du in einer Zwickmühle steckst und Hilfe beim Lösen benötigst, dann schreibe deine Frage auf ein Stück Papier und lege es dir für die Nacht unter das Kopfkissen. Sage dir, dass du im Schlaf eine Antwort erhalten wirst. Bitte die Göttin oder eine dir wichtige Gottheit um ihre Unterstützung. Falls nötig, wiederhole den Prozess für einige Nächte, bis du eine Lösung hast.

Heilende Träume

Manchmal empfehlen uns Träume Heilmethoden, wenn wir krank sind, oder sie geben Ratschläge, wie wir uns körperlich und geistig selbst heilen können. Sie können auch Hinweise auf gesundheitliche Probleme geben, die entstehen könnten, wenn wir nichts unternehmen. Darüber hinaus können Träume uns sagen, ob eine laufende Behandlung gut oder schlecht für uns ist.

Wenn du möchtest, dass deine Träume dir Ratschläge zu einer gesundheitlichen Situation geben, dann nutze den Prozess zur Problemlösung. Achte zudem auf Zeichen und Symbole in deinen Träumen, die als Warnung vor möglichen Problemen verstanden werden könnten. Ich habe einmal geträumt, dass ich gefährlich schnell fuhr und mit meinem Auto einen Unfall hatte. Mein Traum vermittelte mir, dass ich meiner Gesundheit schaden könnte, sollte ich nicht aufhören, mich so anzutreiben.

Du willst jemandem helfen, der gesundheitliche Probleme hat? Dann forme vor dem Zubettgehen vor deinem inneren Auge ein Bild dieser Person. Frage sie, ob es in Ordnung ist, dass du Hilfe anbietest. Wenn sie zustimmt, stelle dir diese Person völlig gesund, glücklich und friedlich vor (konzentriere dich nicht auf die Beschwerden oder die Erkrankung). Affirmiere, dass du dieser Person im Schlaf heilende Energie zu ihrem Wohlergehen zukommen lassen wirst. Du kannst auch die Göttin, einen Führer, einen Hüter oder eine Gottheit bitten, dir zur Seite zu stehen. Sei zuversichtlich, dass die guten Schwingungen, die du im Traumzustand ausstrahlst, auch tatsächlich den gewünschten Adressaten erreichen werden.

Prophetische Träume

Manchmal enthüllen Träume die Zukunft. Lässt du deiner Wahrnehmung während des Schlafs eine lange Leine, kann sie hierhin und dorthin reisen und sogar die Grenzen der Zeit überschreiten. Lässt ein Traum dich erkennen, was auf dich zukommt, kannst du dich darauf vorbereiten oder ein Problem sogar völlig umgehen. Manche prophetischen Träume sind überfrachtet mit eindringlichen Bildern, andere sind schlicht gehalten und nahezu vollständig frei von Symbolismus. Du wirst Zeuge eines Ereignisses, bevor es in der physischen Welt eintritt. Mark Twain beispielsweise träumte vom Tod und Begräbnis seines Bruders – drei Monate, bevor alles bis ins letzte Detail genau so kam, wie er es geträumt hatte.

Je mehr du dir deiner Träume bewusst wirst, desto wahrscheinlicher wirst du prophetische Träume haben und sie auch als solche erkennen können. Gefühlsmäßig unterscheiden sich prophetische Träume oftmals von dem, was du bei anderen Träumen erlebst – du spürst vielleicht mehr Klarheit, Unmittelbarkeit oder Authentizität. Wenn du deine Träume in deinem Grimoire festhältst, steigert das auch deine Entschlossenheit, die Grenzen von Zeit und Raum zu überwinden, um einen Blick auf die Zukunft zu werfen. Das kann durchaus nützlich sein, findest du nicht?

Träume und Weissagen

Träume verwischen die Grenzen zwischen Vergangenheit, Gegenwart und Zukunft, deshalb kannst du diese farbenfrohe Methode dazu einsetzen, die Weisheit deiner Träume für Weissagungen zu nutzen.

- Schneide aus Plakatpappe ein Dutzend oder noch mehr Stücke von 10 mal 15 Zentimetern Größe aus.
- Schneide aus Magazinen Bilder, Wörter und/oder Symbole aus, die für das stehen, was du in einem deiner Träume gesehen hast.
- Klebe die Bilder auf ein Papprechteck. Die Bildkarte stellt die zentralen Elemente, Emotionen, Handlungen und so weiter deines Traums dar.

- Wiederhole das für mindestens ein Dutzend Träume, sodass du mindestens zwölf Traumkarten zusammen hast. (Du musst nicht bei 12 aufhören, du kannst so viele herstellen, wie du möchtest.)
- Nutze diese persönlichen Traumkarten wie Tarotkarten bei einer Lesung.
- Trage deine Lesungen und deine Deutungen in dein Buch der Schatten ein.

Wachträume

Bei einem sogenannten Wachtraum ist dir bewusst, dass du träumst. Du spürst ein Gefühl des Herausgelöstseins und der Klarheit, während du dich selbst und die Handlung in deinem Traum beobachtest. Von diesem Beobachtungspunkt aus kannst du wie der Regisseur eines Spielfilms den Traum steuern. Du kannst einen Albtraum in etwas Angenehmes verwandeln oder bei einem beunruhigenden Szenario dafür sorgen, dass es sich in eine Richtung entwickelt, die dir genehm ist. Wenn du lernst, deine Träume zu steuern, kann dir das auch im Wachzustand helfen, Situationen besser in den Griff zu bekommen.

Probiere es doch mal mit dieser Methode: Schaue, während du träumst, auf deine Hände und befiehl dir dann eine Art Handsignal. Du könntest auf etwas zeigen oder Zahlen an deinen Fingern abzählen. Auf diese Weise weißt du, dass du dir tatsächlich des Traums bewusst bist und die Handlung steuerst. Du kannst dir auch sagen »Es ist nur ein Traum«, während du mitten im Traum bist. Hast du das Gefühl, die Dinge in der Hand zu haben, kannst du deinen Traum dazu nutzen, Probleme zu lösen, einen Blick in die Zukunft zu werfen, in andere Reiche zu reisen, eine Verbindung zu Wesen in der Welt der Geister herzustellen und vieles mehr.

Verzeichne deine Träume in deinem Grimoire und halte auch fest, wie sich deine Erfahrungen im Traumzustand auf deinen Wachzustand ausgewirkt haben. Je häufiger du das Wachträumen übst, desto besser wirst du darin werden, die Kontrolle über deine Träume und deren Ausgang zu übernehmen.

Kräuter-Traumkissen

Gewiefte Hexen nähen sich Traumkissen, die ihnen dabei helfen, besser zu schlafen, und/oder die ihnen bedeutsame Träume bescheren sollen. Das kannst du auch.

WAS DU BENÖTIGST:

- zwei rechteckige Stücke blauen oder purpurfarbenen Baumwollstoff, etwa 10 mal 15 Zentimeter (du kannst natürlich auch eine andere Größe wählen)
- Nadel und Faden
- getrocknete Beifußblätter
- getrocknete Lavendelblätter
- eine Prise Minze
- Flachssamen

1. Nähe die beiden Stoffrechtecke an drei Seiten zusammen.
2. Drehe den Stoff auf links und fülle ihn mit den getrockneten Kräutern. Beifuß löst psychische Träume aus, Lavendel beruhigt. Die Prise Minze begünstigt geistige Klarheit.
3. Fülle den Rest des Kissens mit Flachssamen.
4. Nähe die vierte Seite zu.
5. Schlafe mit dem Kissen und lasse zu, dass es sich auf deine Träume auswirkt.

Trage alle erwähnenswerten Ergebnisse in dein Buch der Schatten ein.

Vom Beifuß *(Artemisia vulgaris)* oder Gewürzbeifuß heißt es, wegen der silbernen Unterseite der Blätter erachte ihn die Mondgöttin Artemis als heilig. Beifuß steht für die Geschenke Vitalität und Befreiung von Unterdrückung. Du kannst ihn zum Ausrichten verwenden, zum Erden und um deine Kräfte zu erneuern. In kleinen Päckchen verbrannt, kann Beifuß psychische Visionen verstärken.

Kapitel 19

GOTTHEITEN, ENGEL UND ANDERE GEISTWESEN

Auch wenn wir sie gewöhnlicherweise nicht sehen können, so teilen doch viele Wesen unsere Welt mit uns. Vielleicht bist du dir nicht-physischer Entitäten bewusst, kannst sie sehen, hören oder ihre Anwesenheit spüren. Manche von ihnen leben auf der Erde, andere an einem Ort, den viele Menschen als Himmel bezeichnen. Diese Untertrennung führt allerdings etwas in die Irre, denn die verschiedenen Existenzebenen sind nicht wirklich getrennt, vielmehr interagieren sie und durchdringen sich gegenseitig.

Es liegt allein an dir, wie du mit nicht-physischen Wesen umgehst. Die meisten Hexen glauben zumindest an einige dieser Wesen, auch wenn sich unser gedankliches Bild im Einzelnen unterscheiden mag. Bei der magischen Betrachtungsweise der Welt sind alle Kräfte energetisch verbunden, auch physische und nicht physische. Verbesserst du deine Beziehung zu Göttern und Göttinnen, Engeln, Feen, Elementaren und anderen Vertreter der Geisterwelt, ist das für alle im Universum von Nutzen.

DER GOTT

Wir haben bereits darüber gesprochen: Anhänger der Wicca-Lehre glauben nicht an *die eine* Gottheit (wie es die patriarchalischen Religionen lehren), sondern an zwei unterschiedliche Kräfte – die Göttin und den Gott. Wir halten den Gott häufig für den Begleiter der Göttin und erkennen an, dass es für die Existenz sowohl weibliche als auch männliche Kräfte geben muss. Das Konzept von zwei Kräften, die im

Universum agieren, ist nicht auf die Wicca-Anhänger beschränkt, tatsächlich ist in vielen Kulturen die Rede davon, dass in uns und um uns herum beide Grundsätze wirken. Die Chinesen sprechen von Yin (das Weibliche) und Yang (das Männliche). Amerikanische Ureinwohner respektieren Mutter Erde und Vater Himmel. Diese beiden Gegensätze gleichen einander aus und erschaffen Ganzheit.

Im Verlauf dieses Buchs haben wir immer wieder über und von der Göttin gesprochen. In den Kapiteln 9 und 10 findest du Listen von Göttinnen, ihren Einflussbereichen und wie sie dir bei deinem magischen Wirken helfen können. Sehen wir uns nun einige Aspekte, Kräfte und Eigenschaften des Gottes an.

Aspekte des Gotts

Seit Anbeginn der Zeit haben Kulturen aus aller Welt einer maskulinen Kraft gehuldigt. Die Yang-Energie des Universums ist in zahlreichen Formen und Persönlichkeiten dargestellt worden, als individuelle Gottheiten mit spezifischem Auftreten, eigenen Charakteristika und Aufgabenbereichen. Die vielen Gesichter des Gottes bringen Qualitäten zum Ausdruck, die mit dem männlichen Archetypus assoziiert werden – Stärke, Virilität, Wagemut, Führungsqualitäten, Logik, Schutz, Wissen und Mut. Die folgende Liste führt einige männliche Gottheiten aus unterschiedlichen Kulturen auf sowie die Eigenschaften, die ihnen zugerechnet werden.

GÖTTER DER WELT		
NAME	KULTUR	ATTRIBUTE
Adibuddha	indisch	ultimative männliche Essenz
Angus	irisch	Jugend, Liebe
Apoll	griechisch	Schönheit, Poesie, Musik, Heilung
Bunjil	Aborigine	Atem des Lebens
Ea	chaldäisch	Magie, Weisheit
Ganesha	indisch	Stärke, Ausdauer, das Überwinden von Hindernissen

GÖTTER DER WELT		
NAME	KULTUR	ATTRIBUTE
Grüner Mann	keltisch	Fruchtbarkeit, Natur, Überfluss, Sexualität
Horus	ägyptisch	Wissen, ewiges Leben, Schutz
Itzamná	Maya	geschriebene Kommunikation
Lugh	keltisch	Handwerkskunst, Heilung, Magie
Mars	römisch	Aggressivität, Krieg, Vitalität, Mut
Merkur	römisch	Intelligenz, Kommunikation, Handel, Reisen
Mithras	persisch	Stärke, Virilität, Mut, Weisheit
Odin	skandinavisch	Wissen, Poesie, Prophezeien
Osiris	ägyptisch	Vegetation, Zivilisation, Lernen
Pan	griechisch	Wälder, Natur, Fruchtbarkeit
Shiva	indisch	Zerstörung, Wandel
Thot	ägyptisch	Wissen, Wissenschaft, die Künste
Tyr	germanisch	Gesetze, Athletik
Vishnu	indisch	Bewahren, Stabilität
Zeus	griechisch	Autorität, Gerechtigkeit, Überfluss, Großzügigkeit

Archetypen überwinden Nationalitäten und Religionen und finden in zahlreichen unterschiedlichen Kulturen ihren Platz. Der griechische Gott Zeus beispielsweise findet sein Gegenstück bei den Römern als Jupiter. Es gibt Überschneidungen zwischen dem ägyptischen Gott Thot und dem griechischen Hermes. Die beiden Kriegsgötter Mars und Mithras wurden von Soldaten im Römischen Reich beziehungsweise in Persien angebetet.

Den Gott um seine Unterstützung bitten

An Tagen, an denen Hexen sich mit bestimmten Eigenschaften des Gotts identifizieren möchten, können sie eine Gottheit um Hilfe bitten, die für diese Eigenschaften steht. Wenn du eine Prüfung zu bestehen hast, bitte Merkur, Thot oder Hermes um Unterstützung. Hast du eine größere Herausforderung oder Hürde vor dir, verbünde dich mit dem Gott Ganesha. Ganz egal, wie dein Ziel aussieht oder deine Sorge – du wirst einen Gott finden, der dir die gewünschte Hilfe sein kann.

Führe in deinem Grimoire eine Liste von Gottheiten, denen du dich auf besondere Weise verbunden fühlst. Führe auch eine Liste jener, die du vielleicht um Unterstützung bitten wirst oder mit denen du gerne magisch arbeiten würdest. Nimm dir die Zeit, möglichst viel über sie herauszufinden, bevor du sie um ihre Hilfe bittest. Studiere die mit ihnen verbundenen Mythen. Lies dich schlau, was ihre Kräfte angeht und die Bereiche, in denen sie agieren. Wenn du Teil eines Covens bist oder einer sonstigen Gruppe von Magiern, rede mit ihnen darüber, welche Erfahrungen sie beim Arbeiten mit dem göttlich Männlichen gemacht haben. Je mehr du über einen bestimmten Gott weißt, desto wirksamer kannst du dir seine Energie zunutze machen.

Schreibe in dein Buch der Schatten, welchen Gott oder welche Götter du um Unterstützung bei deinem magischen Wirken gebeten hast und warum ihn oder sie. Wie hast du die Energie des Gotts erfahren, wie hat er sich bei dir bemerkbar gemacht? Was geschah während des Spruchs oder Rituals? Wie fielen die Ergebnisse aus?

Spruch zur Überwindung eines Hindernisses

Wenn du vor einer schwierigen Aufgabe stehst, kannst du dir etwas Rückendeckung holen. In Indien machen sich die Menschen seit ewigen Zeiten die Kräfte des elefantenköpfigen Gottes Ganesha zunutze, wenn sie es mit scheinbar unüberwindbaren Hindernissen zu tun haben. Das kannst du auch.

WAS DU BENÖTIGST:

- ein Bild von einem Elefanten oder von Ganesha (beispielsweise ein Magazinfoto oder eine kleine Figur)
- einen Athame

1. Ziehe einen Kreis um den Bereich, in dem du deinen Spruch wirken wirst.
2. Schließe die Augen und stelle dir vor, du befindest dich in einem dunklen, dicht bewachsenen Dschungel. So dicht ist die Vegetation, dass du nur ein, zwei Schritte weit sehen kannst. Unmöglich zu erkennen, was an Gefahren auf deinem Weg lauern. Eine völlig unmögliche Situation. Du fühlst dich gefangen und hilflos.
3. Plötzlich hörst du einen Elefanten trompeten – Ganesha eilt dir zu Hilfe! Er stürmt auf dich zu, packt dich mit seinem Rüssel und setzt dich auf seinen Rücken.
4. Erkläre ihm, mit was für einem Problem du dich auseinandersetzen musst. Vor deinem inneren Auge siehst du dich auf den Schultern von Ganesha sitzen, während er in den Dschungel marschiert und alles, was sich ihm in den Weg stellt, niedertrampelt.
5. Beginne, mit deinem Athame die Lianen und Äste zu durchtrennen, die dir im Weg stehen (die dichte Vegetation symbolisiert natürlich die vor dir liegenden Hindernisse). Stelle dir vor, wie die Hindernisse eines nach dem anderen weichen und sich der Weg vor dir öffnet. Spüre die Stärke von Ganesha und wie er dich hoch über deine Probleme hinweg anhebt.
6. Schneide weiter. Du musst nicht den ganzen Weg bis zum endgültigen Ziel erkennen, gehe vielmehr ein Hindernis nach dem anderen an, sobald sie sich dir in den Weg stellen.
7. Wenn du das Gefühl hast, dass du bereit dazu bist, steige von Ganeshas Rücken und danke ihm für seine Unterstützung. Du weißt jetzt, dass du imstande bist, dich sämtlichen Herausforderungen zu stellen.
8. Öffne den Kreis.

Halte in deinem Grimoire fest, wie du dich gefühlt hast, als du mit dem Spruch gearbeitet hast. Schreibe deine Eindrücke auf, deine Gefühle, Einsichten, Visionen und dergleichen. Schreibe auch auf, wie dieser Spruch und die Unterstützung der Gottheit dir beim Überwinden von Hindernissen geholfen haben und welche Ergebnisse du verzeichnet hast. Du kannst das Bild von Ganesha in dein Buch kleben oder eine kleine Figur von ihm in der Tasche tragen als Erinnerung daran, dass du einen mächtigen Verbündeten auf deiner Seite hast.

DIE GÖTTER UM HILFE BITTEN

Wie kannst du einen Gott oder eine Göttin auf deine Seite ziehen? Viele Hexen sind der Meinung, dass uns göttliche Unterstützung jederzeit zur Verfügung steht und die Götter gerne bereit sind, uns mit Rat und Tat zu unterstützen, uns zu helfen und uns für positive Zwecke mit Energie zu versorgen. Einige betrachten göttliche Wesen als höhere Aspekte des menschlichen Bewusstseins, die sich durch magische Methoden ansprechen und aktivieren lassen.

Willst du mit einer bestimmten Gottheit in Verbindung treten, bitte diesen Gott oder diese Göttin zunächst darum, dass sie sich deine Bitte anhört und dir dann zu Hilfe kommt. Einer Theorie zufolge werden sich Gottheiten deinem freien Willen nicht in den Weg stellen – du musst sie nur aufrichtig um Hilfe bitten.

So ehrst du Gottheiten

Wenn du es nicht gewohnt bist, bei deinen spirituellen Unternehmungen ein göttliches Wesen als Partner an deiner Seite zu haben, wunderst du dich möglicherweise, wie du es angehen sollst, Gott oder Göttin deiner Wahl um Hilfe zu bitten. Hier einige Vorschläge:

- Bringe der Gottheit ein Opfer dar. Beliebt ist ein Weihrauch-Opfer, du kannst aber auch zu einer Methode greifen, die noch besser zum Wesen der Gottheit passt, die du um Hilfe bitten möchtest. Bacchus beispielsweise ist ein ausgesprochener Weinliebhaber, du kannst also ein schönes Glas Cabernet auf deinen Altar stellen und es ihm widmen.
- Stelle ein Bild oder ein Figürchen der Gottheit, die du dir ausgesucht hast, auf deinen Altar.
- Bringe der Gottheit Gebete, Chants, Gedichte oder Lieder dar.
- Entzünde eine Kerze zu Ehren der Gottheit, die du um Hilfe bitten möchtest.
- Entwickle ein Ritual für die Gottheit und führe es durch.
- Wähle einen Edelstein, dem sich die Gottheit verbunden fühlt, beispielsweise Goldtopas für Amaterasu oder Mondstein für Diana, und platziere den Stein auf deinem Altar.

- Pflanze Kräuter oder Blumen zu Ehren der Göttin oder des Gottes an oder stelle eine Vase mit Blumen auf deinen Altar. Wähle etwas, das zu der Gottheit passt. Astern beispielsweise werden mit der griechischen Göttin Astraea in Verbindung gebracht.

Welche Gottheit ist die richtige?

Götter und Göttinnen wurden im Verlauf der Geschichte immer wieder mit bestimmten Qualitäten, Fähigkeiten und Kräften in Verbindung gebracht und ihre einzigartigen Attribute können dir bei deinem magischen Wirken von Nutzen sein. Wenn du – wie es meistens der Fall ist – einen Spruch mit einer bestimmten Absicht einsetzen möchtest, empfiehlt es sich, eine Gottheit um Unterstützung zu bitten, die eine besondere Eigenschaft zu dem aufweist, was du erreichen möchtest.

- Bei Liebeszaubern wendest du dich am besten an Venus, Aphrodite, Freyja oder Angus.
- Bei Wohlstandszaubern rufe Lakshmi, Zeus oder den Grünen Mann an.
- Bei Heilungszaubern bitte Brigid, Ceres oder Lugh um Unterstützung.
- Für Schutzzauber wende dich an Artemis, Tara oder Horus.
- Um Weisheit und Inspiration zu erhalten, bitte Brigid, Ceridwen, Sophia, Merkur, Odin oder Thot um Hilfe.
- Für Zauber, bei denen es um Mut oder Stärke geht, empfiehlt sich die Unterstützung von Mars, Sachmet oder Ganesha.

Manchmal reicht es voll und ganz aus, eine Gottheit einfach um Hilfe zu bitten. Um zu zeigen, dass es dir ernst ist, kannst du aber zusätzlich ein Bild des Gottes oder der Göttin auf deinen Altar stellen oder ihm einen anderen Ehrenplatz einräumen. Hat die Göttin einen bestimmten Feiertag, dann begehe ihn. Wie bereits erwähnt, könntest du einer Gottheit auch ein Opfer bringen – Weihrauch, Blumen, Edelsteine und so weiter.

So errichtest du Gottheiten einen Altar

Du kannst zusätzlich zu deinem Hauptaltar einen weiteren Altar errichten und einer Gottheit widmen, die dir besonders am Herzen liegt. Es kann ein mehr oder weniger dauerhafter Altar sein, wenn es deine Umstände zulassen, oder ein vorübergehender, den du extra für ein spezielles Ritual aufbaust und dann wieder abbaust, wenn du fertig bist.

- Platziere eine Statue, ein Bild oder eine sonstige Abbildung der Gottheit auf dem Altar.
- Hat die Gottheit, die du anrufen möchtest, einen eigenen Sabbat oder eine eigene Jahreszeit? Dann stelle Abzeichen auf den Altar, die für diese besondere Zeit stehen.
- Lege ein Tuch in einer Farbe auf den Altar, die dich an die Gottheit erinnert: blaugrün für Wassergötter und -göttinnen wie Neptun, Aphrodite und Oshun, rot, orange oder golden für feurige Gottheiten wie Apollon, Brigid oder Pele.
- Ist die Gottheit einer bestimmten Himmelsrichtung zugetan, dann stelle den Altar dort auf. Der Erzengel Michael beispielsweise beherrscht den Süden, ein ihm gewidmeter Altar sollte also an einer Stelle stehen, die in Richtung Süden schaut.

Bilder deiner liebsten Gottheiten solltest du in dein Grimoire aufnehmen. Zeichne sie selbst oder lade sie aus dem Internet herunter. Mache doch ein Foto von dem Altar, den du zu Ehren einer bestimmten Gottheit erschaffen hast, und klebe das Foto in dein Buch der Schatten. Hast du ein Gedicht, ein Lied oder eine Anrufung an die Gottheit ausgearbeitet, solltest du auch diese Dinge niederschreiben. Was hast du sonst noch getan, um einen Gott oder eine Göttin um Unterstützung zu bitten? Wie hat er oder sie darauf reagiert?

Die Offenbarung der Göttin

Nahezu jede Hexe und jeder Hexer hat irgendwann einmal den Wunsch verspürt, die Energie der Göttin oder des Gottes in sich aufzunehmen. Das Beschwören der Göttin gehört für erfahrene Priesterinnen und Priester häufig zu einem Ritual, das als »Drawing down the Moon«, als »Herabziehen des Mondes«, bezeichnet wird.

Bei diesem Ritual arbeiten Priesterin und Priester gemeinsam, wobei der Priester die große Göttin anruft und die Priesterin die Energie der Göttin in sich aufnimmt. Anschließend strahlt sie durch den Kreis diese Kraft nach außen ab. Für diese heilige Anrufung müssen nicht zwingend Mann und Frau zusammenarbeiten, du kannst das göttliche Bewusstsein auch allein erlangen – die Verbundenheit mit den Gottheiten wird direkt von der Göttin geschenkt, nicht von einer anderen Person.

In Kapitel 1 hatten wir bereits darüber gesprochen, dass der in den USA geborene Volkskundler Charles Godfrey Leland Gespräche veröffentlichte, die er seiner Aussage nach mit einer italienischen *strega* (Zauberin oder Hexe) führte, deren wahre Identität unbekannt ist. Unter anderem enthielt Lelands Buch *Aradia – Die Lehren der Hexen* die älteste bekannte Fassung der »Offenbarung der Göttin«. Bei dieser speziellen Tradition der italienischen *strega* steht die römische Göttin Diana im Mittelpunkt, die eine Tochter zur Welt bringt – Aradia.

Möglicherweise handelt es sich hier um eine ältere Tradition dianischer Hexerei, die heutzutage vor allem mit rein weiblichen Coven in Verbindung gebracht wird. Dianische Magie war in der Vergangenheit enger mit der Anbetung der durch Diana und Aradia personifizierten Mondgöttin verbunden als mit einer rein weiblichen Agenda. Im folgenden Abschnitt hat Diana Aradia darin unterrichtet, wie sie Zauber wirken und Feinde abwehren kann, und Aradia gibt dieses Wissen nun weiter:

Wenn ich nicht mehr auf dieser Welt sein werde,
Wann immer ihr etwas bedürfet,
Einmal im Monat, bei Vollmond,
Sollt ihr euch an einem einsamen Platz versammeln,
Oder in einem Wald zusammenkommen,
Um anzubeten den umfassenden Geist eurer Königin,
Meiner Mutter, große Diana. Wer all die Zauberkunst erlernen
Will, hat noch nicht ihre
Tiefsten Geheimnisse enthüllt, sie wird meine Mutter
Lehren, die Wahrheit der geheimsten Dinge.
Und alle sollt ihr von der Sklaverei befreit werden,
Und frei sein sollt ihr in allen Dingen;
Und als Zeichen eurer wahren Freiheit,

Sollt ihr bei euren Riten nackt sein, sowohl Männer
Als auch Frauen: dies soll andauern, bis
Der letzte eurer Unterdrücker tot sein wird;
Und ihr sollt das Jagdspiel von Benevento abhalten,
Und wenn die Lichter erloschen sind
Sollt ihr das Mahl in der Art richten:

Nun folgen die Anweisungen Lelands für die Zubereitung des Mahls, geweihte Kuchen mit Wein, Salz und Honig, die vor dem Backen zu Halbmonden geformt werden. Wenn man bedenkt, wie alt diese Verse sind, und sie mit moderneren Versionen der Offenbarung der Göttin vergleicht, wie man sie in anderen Büchern findet, dann fällt auf, wie weit sich der Text gegenüber der Fassung aus *Aradia* verändert hat. Diese Evolution ist ein hervorragendes Beispiel dafür, wie man Wissen, das über Generationen weitergegeben wurde, nehmen und sich ganz zu eigen machen kann.

ENGEL

Bei praktisch jedem Glauben finden sich in den Legenden, Mythen und religiösen Texten Erwähnungen von Engeln. Gemeinhin gelten sie als kosmische Boten und spirituelle Wächter. Sie schützen und führen menschliche Wesen und fungieren als himmlische Helfer, die Bitten von der Erde in das göttliche Reich überbringen. Der Begriff »Engel« kommt vom griechischen *angelos*, »Bote«.

Schutzengel

In den spirituellen und magischen Traditionen gibt es zahlreiche unterschiedliche Bilder von Engeln. Allgemein gelten sie als »die Guten im Universum«. Das einfachste und am weitesten verbreitete Bild ist das des Schutzengels, eines persönlichen himmlischen Begleiters, der möglicherweise früher einmal menschlich gewesen ist. Dein Schutzengel hört deine Gebete, wacht über dich und hilft dir, Herausforderungen im Leben zu meistern.

Im Koran heißt es: »Es gibt keine Seele, über der nicht ein Hüter (eingesetzt) ist.« Sowohl im Alten Testament als auch im Neuen Testament werden regelmäßig Schutzengel erwähnt. Der Talmud spricht von Schutzengeln, die nicht über Personen, sondern auch über Völker wachen.

> *»Engel sind anthropomorphe geflügelte Verkörperungen des göttlichen Willens. Entstanden sind sie möglicherweise aus geflügelten Gottheiten der Semiten und Ägypter, nun tauchen sie in einer Reihe Religionen als Mittler zwischen materiellen und spirituellen Ebenen auf.«*
>
> – Jack Tresidder, *Symbole und ihre Bedeutung*

Schutzengel gelten als zentrales Bindeglied zwischen Mensch und göttlichem Reich, insofern kannst du dich, wann immer du Unterstützung benötigst, an deine(n) Engel wenden und darauf bauen, dass du Anleitung erhalten wirst. Hier einige Wege, wie dich dein Schutzengel bei deinem magischen Wirken unterstützen kann:

- Bei Schutzzaubern kannst du deinen Schutzengel bitten, dass er dafür sorgt, dass du angesichts der vor dir liegenden Herausforderungen sicher und unbeschadet bist.
- Bei Reisezaubern lade deinen Schutzengel dazu ein, dich auf dieser Reise zu begleiten.
- Du möchtest eine Botschaft an höhere Reiche übermitteln? Schreibe deine Bitte auf einen Streifen Papier und verbrenne ihn dann in deinem Kessel. Der aufsteigende Rauch wird deine Bitte mit sich tragen.

Hierarchien der Engel

Laut einer anderen Theorie gibt es eine Hierarchie der Engel, die sich aus vielen Arten von Engeln mit unterschiedlichen Rollen und Kräften zusammensetzt. Der Mystiker Pseudo-Dionysius Areopagita entwickelte ein Drei-Klassen-System (die »Neun Chöre der Engel«) zum Kategorisieren von Himmelswesen. Nach seinem System enthält jede Hierarchie drei Gruppen von Engeln, von denen jede ihre eigenen Kräfte und Pflichten hat.

- In der obersten Hierarchie stehen rotgewandete Engel der höchsten Ordnung, die Seraphim. Sie drängen um Gottes Thron und helfen ihm bei der Schöpfung.
- Darunter kommen die Cherubim, in gold und blau gewandet. Sie beten Gott an und kümmern sich um die Akasha-Chronik.
- Dann die Throne. Sie tragen Richterroben und sprechen göttliches Recht über die unter ihnen Stehenden.
- Unterhalb dieser exklusiven Orden folgen in der zweiten Hierarchie drei weitere Gruppen von Engelwesen:
- Herrschaften. Sie tragen Kronen, leiten die anderen Engel an und lenken die Elemente.
- Mächte. Sie tragen weiße Lilien oder rote Rosen und wirken im gesamten Kosmos Wunder.
- Gewalten. Diese Engel stehen ganz unten in der zweiten Ebene und ihre Aufgabe ist es, das Böse im Universum zu bekämpfen.

Die Wesen der untersten Hierarchie sind dafür zuständig, die Verbindung zwischen der spirituellen und der physischen Welt aufrecht zu erhalten und Gottes Willen auf Erden zu vermitteln.

- Fürsten lenken Nationen und Territorien der materiellen Welt.
- Erzengel lenken die Kräfte der Natur und überwachen die Engel.
- Engel stehen ganz unten im System, nur eine Stufe oberhalb der menschlichen Wesen. Sie beschützen Menschen und überbringen Botschaften von den höheren Ebenen.

Laut diesem System können wir Menschen nur mit den Wesen auf den unteren beiden Stufen kommunizieren, also Engeln und Erzengeln. Wir haben in früheren Kapiteln davon gesprochen, die Erzengel Michael, Raphael, Gabriel und Uriel durch Rituale anzurufen. Schutzengel sind offenbar ständig bei uns und bereit, uns helfend zur Seite zu stehen, falls nötig.

Wenn du dich dazu entscheidest, mit Engeln und/oder Erzengeln zu arbeiten, können deine Erfahrungen durchaus, nun ja, himmlisch sein. Beschreibe deine Erfahrungen in deinem Grimoire. Wie hast du die Gottheiten kontaktiert und mit ihnen interagiert? Welche göttlichen Wesen sind dir erschienen? Hast du ihre unmittelbare Anwesenheit gespürt? Was hast du gesehen, gehört, gefühlt, gerochen, gespürt? Wie hat sich ihre Unterstützung auf dein magisches Wirken, dein spirituelles Wachstum und/oder andere Bereiche deines Lebens ausgewirkt?

ELEMENTARE

An unserer Seite in der physischen Welt leben viele Wesen, die wir normalerweise nicht zu Gesicht bekommen, von denen in der Folklore und in Märchen aber immer wieder die Rede ist. In nautischen Legenden beispielsweise ist häufig die Rede von Meerjungfrauen, in irischen Überlieferungen tauchen regelmäßig Leprechauns auf. Viele Menschen tun diese Geschichten als reine Fantasie ab, aber für Hexen handelt es sich um Schilderungen von Elementaren oder Naturgeistern. Man kann diese körperlosen Wesen als Botschafter der vier Elemente Feuer, Erde, Wasser und Luft bezeichnen, deswegen auch der Name »Elementare«. Jedes dieser Wesen lebt in seinem Element und verfügt über einzigartige Eigenschaften entsprechend dem Element, in dem sie zuhause sind. Kannst du ihre Freundschaft erlangen, sind Elementare treue Helfer und unterstützen dich gerne bei Zaubersprüchen. Aber Vorsicht: Elementare können auch Schwindler sein, das solltest du beim Umgang mit ihnen nicht vergessen.

Salamander

Diese Feuergeister werden von Menschen angezogen, die Mut, Kreativität, Leidenschaft und Initiative an den Tag legen. Bei Zaubersprüchen, die mit Aktivität, Inspiration oder Vitalität zu tun haben, können Salamander als Bindeglied fungieren und Kräfte des Elements Feuer zu deiner Unterstützung herbeischaffen. Benötigst du einen Inspirationsschub, um dein Buch zu Ende schreiben zu können, oder brauchst du etwas zusätzliches Durchhaltevermögen, um einen wichtigen Sport-Wettbewerb zu gewinnen? Dann rufe diese lebhaften Wesen zu Hilfe.

Paracelsus, ein Philosoph, Arzt und Okkultist aus dem 16. Jahrhundert, beschrieb Salamander als Feuerbälle oder Feuerzungen, die über das Land jagen. Manchmal werden Salamander auch als eidechsenartig beschrieben. In der Antike hieß es, Salamander stammen aus dem Süden und brachten die natürliche Hitze mit sich, ohne die warmblütige Lebewesen nicht existieren könnten.

Gnome

Gnome sind Erdgeister. Diese bodenständigen Kreaturen werden auch als Trolle, Elfen, Zwerge oder Leprechauns bezeichnet, verstehen keinen Spaß und wirken gelegentlich etwas ruppig. Allerdings verfügen sie über eine wunderbare Wertschätzung für materielle Dinge und können hilfreiche Helfer bei Wohlstandszaubern sein. Sie haben Macht über das Reich der Pflanzen und das Reich der Mineralien, wenn du also bei deiner Magie mit Pflanzenstoffen oder Edelsteinen arbeitest, arbeitest du auch mit den Gnomen.

Der Legende nach leben Gnome in Höhlen oder unterirdisch, wo sie verborgene Schätze bewachen. Die alten Griechen glaubten, Hamadryaden genannte Erdgeister lebten in Bäumen und starben, wenn der Baum gefällt wurde. Die Beschreibungen von Gnomen in der Folklore unterscheiden sich stark, häufig ist die Rede von kleinen, stämmigen Menschen aus nördlichen Regionen, manchmal mit struppigem Haar oder Pelz, ein wenig wie die Zwerge bei Schneewittchen.

Undinen (oder: Nixen)

Meerjungfrauen sind die bekanntesten Vertreter dieser Gruppe Wassergeister. Es handelt sich um wunderschöne, gelegentlich aber auch sehr kapriziöse Wesen, die sich von emotionalen Situationen angezogen fühlen und am ehesten auf sensible, intuitive und künstlerische Personen reagieren. Bitte diese Elementargeister um ihre Unterstützung, wenn du Liebeszauber wirkst.

Undinen gelten meistens als weiblich und leben in Ozeanen, Flüssen, Seen, Wasserfällen, Marschlandschaften und sogar Springbrunnen. Die Legenden haben viele Namen für sie, beispielsweise Najaden, Wassergeister, Seejungfern und Selkies. Manchmal werden sie als winzige blaugrüne Kreaturen dargestellt, die unter Blättern von Seerosen leben. Andere Mythen beschreiben sie als unfassbar attraktive Frauen mit langen Haaren, Fischschwanz oder Schuppen, manche Undinen reiten auch auf Delfinen. Undinen kümmern sich rund um den Globus um Gewässer und das darin vorkommende Tier- und Pflanzenleben. (Wenn du mehr über Undinen im Verlauf der Menschheitsgeschichte erfahren möchtest, lege ich dir mein Buch *Mermaids: The Myths, Legends, & Lore* ans Herz.)

Sylphen

Diese Luftgeister fühlen sich von intelligenten, literarischen und analytischen Menschen angezogen. Ihr Spezialgebiet ist die Kommunikation – Sylphen solltest du anrufen, wenn du Hilfe beim Aushandeln von Verträgen benötigst, beim Umgang mit juristischen Angelegenheiten oder bei anderen Schwierigkeiten, bei denen Kommunikation eine wichtige Rolle spielt. Sylphen können dir auch bei Prüfungen, öffentlichen Auftritten oder beim Schreiben eine Hilfe sein.

In den Legenden werden sie als zerbrechliche fliegende Wesen dargestellt, die wie der Blitz von Ort zu Ort huschen und sich dabei vom Wind tragen lassen. Bei den winzigen geflügelten Wesen, die meistens als Feen bezeichnet werden, handelt es sich höchstwahrscheinlich um Sylphen. In einigen Berichten werden sie als schimmernde Lichter beschrieben, die Glühwürmchen ähneln.

Danke deinen elementaren Helfern

Achte darauf, Elementaren gegenüber mit Rücksicht und Respekt aufzutreten, denn sollten sie dich nicht mögen, kannst du zur Zielscheibe ihrer Streiche werden. Denke stets daran, den Elementaren, die dir bei deinen Zaubersprüchen geholfen haben, deinen Dank auszusprechen und ihnen als Zeichen deiner Wertschätzung ein kleines Geschenk anzubieten.

- Salamander mögen Kerzen und Weihrauch. Verbrenne sie, um deinen feurigen Helfern zu danken.
- Gnome lieben Schmuck und Kristalle. Du kannst als »Dankeschön« etwas im Boden vergraben.
- Undinen schätzen Parfum. Lasse ein paar Tropfen ätherisches Öl in einen Bach, See oder ein anderes Gewässer laufen.
- Sylphen mögen Blumen. Stelle frische Blumen auf deinen Altar oder lege sie draußen als Gabe an einen geweihten Ort.

Salamander-Mutspruch

Bei Rückschlägen, Enttäuschungen oder frustrierenden Umständen kannst du dich an die Feuer-Elementare mit der Bitte wenden, dir Vitalität, Zuversicht und Entschlossenheit zu schenken. Wirke diesen Spruch an einem Dienstag oder wenn Sonne und/oder Mond in Widder, Löwe oder Schütze stehen.

WAS DU BENÖTIGST:

- 9 kleine rote Votivkerzen
- Streichhölzer oder ein Feuerzeug
- einen Zauberstab

1. Arrangiere die Kerzen in einem Kreis um dich herum, und zwar an einem Ort, an dem die Kerzen gefahrlos herunterbrennen können.
2. Beginne im Osten damit, die Kerzen zu entzünden und arbeite dich dann im Uhrzeigersinn vor, um den Kreis zu ziehen.
3. Wenn alle Kerzen brennen, stelle dich in die Mitte des Kreises und blicke Richtung Süden.
4. Rufe die Salamander und sage ihnen, dass du diese neun Kerzen ihnen zu Ehren entzündet hast. Erkläre deine Lage und dass du sie um Hilfe bittest. Chante zu diesem Zweck die folgende Beschwörung:

»Feurige Wesen, ihr scheint ach so helle, kommt mir zu Hilfe, ich bitte euch, schnelle. Steht mir zur Seite, bei Tag und bei Nacht, entfacht mein Verlangen und stärkt meine Macht.«

5. Vielleicht spürst du ein leichtes Flackern des Lichts (und ich meine nicht das Kerzenlicht) oder merkst, wie sich die Energie um dich herum verdichtet. Vielleicht erfüllt eine Spannung die Luft, möglicherweise wird es sogar ein wenig wärmer. Das bedeutet, dass die Salamander anwesend sind und bereit, mit dir zusammenzuarbeiten.
6. Greife deinen Zauberstab und richte ihn in Richtung Süden. Deine Bewegungen sollten stark und entschlossen sein und nicht zögerlich. Stelle dir vor, wie starke Energie durch die Spitze deines Zauberstabs in dich hineinfährt. Vielleicht leuchtet der Zauberstab oder du spürst ein Prickeln.

7. Drehe den Zauberstab jetzt um und richte ihn auf dich selbst. Fühle wie die Energie, die du vom Süden angezogen hast, also aus der Region, in der die Salamander ihre Heimat haben, in deinen Körper strömt. Spüre, wie du kräftiger wirst, deine Zuversicht wächst und du dich lebendiger fühlst.
8. Nimm über deinen Zauberstab Energie und Mut aus dem Süden auf, solange du magst. Bleibe in der Mitte des Kreises, bis alle Kerzen vollständig heruntergebrannt sind.
9. Danke den Salamandern für ihre Unterstützung und öffne den Kreis. Spüre deine neue Lebenskraft und Zuversicht.

Elementare Übungen

Führe diese Übungen durch, um dein Bewusstsein für Elemente zu steigern und deine Fähigkeit, mit ihnen zu arbeiten.

- Entzünde eine Kerze und richte deine Aufmerksamkeit auf die Flamme. Versuche, die Flamme zu bewegen oder dazu zu bringen, heller zu flackern (natürlich, ohne dass du in ihre Richtung pustest oder sie sonst wie physisch beeinflusst).
- Nimm einen Kristall in die Hand und schließe die Augen. Versuche zu erspüren, ob der Kristall vibriert, pulsiert oder auf andere Weise vor Energie schwingt.
- Setze dich neben ein Gewässer. Lasse deinen Blick über die Wasseroberfläche gleiten und leicht unscharf werden. Kannst du Energie erkennen, die knapp über der Wasseroberfläche herumwirbelt?
- Stelle dich im Freien an eine ruhige Stelle und strecke die Arme aus. Führe sie langsam zusammen und kreuze sie vor der Brust. Öffne sie wieder. Wiederhole das drei Mal, um den Wind zu beschwören.

Wenn du beschließt, mit spirituellen Wesen zu arbeiten, trage deine Erfahrungen in dein Grimoire ein. Wen hast du gerufen und warum? Was hast du gesehen, gespürt, gehört, gefühlt, intuitiv erahnt? Wie haben sich die Wesen auf deine Magie ausgewirkt? Welche Kräfte haben sie dir verliehen? Wirst du auch in Zukunft mit ihnen arbeiten und wenn ja, wie?

Kapitel 20

EIN BLICK IN DIE ZUKUNFT

Hast du erst einmal den Pfad der Magie eingeschlagen, wirst du ihn vermutlich für den Rest deines Lebens beschreiten. »Magie ist nichts, was du tust, es ist etwas, was du bist«, lautet ein häufig zitierter Spruch. Hast du den Schleier gelüftet und gesehen, welche Mysterien dahinter lauern, wirst du die Welt nie wieder wie zuvor sehen. Nachdem du nun mit den verborgenen Dimensionen der natürlichen Welt vertraut bist, dich den geheimnisvollen Kräften geöffnet hast, die unserem Universum zugrunde liegen, und gespürt hast, welche Kraft die Berührung der Göttin hat, kannst du nie wieder so denken wie früher.

Wie lange du die Kunst der Magie auch studieren und praktizieren magst, du wirst niemals an einen Punkt gelangen, an dem du alles weißt. Selbst wenn du dich dein ganzes Erwachsenenleben lang damit beschäftigst, kratzt du bestenfalls nur an der Oberfläche. Es ist wie bei so vielen anderen Themen: Je tiefer du gräbst, desto mehr wirst du entdecken. Hinter jeder Ecke wartet etwas Neues und Ehrfurchtgebietendes! Dein Grimoire ist der Ort, an dem du deine Entdeckungen festhalten solltest, deine Erfahrungen im Reich der Magie und alles sonstige, was deiner Meinung nach auf deiner spirituellen Reise von Bedeutung ist.

MIT ANDEREN HEXEN ZUSAMMENARBEITEN

Hast du bislang allein als Hexe gearbeitet? Dann fragst du dich vielleicht, wie es wohl ist, mit anderen, gleichgesinnten Menschen zu arbeiten. Vielleicht denkst du darüber nach, dir eine Lehrerin zu suchen, die dir helfen kann, schneller voranzukommen und gefährliche Klippen zu umschiffen. Möglicherweise kennst du jemanden, der den Wicca-Weg eingeschlagen hat, und möglicherweise hast du das Gefühl, es wäre für euch beide von Vorteil, gemeinsame Sache zu machen. Oder du hast in Erwägung gezogen, einem Coven beizutreten, einer Gruppe ähnlich denkender Menschen, mit denen du Sabbate begehen und magische Rituale praktizieren kannst.

Es ist eine schöne Sache, »geistige Verwandtschaft« zu haben, mit der man Ideen und Informationen austauschen kann. Du kannst von anderen lernen und andere können von dir lernen, davon profitieren alle. In einer Welt, die Hexen und Magie noch immer nicht rückhaltlos akzeptiert hat, suchst du vielleicht nach einer Gemeinschaft, in der du dich sicher fühlen kannst, akzeptiert wirst und Wertschätzung empfindest. Wenn du beschließt, deinen magischen Pfad gemeinsam mit anderen Menschen zu beschreiten, dann mache deine Hausaufgaben sorgfältig, um tatsächlich die Menschen zu finden, die gut für dich sind. Jede Hexe und jeder Coven ist einzigartig und es ist wichtig, dass eure Energien, Ansichten, Ziele und so weiter kompatibel sind.

Einige Coven veranstalten offene Kreise und lassen zu, dass Personen, die nicht unmittelbar Mitglieder sind, an ausgesuchten Veranstaltungen oder Treffen teilnehmen, beispielsweise an Esbat-Ritualen. Das könnte ein guter Weg sein, sich einige Sachen anzusehen. Online kannst du mehr darüber herausfinden, welche Möglichkeiten in deiner Nachbarschaft existieren, etwa über The Witches' Voice (www.witchvox.com). In meinem Buch *Das große Hexen-Handbuch* findest du zusätzliche Informationen darüber, wie du einen Coven oder eine andere magische Gruppierung findest und ihr beitrittst.

Beginnst du, mit anderen Personen zu praktizieren, wirst du höchstwahrscheinlich viele erstaunliche Dinge herausfinden – sowohl was die Hexerei angeht als auch über dich selbst. Es werden sich Türen öffnen, die an Orte führen, an denen du nie zuvor gewesen bist. Halte deine Erkenntnisse in deinem Grimoire fest. Welche Erfahrungen hast du gemacht, während du mit anderen Personen magisch zusammengearbeitet hast? Hast du gespürt, wie sich ihre Energien und deine vermischten? War das erhebend, belebend, friedlich, seltsam, unangenehm? Hatte ein Ritual oder ein Spruch scheinbar mehr Kraft, als mehrere Personen daran mitgewirkt haben? Schreibe sämtliche Eindrücke,

Erkenntnisse, Gefühle, Visionen, Empfindungen und so weiter auf, die dir von Bedeutung erscheinen.

Arbeitest du über einen längeren Zeitraum hinweg mit denselben Leuten zusammen, solltest du darüber nachdenken, einen fortlaufenden Bericht zu schreiben, wie ihr euch als Gruppe weiterentwickelt. Beschreibe, wie ihr euch unterstützt und gegenseitig bei der Arbeit helft, wie ihr durch den Input der Gruppe wachst, welche Herausforderungen innerhalb der Gruppe entstehen, wie ihr sie löst und so weiter. Um der Geheimhaltung willen solltest du die anderen Personen möglicherweise nur bei ihrem magischen Namen, ihren Initialen oder bei Pseudonymen nennen, damit ihre Identität geschützt ist, sollte dein Grimoire in die Hände Unbefugter fallen.

SPRÜCHE UND GEHEIMNISSE TEILEN

Ich hatte es bereits erwähnt: Hexen haben in der Vergangenheit häufig Material aus den Grimoires ihrer Lehrer kopiert. Ein Hohepriester oder eine Hohepriesterin stellt möglicherweise einigen wenigen Auserwählten Teile seines oder ihres Grimoires zur Verfügung. Gerald Gardner hat das in seinem Bricket-Wood-Coven getan. Auf diese Weise wurden uralte Sprüche und Anrufungen über die Jahrhunderte bis zum heutigen Tag weitergegeben. Das erlaubt es uns, das reiche Erbe der Hexerei zu bewahren und zu beobachten, wie es sich mit der Zeit wandelt. Die Erfahrungen aller tragen zur Entwicklung des Ganzen bei. Jede Hexe ist eine Fackelträgerin und im Zusammenspiel mit anderen erleuchtet ihre Flamme die Welt.

Vielleicht beschließt du, eine magische Partnerin und/oder andere Mitglieder deines Kreises lesen zu lassen, was du in dein Grimoire schreibst. Genauso kann es sein, dass andere aus deiner Gruppe dich ihre Bücher studieren lassen. Wenn ihr Sprüche zusammen durchführt, kann es nützlich sein, anschließend durchzugehen, was man getan hat und was geschehen ist. Was lief gut, was nicht? Wie kann man bei einem nächsten Mal anders vorgehen?

Abhängig davon, wie es um deine persönlichen Ansichten und Vorlieben bestellt ist, kannst du auch beschließen, dein Wissen in größerem Stil zu teilen – so wie ich es tue, indem ich Bücher schreibe. Schon eine rasche Online-Suche wird dir zeigen, welch erstaunliche Mengen an Informationen über sämtliche Aspekte der Hexerei abrufbar sind, egal, ob es um Zaubersprüche geht, um Magie, um das Leben als Hexe oder das Okkulte im Allgemeinen. Vielleicht möchtest du zu einem bestehenden Blog beitragen oder selbst einen ins Leben rufen. Jetzt, wo Wicca und Neopaganismus in mehr und mehr Gesellschaften auf wachsende Akzeptanz stoßen, haben viele Hexen den Wunsch, die frohe Kunde zu verbreiten. Möglicherweise trifft das ja auch auf dich zu.

Es ist ganz allein deine Entscheidung, ob du den Inhalt deines Grimoires geheim hältst oder andere Menschen daran teilhaben lässt. Dasselbe gilt für die Frage, ob du dein Wissen mit denen teilen möchtest, die auf dich folgen, oder ob deine vertraulichen Unterlagen zerstört werden sollen, wenn du ins Sommerland wechselst. Wenn du es so möchtest, wird niemand außer dir erfahren, welche Geheimnisse dein Buch der Schatten enthält.

MEHR ALS EIN BUCH

Inzwischen sollte dir klar geworden sein, dass dein Grimoire mehr als ein beliebiges Werkzeug ist. Es gibt nur wenige Methoden, Selbstwahrnehmung zu erlangen, die derart wirkmächtig sind und jeden Tag derart einfach angewendet werden können. Dieses Repositorium deiner persönlichsten Gedanken, deiner Zaubersprüche, Chants, Gedanken und Meditationen hat mehr von einem Freund als von einem Buch, findest du nicht auch?

Während du Neues lernst, weiter wächst und dich veränderst, wird sich auch das ändern, was du in dein Grimoire schreibst. Schaue dir ältere Einträge an, um zu erkennen, welche Strecke du zurückgelegt hast, und lasse dich davon inspirieren, den Weg fortzusetzen. Stehst du vor Herausforderungen oder durchläufst du eine Phase des Zweifels, dann dient dein Buch der Schatten auch dazu, dich daran zu erinnern, wer du bist. Und indem du sie festhältst, ehrst du auch die kostbaren Augenblicke in deinem Leben und bewahrst Erinnerungen, die dir teuer sind, für die Zukunft.

Sei leidenschaftlich dir selbst gegenüber, auch während du dich veränderst und auch im Angesicht des Unbekannten. Indem du deine Geschichte niederschreibst, kannst du eine Inspiration für andere werden. Ich wünsche dir, dass dein Buch der Schatten dein Wissen über dich selbst vertieft, über deine Ziele, deine Träume und das, was du liebst. Möge es deine Verbindung zur Göttin bereichern. Möge es dir in Zeiten der Dunkelheit Trost spenden und dir Freude bereiten in Zeiten des Lichts. Möge es deine Geheimnisse genauso gut aufbewahren wie ein treuer Freund, möge es die Geschichten deines Lebens hüten und deine persönliche Mythologie sicher verwahren.

Merry meet, and merry part, and merry meet again. Blessed be.

ÜBER DIE AUTORIN

Skye Alexander ist eine preisgekrönte Autorin von über dreißig Romanen und Sachbüchern, darunter *Das große Hexen-Handbuch, Das große Handbuch Hexen-Tarot, Das große Hexen-Handbuch Liebeszauber, The Everything® Wicca & Witchcraft Book, The Everything® Spells & Charms Book, Nice Spells/Naughty Spells* und *Good Spells for Bad Days* und. Ihre Geschichten wurden in internationalen Anthologien abgedruckt, ihre Werke in über ein Dutzend Sprachen übersetzt. In der Dokumentation *Secret Stonehenge* des *Discovery Channel* sieht man Skye, wie sie in Stonehenge ein Ritual abhält. Sie lebt in Texas und Massachusetts.

Mehr über Skye ihr findest du auf www.SkyeAlexander.com.

REGISTER

BILDNACHWEIS

iStock.com: S. 115 (Vadim Ezhov), S. 243 (abelskaya), S. 244 oben (Ledelena), S. 244 unten (Ievgeniia Lytvynovych)